JACK D. FORBES

DER WETIKO-WAHN

Es gibt heute unbedingt viele gute Gründe, das weibliche Geschlecht wieder besser sichtbar zu machen. Dies ist seit mehr als 40 Jahren auch Anliegen unseres Verlages. Ob dies durch Gendern erreicht wird, darf man jedoch hinterfragen, immerhin geht es um unsere *Mutter*sprache. Sicher ist, dass der grammatische Genus nichts über das Geschlecht (Sexus) aussagt. Deswegen halten wir uns als Verlag beim Gendern bewusst zurück. Ausführliche Begründung dazu unter www.neue-erde.de/derdiedas

JACK D. FORBES

DER WETIKO-WAHN

Ausbeutung, Imperialismus und die Zerstörung der Lebenswelt

Eine indigene Geschichte der Zivilisation

Überarbeitete Neuausgabe

Aus dem amerikanischen Englisch
von Andreas Lentz

Bücher haben feste Preise.
1. Auflage 2024

Jack D.Forbes
Der Wetiko-Wahn

Aus dem amerikanischen Englisch übersetzt von Andreas Lentz.

Umschlag:
Motiv: Alte mexikanische Terrakottaplatten; Illustration von 1898,
Sammlung Christine Kohler/istockphoto.com
Klappenvignetten: Eroshka und d-e-n-i-s, beide shutterstock.com
Gestaltung: Dragon Design, GB

Lektorat: Fred Hageneder

Satz und Gestaltung:
Dragon Design, GB
Gesetzt aus der Palatino

Gesamtherstellung: Appel & Klinger, Schneckenlohe
Printed in Germany

ISBN 978-3-89060-873-0

Neue Erde GmbH
Cecilienstr. 29 · 66111 Saarbrücken
Deutschland · Planet Erde
www.neue-erde.de

Antonio del Buono *gewidmet* 1900–1975

Otomi …
Mexikaner …
Italiener …
Chicano …
Kosmischer Mensch …

Ein Mann, an den man sich erinnern sollte
Ein Mann, dem man nacheifern sollte:
Er kam auf diese Erde, um
Adler und Jaguar zu sein

Inhalt

Vorwort

Der Wetiko-Wahn ist meiner Meinung nach das wichtigste Buch, das je über eines der wichtigsten Themen geschrieben wurde, mit denen sich die Menschheit je auseinandersetzen musste: Warum ist die herrschende Kultur so entsetzlich, unbarmherzig, wahnsinnig, warum neigt sie zum Völkermord, gar zum Ökozid, warum ist sie so selbstmörderisch zerstörerisch?

Ich habe viele Bücher zu genau dieser Frage geschrieben und muss zugeben, dass ich hier immer noch ebenso ratlos wie fassungslos bin. Wie können Gruppen von Menschen, wie verrückt oder wie dumm sie auch sein mögen, den Planeten zerstören, auf dem sie leben (oder besser gesagt, *mit dem* sie leben)?

Oft schüttle ich heftig den Kopf oder kneife mich, in der Hoffnung, aufzuwachen und festzustellen, dass diese Kultur und ihre Zerstörungswut nur ein sehr schlechter, unfassbarer Traum ist. Aber wenn ich aufwache, ist es derselbe Alptraum von getöteten Ozeanen, vom Aussterben der Lachse, von Sklaverei und Lohnsklaverei, von Dioxin in der Muttermilch, von indigenen Kulturen, die an den Rand des Abgrunds getrieben werden.

In meinen Büchern habe ich psychologische Gründe für die allgegenwärtige Zerstörungswut genannt und ich habe soziologische Gründe aufgeführt. Ich habe wirtschaftliche Gründe gefunden und ich habe philosophische Gründe angesprochen. Ich habe als Gründe erkannt, wie wir geschult sind, wahrzunehmen (oder besser gesagt, nicht wahrzunehmen). Aber so überzeugend mir alle diese Gründe manchmal auch vorkommen, es gibt immer wieder Momente, da sind diese Erklärungen bloß Worte, und sie genügen in keiner Weise.

Und natürlich *kann* es überhaupt keine wirkliche Erklärung oder Beweggründe geben für die Ermordung dieses Planeten.

Aber Jack Forbes' Erklärung – Erkundung wäre ein besseres Wort – kommt dem, was ich erkannt habe, am nächsten. Er erfasst in diesem schmalen Band mehr als andere in Büchern, die zehnmal so dick sind.

Ich werde Ihnen nicht sagen, zu welchen Schlussfolgerungen er gekommen ist, und auch nicht, was sein Ausgangspunkt war.

Das Buch ist kurz. Sie können es an einem Nachmittag lesen.

Tun Sie das. Und dann lassen Sie es wirken: in Ihrem Blutkreislauf und in Ihren Zellen – in Fingerspitzen, Oberschenkel, Ellbogen, Gehirn, Herz, Magen, Lunge, Zehen, Zunge, Auge, Ohr. Wenn das Buch Sie auch nur zu einem Zehntel so weit öffnet, wie es mich geöffnet hat, werden Sie nie wieder derselbe sein.

Und das ist eine sehr gute Sache.

Kaufen Sie dieses Buch. Lesen Sie es. Und dann, bewaffnet mit Ihrem neu gewonnenen Verständnis, gehen Sie hinaus und halten Sie diese wahnsinnige kannibalische Zivilisation davon ab, den schönen Planeten, der unsere Heimat ist, vollends zugrunde zu richten.

Derrick Jensen

Danksagungen

Es ist immer sehr schwierig, dieses Leben so zu leben, dass man keinen Schaden nimmt oder anderen schadet. Was wir erreichen, wenn wir ein guter Mensch sind, ein Mensch, der in Schönheit, Gerechtigkeit und Mitgefühl lebt, sind Dinge, die wir nicht uns selbst zuschreiben können.

Und auch konkrete Dinge, die wir erreichen, schaffen wir nicht allein. Dieses Buch hat, wie alles, was ich geschrieben habe, viele Urheber. Ich muss meinem Vater Dank sagen, einem ehrlichen, mitfühlenden, gerechten Mann, der mir in meinen ersten einundzwanzig Lebensjahren der lebende Beweis dafür war, dass ein Mensch aufrecht wie eine Pinie wachsen kann, ohne sich auch nur ansatzweise der Geschäftemacherei, dem Betrug oder der Oberflächlichkeit zu ergeben. Seine intellektuelle Neugier, sein Stolz auf die Arbeit seiner Hände und seine Wertschätzung der natürlichen Welt haben mein Leben stark geprägt. Er war ein hart arbeitender Mann, der materiell nie Erfolg hatte, aber sein Vermächtnis ist jene Authentizität, die ich hoffentlich an meine Kinder weitergeben kann.

Es ist schwer, meine Mutter getrennt von meinem Vater zu sehen, denn beide teilten die gleichen Werte: Ehrlichkeit, Mitgefühl und Gerechtigkeitssinn. Aber vor allem meine Mutter hat Pflanzen und wachsende Dinge geliebt. Ihr fällt es genauso schwer wie mir, auch nur eine Pflanze, selbst einen Setzling, wegzuwerfen. Wir stecken beide ständig Dinge in die Erde, um sie wachsen zu lassen (was ein Grund dafür ist, dass ich von Berufs wegen eine Art Landwirt bin).

Aber nicht nur meine menschlichen Eltern und Großeltern, Tanten und Onkel haben die folgenden Seiten verfasst. Von klein auf inspirierten mich die Kämpfe meiner indianischen, keltischen und schweizerischen Vorfahren um Gerechtigkeit im Widerstand gegen den Imperialismus zu einer Vision dessen, was in einem politischen Sinne das gute Leben ausmacht. Ich kann gar nicht genug betonen, wie sehr die Geschichten von Powhatan und Opechkankanough oder von Sir William Wallace (»Braveheart«) und Arnold Winkler meinen frühen Sinn für das Rechtmäßige geprägt haben. Ich sehe noch immer die Bilder vor mir, wie der alte, gefangene Opechkankanough von einem englischen Soldaten ermordet wird, wie Bauern und Angehörige der Klans zur Unterstützung von Wallace ihre Schwerter und Sensen erheben oder wie Winkler Schweizer Bauern durch die Phalanx der österreichischen Speerträger führt.

Ich muss noch viele andere Urheber nennen, darunter die Ziegen, Enten, Gänse, Hunde, Katzen und andere Tiere, die mich viel über die Freude und Spontaneität eines wahrhaftigen Lebens gelehrt haben, das frei von Kleinlichkeit und Bosheit ist, wie man sie manchmal in der menschlichen Welt findet. Bäume und Pflanzen waren ebenso meine großen Freunde, vor allem eine riesige Eiche, die mich in vielen schwierigen Jahren beschützte, als ich mich von fremdartigen Schulen und fiesen Kindern gedemütigt fühlte. Und auch die mit Salbeisträuchern bewachsenen Hügel, die Canyons und die kahlen, felsigen Wüstenschluchten haben mir Zuflucht geboten und mich die Liebe von Mutter Erde gelehrt.

Es ist schwer, in der weißen Welt ein Indianer zu sein, aber in der Natur ein Indianer zu sein ist leicht, denn die Erde, die Pflanzen, die Tiere und die geflügelten Geschöpfe bieten Gesellschaft, Liebe oder einfach nur wahrhafte Spontaneität, die nicht von Übelwollen, Eifersucht oder Gier getrübt wird.

Viele andere Verwandte haben mir geholfen, dieses Buch zu schreiben, zu viele, als dass ich sie alle aufführen könnte, aber ich möchte meinen Adoptiv-»Onkel« Antonio del Buono erwähnen, einen Landarbeiter mit Wurzeln bei den Otomi, Italienern und Chicano; er war Organisator und Aktivist im Kampf für Gerechtigkeit. Seine Ehrlichkeit, seine Offenheit, sein Optimismus und seine absolute Immunität gegenüber Egoismus und Korruption werden allen, die sich durch raffinierten Betrug und Abzocke entmutigen lassen, immer ein Vorbild sein.

Auch meine Frau Carolyn war Mitautorin dieses Buches, zum Teil, weil sie hilfreiche Kritik am Inhalt geübt hat, aber mehr noch, weil sie mir geholfen hat, viele der Dinge, über die ich schreibe, besser zu verstehen. Ihre Spiritualität, ihr ausgeprägter Sinn für Gerechtigkeit und ihr tiefes Verständnis für Schmerz und Leid haben mein Bewusstsein nachhaltig beeinflusst. Schreiben ist nicht Carolyns Art sich auszudrücken, aber durch meine Worte haben vielleicht einige ihrer Einsichten eine Stimme gefunden.

All diesen Vorfahren und Verwandten und anderen Ungenannten danke ich. *Wanishi!*

Einführung: Das zentrale Problem des menschlichen Lebens heute

Ein Indianer, der so schlecht ist wie die Weißen, könnte in unserem Land nicht leben; er würde getötet und ... von den Wölfen gefressen werden. Die Weißen sind schlechte Lehrmeister; sie geben sich einen falschen Anschein und handeln falsch; sie lächeln den armen Indianern ins Gesicht, um sie zu betrügen; sie schütteln ihnen die Hand, um ihr Vertrauen zu gewinnen, um sie dann betrunken zu machen, um sie zu hintergehen und unsere Frauen zu schänden. Wir haben ihnen gesagt, sie sollen uns in Ruhe lassen, aber sie sind uns gefolgt und haben sich bei uns eigeschlichen wie Schlangen. Sie vergifteten uns durch ihre Berührung. Wir waren nie sicher. Wir lebten in Gefahr. Wir wurden wie sie, Heuchler und Lügner, Ehebrecher, faule Gesellen, die nur reden und nichts schaffen.[1]

Was die Taufe der Indianer und Schwarzen betrifft, so sind einige der [weißen] Leute dagegen, weil sie sagen, dass diese dann stolz werden und keine guten Diener mehr sind; aber diese und solche Einwände sind leicht zu widerlegen ... denn das Christentum leitet sie an, demütig zu werden und bessere Diener, und nicht schlechter, als sie es als Heiden waren.[2]

Seit mehreren Tausend Jahren leidet der Mensch an einer Pest, einer Krankheit, die schlimmer ist als Lepra, einer Krankheit, die schlimmer ist als Malaria, einer Krankheit, die viel schlimmer ist als die Pocken.

Eine Frau wird von Männern überfallen, die sie brutal vergewaltigen und sterbend liegenlassen.

Indianer werden ermordet, und verarmte Halbblutindianer sind gezwungen, im Wald Kautschuk zu sammeln, und zwar unter Bedingungen, die diese Kautschuksammler zu einem erbärmlichen Tod verurteilen.

Kleine Länder werden überfallen, damit ein ganzes Volk und seine Ressourcen ausgebeutet werden können.

Menschen aller Couleur werden enteignet oder in Schulden verstrickt und sind gezwungen, ihr kurzes Leben als Sklaven oder Leibeigene zu verbringen.

Jungen werden dazu erzogen, Befehle zu befolgen und als Kanonenfutter zu dienen, während Mädchen dazu erzogen werden, ihre Kinder an Armeen, Fabriken oder Plantagen zu übergeben.

Menschen und andere Lebewesen werden auf die grausamste Art und Weise gefoltert, die man sich vorstellen kann.

Der »Kult der Aggression und der Gewalt« regiert, und die Gefängnisse und Irrenanstalten sind überfüllt.

Imperialismus, Kolonialismus, Folter, Versklavung, Eroberung, Brutalität, Lüge, Betrug, Geheimpolizei, Gier, Vergewaltigung, Terrorismus – all das sind bloß Worte, bis sie uns betreffen. Dann sind es keine Worte mehr, sondern sie werden zu einer bösartigen Realität, die uns überwältigt, auffrisst und unser Leben für immer verändert.

Dies ist also die Krankheit, mit der ich mich befassen möchte – die Krankheit der Aggression gegen andere Lebewesen oder, genauer gesagt, die Krankheit des Verzehrs des Besitzes und des Lebens anderer Lebewesen.

Ich nenne sie *Kannibalismus*, und ich werde versuchen zu erklären, warum. Aber wie auch immer wir sie nennen, diese Krankheit, dieses *Wétiko*, diese (kannibalische) Psychose, ist die größte epidemische Krankheit der Menschheit. Die Vergewaltigung einer Frau, die Vergewaltigung eines Landes, die Vergewaltigung eines Volkes, sie alle sind im Grunde dasselbe. Und sie sind dasselbe wie die Vergewaltigung der Erde, die Vergewaltigung der Flüsse, die Vergewaltigung des Waldes, die Vergewaltigung der Luft, die Vergewaltigung der Tiere. Brutalität kennt keine Grenzen. Gier kennt keine Grenzen. Perversion kennt keine Grenzen. Arroganz kennt keine Grenzen. Betrug kennt keine Grenzen. All diese Eigenschaften werden immer extremer und breiten sich immer weiter aus, sobald die Ansteckung stattgefunden hat: von der Vergewaltigung einer Frau über die

Vergewaltigung eines Landes bis hin zur Vergewaltigung der Welt. Akte der Aggression, des Hasses, der Eroberung, der Errichtung von Imperien. Harems von Frauen und Harems von Menschen; Häuser der Prostitution und Häuser von Zuhältern.

Vor vielen Jahrhunderten sagte ein mexikanischer (aztekischer) Vater zu seinem Sohn:

> Mein Sohn, mein Juwel, mein reiches Quetzal-Gefieder: Du bist ins Leben gekommen, du bist geboren, der Schöpfer und Meister hat dich auf die Welt kommen lassen.
>
> Der Schöpfer hat dich gezeugt, er hat dich geformt, er hat dich geboren, der, für den alles lebt…
>
> Nun gut: Für eine kurze Zeit bist du gekommen, um über Dinge nachzudenken, du bist gekommen, um dich zu entwickeln, du bist gekommen, um für dich einen Weg zu finden, du bist gekommen, um zu wachsen…
>
> Was wird der Plan des Einen sein, für den alle leben? Wirst du etwas erreichen? Wirst du gut auf der Erde leben? Wenn nur, dass du friedlich und in süßer Ruhe wächst…
>
> Sei sehr vorsichtig mit Lügen und Falschheit: Ein solcher Weg ist nicht gerade, nicht aufrecht, er ist nicht gut …
>
> Bist du wohl wie eine Ähre, wie ein Maiskolben, und lässt deshalb frei, was in deinem Inneren ist? Kannst du sehen, was du in deinem Inneren hast? Gut ausgestattet, gut geführt, sehr geheimnisvoll bist du in deinem Inneren, wie eine Truhe oder ein Tresor…
>
> Wenn du gut lebst, wenn du so handelst, wie es sein soll, wirst du sehr geachtet werden, und dein Leben wird anderen als Beispiel dienen…[1]

Viele Menschen haben sich mit den Themen Aggression, Gewalt, Imperialismus, Vergewaltigung und so weiter beschäftigt. Ich schlage vor, neu und anders heranzugehen: Erstens schlage ich vor, diese Dinge aus einer indianischen Perspektive zu betrachten; und zweitens, aus einer Perspektive, die so frei wie möglich von Annahmen ist, die durch die untersuchte Krankheit selbst geschaffen wurden. Schließlich werde ich diese Übel nicht einfach als »schlechte« Entscheidungen von Menschen beschreiben, sondern als eine echte, sehr reale epidemische Krankheit. *Imperialisten, Vergewaltiger und Ausbeuter sind nicht nur Menschen, die auf einen falschen Weg geraten sind. Sie sind im wahrsten Sinne des Wortes wahnsinnig (unrein). Sie sind geisteskrank, und tragischerweise ist die Form der Seelenkrankheit, die sie haben, ansteckend.*

Das zwanzigste Jahrhundert war in vielerlei Hinsicht die ernüchterndste Periode der jüngeren Menschheitsgeschichte. Wir waren Zeugen des Versagens der sogenannten »westlichen Demokratien« bei der Lösung ihrer dringlichsten inneren Probleme, des Versagens des Marxismus-Leninismus bei der Bewältigung der Probleme von Bürokratie, Autoritarismus und Eigeninteresse der neu an die Macht gekommenen Eliten; wir waren Zeugen des Versagens der sogenannten Allgemeinbildung, des Versagens der Technik, des Versagens der organisierten Religion und des Versagens der am besten ausgebildeten und »gebildeten« Generationen in der Geschichte der Menschheit, die nichts anderes tun, als die großen Probleme der Welt zu überspielen.

Wir haben verheerende Kriege erlebt, den Tod von Millionen und Abermillionen von Menschen, die Vergeudung der Ressourcen der Erde und die fortgesetzte Ausbeutung der kleineren Volkgruppen (insbesondere der Naturvölker) und der politisch Schwachen im allgemeinen.

Die Brutalität und Heuchelei des zwanzigsten und einundzwanzigsten Jahrhunderts wäre nicht so erschreckend, wenn die Führung der Welt in den Händen ungebildeter Soldaten (vom Typ Idi Amin) oder eindeutig krimineller Elemente läge. Aber das ist im großen und ganzen nicht der Fall. Und Leute wie Idi Amin und Saddam Hussein konnten sich nicht an der Macht halten ohne »Technokraten« und ausgebildete Beamte, die die notwendigen Steuern eintreiben und eine Regierungsstruktur aufrechterhalten. Weder Joseph Stalin noch Adolf Hitler, Huey Long, Ferdinand Marcos oder Augusto Pinochet konnten ohne die aktive Unterstützung oder Mitarbeit von vielen

Tausenden »ausgebildeter« Experten, Technikern und Bürokraten regieren. Alle modernen Geheimdienste der Welt sind auf gut ausgebildetes Personal angewiesen, auf wissenschaftliche Ausrüstung, fortgeschrittene sozialwissenschaftliche Studien über menschliches Verhalten und bürokratische Verwaltungssysteme (auch schon vor dem Computer). Sogar das organisierte Verbrechen ist abhängig von gut ausgebildeten Juristen, Verwaltungsangestellten und Führungskräften sowie von der Technologie der modernen Gesellschaft.

Die Menschen, die heute die Welt regieren, sind zum größten Teil akademisch gebildet (oder zumindest gut ausgebildet). Sie sind Absolventen der »bedeutenden« Militärschulen oder Eliteuniversitäten ihrer jeweiligen Länder. Sie haben (allermeistens) einen »verfeinerten« Geschmack und pflegen die »feineren« Dinge des Lebens (zumindest für den öffentlichen Konsum). Trotzdem haben sie uns die brutalste Epoche der Geschichte und gegenwärtig eine ganze Zahl von Militärdiktaturen, totalitären Gesellschaften, rassistisch-ausbeuterischen »repräsentativen« Republiken und ressourcenverschlingenden Staaten beschert, die so beschaffen sind, dass absehbar ist, dass es bald nur noch sehr wenige Orte auf der Welt geben wird, an denen ein nicht-aggressiver Mensch überleben kann, es sei denn als Lakai oder Sklave.

Die Wahrheit ist, dass beispielsweise Harvard- oder Yale-Absolventen durchaus in der Lage sind, Lobbyarbeit für eine »Konzession« von Gebieten in Brasilien, Kolumbien oder Bolivien zu leisten, deren Erschließung die völlige Vernichtung von Tausenden von amerikanischen Ureinwohnern zur Folge hat. Natürlich werden die feinen Herren nicht persönlich die Liquidierung der amerikanischen Ureinwohner anordnen, aber sie werden eine Kette von Ereignissen in Gang setzen, die (unter den in Südamerika herrschenden Bedingungen) unweigerlich zur Versklavung, Vertreibung und zum Tod der indigenen Stämme führen.

»Bildung«, wie wir sie in der modernen Welt kennen, hat in der Regel wenig mit Ethik oder der Entfaltung des individuellen Potentials der Lernenden zu tun. Im Gegenteil, sie ist größtenteils technischer

Natur (sei es in den Natur- oder Sozialwissenschaften oder was auch immer) und dient nur selten (an und für sich) dazu, an den klassenmäßigen und ethnischen »Interessen« der Absolventen zu rütteln. In jedem Fall hat sich die Wétiko-Krankheit, die Krankheit der Ausbeutung, in den letzten mehreren Tausend Jahren wie eine Seuche ausgebreitet. Und wie eine Ansteckung, die von den meisten Impfstoffen nicht aufgehalten wird, wird sie mit der Zeit eher schlimmer als besser. Immer mehr Menschen stecken sich an immer mehr Orten an, und sie werden zu den Lehrern und Vorbildern der jungen Menschen.

So wird die Jugend des 21. Jahrhunderts nicht in erster Linie von unterbezahlten Lehrern an öffentlichen Schulen oder von Professoren im »Elfenbeinturm« unterrichtet, sondern von ihren Eltern, von Filmen, vom Fernsehen und vom Internet, ja, von dem, was sie in der Gesellschaft beobachten. Und diese Art des Lernens wird oft durch die Struktur und den Inhalt von Schulfächern wie Geschichte verstärkt, die das Aggressive und das Ausbeuterische verherrlichen (Alexander der Große, Napoleon, Cecil Rhodes, James K. Polk, George Washington und Thomas Jefferson, der sowohl ein hingebungsvoller Sklavenhalter als auch ein unersättlicher Imperialist im Kampf gegen die amerikanischen Ureinwohner war). So werden Menschen, die nicht andere erobern oder große Mengen fremden Eigentums stehlen, als »rückständig« oder »uninteressant« eingestuft.

Auf jeden Fall sind die großen menschlichen Probleme des Imperialismus, des Kolonialismus, der Ausbeutung und der Gier nicht unter Kontrolle. Fragen Sie die Kurden oder die Tibeter oder die Bretonen oder die Tschetschenen oder die Ainu oder die Sioux oder die Inuit oder die Aché oder die Colla; oder fragen Sie die Wanderarbeiter in den Vereinigten Staaten oder die Afroamerikaner auf dem Lande im Süden oder die Fast-Sklavenarbeiter in Südafrika; oder fragen Sie die oft terrorisierte Bevölkerung in Guatemala, Palästina oder El Salvador.

Und in den Vereinigten Staaten und anderen sogenannten »fortschrittlichen« Gesellschaften werden Milliarden und Abermilliarden von Dollar für Gefängnisse und psychiatrische Anstalten ausgegeben, während die Kriminalitätsrate weiter steigt und immer mehr

Menschen »verrückt« werden. Darüber hinaus floriert die Pornoindustrie, und die christlich-fundamentalistische Erweckung scheint Hand in Hand zu gehen mit Vergewaltigung, Kindesmissbrauch, Kinderpornografie, Sadismus und Frauenhass.

Mit anderen Worten: Die Ausbeutung *blüht*. Die Ausbeutung der Kinder, der Liebe, der Frauen, der Alten, der Schwachen, der Armen und natürlich die *absichtliche* kommerzielle Ausbeutung *aller* erdenklichen Dinge, von der Enthaarung im Vaginalbereich der Frauen über die Sorge um den natürlichen Körpergeruch, die Unsicherheit der Heranwachsenden, die Angst vor dem Älterwerden bis hin zum Durst (etwa indem man die Menschen dazu bringt, anstelle von Wasser oder natürlichen Getränken flüssige Chemikalien mit Zucker zu trinken).

Die Ausbeutung *blüht*. Die Ausbeutung der Kinder, der Liebe, der Frauen, der Alten, der Schwachen, der Armen und natürlich die *absichtliche* kommerzielle Ausbeutung *aller* erdenklichen Dinge.

Wir leben in einer modernen Gesellschaft, in der von Hochschulabsolventen erwartet wird, dass sie bereit sind, »alles zu geben«, um ein Produkt zu entwickeln oder zu verkaufen, selbst wenn das Produkt schädlich oder wertlos ist; in der von Technikern erwartet wird, dass sie Tiere in Gefangenschaft töten und quälen, weil es ihnen von einem staatlichen Experimentator oder einem aufsatz-produzierenden Professor befohlen wird, und in der es nur wenige Möglichkeiten gibt, in einer nicht ausbeuterischen, nicht korrupten oder nicht erniedrigenden Rolle »sein eigener Chef« zu sein.

Menschen, die sich über Gewalt, Umwelt, Rechtschaffenheit und menschliche Authentizität Gedanken machen, müssen die Möglichkeit haben, die objektiven Bedingungen zu analysieren, die uns heute alle umgeben. Ich hoffe, dass ich diesen Menschen eine Hilfe sein kann, indem ich den Begriff der Wétiko-Krankheit näher erläutere und ihren Ursprung, ihre Epidemiologie und ihre Merkmale erörtere. Ich werde auch versuchen, ein paar Ideen zu Gegenmitteln für die Krankheit aufzuzeigen, aber ich kann nicht behaupten, alle Antworten auf das grundlegendste Problem des menschlichen Lebens zu haben.

»Wie soll man dieses Leben leben?« ist die eigentliche Frage, vor der wir alle stehen. Alle anderen Themen sind im Vergleich mit dieser Frage unbedeutend.

eins

Die Entstehung des Weltenalls und die Schöpfung der Liebe

In den 1940er und 1950er Jahren konnte Leon Cadogan mehrere Überlieferungen von der Erschaffung der Welt veröffentlichen, die von den Mbyá, einer Guaraní sprechenden Gruppe von amerikanischen Ureinwohnern, die im Gebiet von Paraguay lebten, sorgfältig erhalten wurden. Die Mbyá hatten sich der spanischen Aggression hartnäckig widersetzt und sich in unzugängliche Gebiete zurückgezogen, um die Reinheit ihrer Traditionen zu bewahren.

Es ist bezeichnend, dass in diesen alten mündlichen Überlieferungen der Schöpfer aus dem ursprünglichen Nichts (der Dunkelheit) hervorgeht, und zwar im wesentlichen als Weisheit. Diese göttliche Weisheit entfaltet sich dann als ein geistiger Prozess, der die Dinge durch schöpferische Weisheit erschafft. Bezeichnenderweise überliefern auch viele andere amerikanische Ureinwohner diese Tradition der mentalen Natur der Schöpfung. Der Prozess der Schöpfung ist zugleich evolutionär, eine allmähliche Entfaltung von Schöpfungsstufen.

Den alten Mexikanern zufolge entstand der ursprüngliche Schöpfer Ometeotl (Zwei-Geist), der sowohl männliche als auch weibliche Kräfte in sich vereinte, auf ähnliche Weise wie Nande Ru bei den Mbyá. Ometeotl ist auch bekannt als Yohualli-ehecatl (Unsichtbarer Nacht-Luftwind), Ipalnemohuani (Derjenige, durch den man lebt), Moyocoyani (Derjenige, der die Existenz von sich selbst erfindet oder gibt) und Moyucoyatzin ayac oquiyocux, ayac oquipic (Derjenige, der von niemand anderem als sich selbst erschaffen wird, aber der selbst, durch seine Autorität und seinen Willen, alles tut). Das Verb *yucoya* bedeutet »erfinden« oder »geistig erschaffen«. Dies ist ein sehr bedeutsames Konzept, denn es besagt, dass das Weltenall durch einen mentalen oder gedanklichen Prozess geschaffen wird. Wie Miguel León-Portilla feststellte, » … besitzt er das gesamte Weltenall, das in den Augen des Menschen ›wie ein wunderbarer Traum‹ ist«.[1]

Das Volk der Uitoto im heutigen Kolumbien ist der Ansicht, dass »am Anfang das Wort den Vater hervorgebracht hat«. Sie sagen weiter:

> Eine Einbildung, nichts anderes hat am Anfang existiert;
> der Vater hat eine Illusion berührt;
> er erfasste etwas Geheimnisvolles. Nichts existierte.
>
> Durch die Vermittlung eines Traums behielt unser Vater
> Naimuena die Einbildung in seinem Körper.
> Und er grübelte lange und dachte tief nach…
> Dann ergriff er den Fata Morgana-Boden und stampfte wiederholt auf
> und kam endlich auf seiner erträumten Erde zu sitzen.[2]

Die Mbyá berichten, dass das Absolute, Nande Ru, sich selbst inmitten der ursprünglichen Dunkelheit verwirklichte. Später schuf er die menschliche Sprache, die Liebe zur Menschheit und eine heilige Hymne. Vier männliche Kräfte und ihre weiblichen Gegenstücke wurden dann die ersten Gefährten des Schöpfers, und die Welt entfaltete sich allmählich. Namandu, der Sonnengeist, erschien ebenfalls sehr früh und wurde zu einer der vier Mächte. Namandu scheint zusammen mit el Colibri (Kolibri) als direkte Entfaltung des Absoluten zu erscheinen, da das Absolute sich selbst erhält.

Die von Nande Ru geschaffene menschliche *Sprache* (*lenguaje)* stellt das zukünftige Wesen der den Menschen gegebenen Seelen dar, ein Wesen, das an der Göttlichkeit des Schöpfers teilhat. Die Liebe zu den

Mitmenschen und ein heiliger Gesang (Hymne) sind weitere grundlegende Voraussetzungen für die Entfaltung der Welt.[3]

Nun möchte ich einige kurze Abschnitte aus dem ersten Teil der Entstehungsgeschichte, wie sie von den Mbyá erzählt wird, wiedergeben:

Unser Erster Vater, der Absolute,
erhob sich inmitten der uranfänglichen Dunkelheit.

Die göttlichen Fußsohlen,
den kleinen runden Sitz, inmitten der uranfänglichen
 Dunkelheit,
 er hat sie geschaffen,
im Laufe seiner Entwicklung.

Der Widerschein der göttlichen sehenden Weisheit,
das göttliche Hören aller Dinge,
die göttlichen Handflächen mit
 dem Stab und dem Zeichen,
die göttlichen Handflächen mit
 den blühenden Zweigen,

Namandu schuf sie im Laufe
 seiner Entwicklung
inmitten der uranfänglichen Dunkelheit.

Von der göttlichen kleinen erhabenen Krone waren
 die Blüten des Federschmucks Tropfen
 von Tau.

Denn inmitten der Blüten des göttlichen
 Federschmucks flatterte der uranfängliche Vogel,
 der Kolibri, umher.

In der Zwischenzeit schuf unser Urvater
 im Laufe seiner Entwicklung,
 seinen göttlichen Körper,

der inmitten der uranfänglichen Winde war,
bevor er sein künftiges Firmament,
sein künftiges Gebiet, das ursprünglich entstand, erdacht hatte,
der Kolibri pflegte den Mund zu erfrischen;
er, der Namandu mit paradiesischen Gaben versorgte,
war der Kolibri.

[Der Kolibri war der Schöpfer selbst, der sich im Akt der Selbstzeugung als erster Vogel erschuf.]

Unser Vater Namandu, der Erste, bevor
er sein künftiges Paradies geschaffen hat
Im Laufe seiner Entwicklung
hat er keine Dunkelheit gesehen:
obwohl die Sonne noch nicht schien,
Er war da erleuchtet vom Widerschein
seines Herzens
so, dass sie als Sonne diente, die
Weisheit enthielt
in seiner Göttlichkeit…

Er hat den Ursprung der künftigen menschlichen Sprache erdacht,
aus der Weisheit seiner Göttlichkeit
und aufgrund seines schöpferischen Wissens schuf er die Grundlage für die Liebe zu seinen Mitmenschen,
Bevor es die Erde gab,
inmitten der ursprünglichen Dunkelheit, bevor er um die Dinge wusste, und kraft seines schöpferischen Wissens, ersann er den Ursprung der Liebe…

In seinem Alleinsein schuf er die Grundlage der menschlichen Sprache;
in seinem Alleinsein schuf er einen kleinen Teil der Liebe;
in seinem Alleinsein schuf er eine kurze heilige Hymne,
Er dachte tief darüber nach, wer sich an der Schaffung

der menschlichen Sprache beteiligen sollte;
wen er an dem kleinen Teil der Liebe teilhaben ließe;
wen er an den Wörtern beteiligen sollte, die
die heilige Hymne bildeten.
Als er so tiefgründig nachgedacht hatte,
mit der Weisheit seiner Göttlichkeit und kraft seines schöpferischen Wissens,
entschied er, wer die Gefährten seiner Göttlichkeit sein würden…

Indem sie sich die göttliche Weisheit ihres Urvaters aneignen;
nachdem sie sich die menschliche Sprache angeeignet hatten;
nachdem sie angeregt wurden, ihre Mitmenschen zu lieben;
nachdem sie die Worte der heiligen Hymne verinnerlicht hatten;
nachdem sie in die Grundlagen des schöpferischen Wissens eingeführt wurden,
nennen wir sie die erhabenen wahren Väter der Wortseelen;
die erhabenen wahren Mütter der Wortseelen.[4]

Mehrere Dinge sind an der Mbyá-Tradition sehr bedeutsam, abgesehen von ihrer außerordentlichen Schönheit und ihrer lebenswichtigen Bedeutung für »wissenschaftliche« Ansichten über die Evolution. Erstens muss die Heiligkeit der menschlichen Sprache und ihre Bedeutung in heiligen Liedern als Mittel der direkten Kommunikation mit dem Schöpfer und der Geistigen Welt erwähnt werden. Zweitens, dass die menschliche Sprache einen Teil des Wesens unserer Seele darstellt (mit großen Auswirkungen auf die heilige Natur von Ideen und Sprache als Kernbestandteil unseres Menschseins und die Bedeutung, Worte nicht missbräuchlich oder für böse Zwecke zu verwenden). Am bedeutsamsten für unseren heutigen Zweck ist die frühe Erschaffung des Prinzips der Liebe für die menschlichen Wesen. Kurz gesagt, die Liebe ist nicht zufällig in

Die »Norm« für die Menschheit ist die Liebe.
Grausamkeit ist eine Abweichung.
Wir sind nicht von Natur aus Sünder.
Wir lernen, böse zu sein.
Man lehrt uns, von unserem guten Weg abzuweichen.

einem späten Stadium der Evolution entstanden, sondern wurde als wesentliches Attribut des Weltenalls vor der Existenz der Menschen geschaffen. Der Schöpfer ließ die geistigen Kräfte und die Menschen entstehen, zum Teil, um die Idee der Liebe zu verwirklichen, die bereits als grundlegendes Prinzip geschaffen wurde. Das Weltenall wurde in Liebe geboren. Wie kommt es dann, dass wir heute so viel Hass erleben? Sind wir alle einfach für immer »Sünder«, weil ein früher Vorfahre ein Gebot Gottes missachtet hat?

Ich werde darlegen, dass gesunde, geistig gesunde Menschen weiterhin dem Prinzip der Nächstenliebe folgen, während Ausbeuter geisteskrank sind.

Kurz gesagt, der Schöpfer hat uns allen gute Wege gewiesen, denen wir folgen sollen, die auf guter Rede, Liebe und heiligen Liedern beruhen. Ein geistig gesunder Mensch ist jemand, der sich noch auf einem solchen Weg befindet.

Die »Norm« für die Menschheit ist die Liebe.

Grausamkeit ist eine Abweichung.

Wir sind nicht von Natur aus Sünder.

Wir lernen, böse zu sein.

Man lehrt uns, von unserem guten Weg abzuweichen.

Wir werden von anderen Menschen, die ebenfalls verrückt sind, dazu gebracht, verrückt zu sein, und die für uns ein Bild der Welt malen, das hässlich, negativ, angstvoll und verrückt ist.

Wir müssen keine Kannibalen sein, die einander auffressen! Der Schöpfer und unsere Vorfahren haben uns andere Wege des Lebens gewiesen. Wie der verstorbene Nichidatsu Fujii, Leiter des buddhistischen Nihonzan-Myohoji-Tempels und Teilnehmer am Longest Walk der amerikanischen Ureinwohner von 1978, sagt: »Zivilisation bedeutet nicht, dass elektrisches Licht installiert wird. Es bedeutet auch nicht, Atombomben zu bauen. Zivilisation bedeutet, Menschen nicht zu töten.«[5]

zwei

Das Leben eines anderen aufbrauchen

Die Wétiko-Kannibalen-Psychose

Die indianischen Traditionen sagen deutlich, dass alle Lebensformen, einschließlich der Menschen, die Tiere, Vögel, Pflanzen und Insekten, Kinder derselben Eltern sind. Die Erde ist unsere Mutter und das Große Mysterium oder die Große Schöpferische Kraft wird als unser Großvater oder Großmutter-Großvater angesehen.

Wie Standing Bear, ein Lakota, 1931 sagte, ein altes Gebet wiedergebend:

> Zu Mutter Erde heißt es … du bist die einzige Mutter, die ihren Kindern Barmherzigkeit erwies … Seht mich an, die vier Viertel der Erde, verwandt wie ich bin …
>
> Überall auf der Erde sind die Gesichter aller Lebewesen gleich. Mutter Erde hat diese Gesichter mit Zärtlichkeit aus der Erde herausgearbeitet. Oh Großer Geist, sieh sie an, all diese Gesichter mit Kindern in ihren Händen.
>
> In sehr alten Zeiten, vielleicht vor tausend Jahren und bevor sich die verschiedenen Völker der nördlichen Prärie in verschiedene Gruppen aufgeteilt hatten, lehrte sie ein weiser Mann namens Slow Buffalo: »Erinnert euch … an diejenigen, auf die ihr euch verlassen werdet. Oben in den Himmeln, der Geheimnisvolle, das ist euer Großvater. Zwischen der Erde und dem Himmel, das ist euer Vater. Diese Erde ist eure Großmutter. Der Erdboden ist eure Großmutter.

> Alles, was in der Erde wächst, ist eure Mutter. Es ist wie ein Baby, das an seiner Mutter nuckelt … Denkt immer daran, dass eure Großmutter immer unter euren Füßen ist. Ihr seid immer auf ihr, und euer Vater ist oben.«[1]

Es ist ganz klar eine erfahrbare, beobachtbare Tatsache, dass wir alle in jedem Moment unseres Lebens vollkommen und absolut abhängig von unserer Erdmutter sind und von Wasser, Luft, Sonne und anderen Elementen.

> Der Große Geist schuf die Blumen, die Bäche, die Kiefern, die Zedern – er kümmert sich um sie … Er kümmert sich um mich, bewässert mich, ernährt mich, lässt mich mit den Pflanzen und Tieren als einer von ihnen leben … Die ganze Natur ist in uns, wir sind alle in der Natur.[2]

Da wir alle Kinder derselben Eltern sind, liegt es auch in der Natur des Lebens, dass wir uns gegenseitig aufessen. Auf die eine oder andere Weise essen alle Lebensformen ein anderes Lebewesen und werden dann ihrerseits von einem anderen gegessen. Unser Tod ist in der Regel traurig für uns selbst, aber, wie Juan Matus, der Yaqui-*Nagualli* von Carlos Castaneda, so treffend feststellt, ist unser Tod auch ein Geschenk für jemand anderen, wenn auch nur für Mikroorganismen.[3]

Wir Menschen zum Beispiel machen uns an alle möglichen Pflanzen, Tiere und Vögel heran und essen sie, aber wir werden wiederum von anderen Tieren sowie von Bakterien und anderen winzigen Lebewesen verfolgt und gefressen. Letztendlich ernähren sich natürlich auch Würmer, Käfer und Pflanzen von unseren Körpern und helfen unserer Mutter, der Erde, uns zu verdauen.

Die Oberfläche unserer Mutter besteht größtenteils aus den umgewandelten Körpern unserer Verwandten, die seit Millionen von Jahren sterben. Die »Bodenfruchtbarkeit« ist zu einem großen Teil nichts anderes als ein Maß dafür, wie sehr ein bestimmtes Stück Boden mit unseren toten Vorfahren und Verwandten gesättigt ist. Der Tod ist also ein notwendiger Bestandteil des Lebens.

Die meisten Lebewesen zeigen keine Anzeichen von Grausamkeit oder übermäßiger Gier (mit Ausnahme einiger »Haustiere«, die grausam oder gefräßig werden können). Im allgemeinen fügen sie einem anderen Lebewesen nur dann Schmerzen zu, wenn dies im Rahmen der Nahrungsaufnahme notwendig ist. Die überwiegende Mehrheit der Lebewesen greift nur sehr selten in die Bewegungsfreiheit oder »Freiheit« anderer Lebewesen ein, außer im Augenblick der direkten Tötung. Normalerweise töten sie auch niemanden ihrer Art oder ernähren sie sich von ihm.

Die amerikanischen Ureinwohner und viele andere Stammesvölker haben lange und hart mit dem Widerspruch gerungen, der dem Aufessen anderer Lebewesen innewohnt. Die Philosophie der Ureinwohner, die sich auf die Erkenntnis stützt, dass alle Lebewesen Brüder und Schwestern sind, kam ganz einfach zu dem Schluss, dass das Töten und Essen zwar unvermeidlich ist, aber auf eine Art und Weise erfolgen kann, die es weniger hässlich und grausam macht. Wie Juan Matus sagt, »müssen wir mit allen Lebewesen der Welt ein gutes Verhältnis haben. Aus diesem Grund müssen wir mit den Pflanzen, die wir töten wollen, sprechen und uns dafür entschuldigen, dass wir sie verletzen; dasselbe müssen wir mit den Tieren tun, denen wir etwas anhaben wollen.[4]

> … heute haben wir eine kleine Schlange genommen. Ich musste mich bei ihr dafür entschuldigen, dass ich ihr Leben so plötzlich und endgültig beendet habe; ich tat, was ich tat, weil ich wusste, dass auch mein eigenes Leben eines Tages auf die gleiche Weise plötzlich und endgültig beendet sein würde.[5]

Ruby Modesto, eine Cahuilla-Heilerin, hat gesagt:

> Du kannst mit den Pflanzen reden ... Ich meine, sei aufrichtig. Sei bescheiden. Die Pflanzen sind wie Freunde. Einige von ihnen haben mächtige Geister.[6]

Nach Luther Standing Bear fühlten sich die Lakota eng mit allen Lebewesen verwandt:

> Das Tier hatte Rechte – das Recht auf den Schutz des Menschen, das Recht zu leben, das Recht, sich zu vermehren, das Recht auf Freiheit und das Recht, dass sich der Mensch ihm verpflichtet fühlte ... die Lakota versklavten das Tier niemals und verschonten alles Leben, das nicht für Nahrung und Kleidung benötigt wurde.
>
> Dieses Verständnis des Lebens und seiner Beziehungen war menschlich und gab dem Lakota beständig Liebe. Es erfüllte sein Wesen mit der Freude und dem Geheimnis des Lebens; es gab ihm Ehrfurcht vor allem Leben ...[7]

Diese Ehrfurcht vor dem Leben und der Respekt vor Vögeln und anderen Tieren wird durch eine Geschichte der Pawnee veranschaulicht, die von einem jungen Heilkundigen handelt, der vor langer, langer Zeit lebte. Er wurde von einem eifersüchtigen Arzt vergiftet. Das Opfer wandte sich an Ti-rá-wa, die Höchste Macht, und an Nahúrac (die Tiere). Ein kleiner Botenvogel führte ihn zur Hütte der Anführer der Tiere, unter eine Klippe und unter das Wasser eines Flusses. Er musste mehrere Hütten aufsuchen und wurde schließlich von Präriehunden und Bären geheilt, nachdem er zum ersten Nahúrac zurückgekehrt war. Das Oberhaupt der Bären sagte dann:

> Nun, Nahúrac, das ist es, was ich tun kann. Es ist mir egal, wie schwer ich verwundet sein mag, denn ich weiß, wie ich mich selbst heilen kann ...

Der oberste Heiler der Tiere sagte dann zu dem jungen Mann:

> Jetzt kannst du sehen, wer wir sind. Ich bewege mich im Wasser. Ich habe keinen Atem, aber ich existiere. Wir, jeder einzelne von uns, werden alle sterben, außer Ti-rá-wa. Er hat uns erschaffen, genau wie er dich erschaffen hat.
>
> Er hat dich geschaffen, in der Luft zu leben. Wir leben dort, wo es keine Luft gibt. Du siehst den Unterschied. Ich weiß, wo das große Wasser ist, das uns umgibt [der Ozean]. Ich weiß, dass der Himmel das Haus von Ti-rá-wa ist, und wir leben in ihm. Ihr müsst uns nachfolgen. Tut, was wir tun. Ihr müsst euch auf uns stützen, aber wenn etwas sehr Schwieriges auftaucht, müsst ihr euch auf Ti-rá-wa stützen. Bittet den Oberherrn um Hilfe. Er hat uns gemacht. Er hat alles erschaffen. Es gibt unterschiedliche Wege für verschiedene Geschöpfe. Was du tust, tue ich nicht, und was ich tue, tust du nicht. Wir sind verschieden. Wenn ihr uns nachfolgt, müsst ihr immer zu jedem dieser vier großen Heiler einen Rauch blasen, zu jedem einmal; aber zu Ti-rá-wa müsst ihr vier Mal den Rauch blasen …[8]

Auf diese Weise lernten die Pawnee von den Tieren das Heiler-Sein und erfuhren mehr über die Abhängigkeit eines jeden Menschen von der Höchsten Macht. Die Philosophie der amerikanischen Ureinwohner erkennt das Recht jedes Lebewesens auf Leben an und darauf, sein Leben ohne äußere Einmischung zu leben. Aus diesem Grund vermeiden es die Ureinwohner traditionell, lebende Bäume zu fällen, trampeln nicht auf Pflanzen herum und töten selten, wenn überhaupt, ein Lebewesen, es sei denn, es dient der Nahrungsbeschaffung. Als Brennholz, Bauholz und so weiter wird zum Beispiel in der Regel abgestorbenes Holz verwendet. Sitting Bull war sehr genau:

Die Philosophie der amerikanischen Ureinwohner erkennt das Recht jedes Lebewesens auf Leben an und darauf, sein Leben ohne äußere Einmischung zu leben.

> Ich möchte, dass alle wissen, dass ich nicht vorhabe, irgendetwas von meinem Land zu verkaufen, und ich werde auch nicht zulassen, dass die Weißen unser Holz entlang der Flüsse abholzen, vor

> allem die Eichen. Ich mag die kleinen Eichenhaine ganz besonders. Ich sehe sie gerne an und empfinde Ehrfurcht vor ihnen, weil sie die winterlichen Stürme und die sommerliche Hitze aushalten und – nicht anders als wir – dadurch zu gedeihen scheinen.[9]

Wenn eine Pflanze, ein Baum oder ein Tier getötet werden soll, muss erstens die Not groß sein; zweitens wird um Erlaubnis gebeten, wenn es die Zeit erlaubt; drittens wird der Pflanze oder dem Tier gedankt; und viertens wird mit Tänzen, Gebeten und Zeremonien den getöteten Kreaturen gedankt und denen, die noch leben, geholfen, zu wachsen und zu gedeihen. In den 1920er Jahren zeichnete Cora DuBois diese Prophezeiung einer mächtigen Heilerin, Kate Luckie, von der Wintu-Nation auf:

> Wenn die Indianer alle sterben, wird Gott das Wasser aus dem Norden herabströmen lassen. Alle werden ertrinken.
>
> Das liegt daran, dass sich die Weißen nie um Land, Hirsche oder Bären gekümmert haben. Wenn wir Indianer Fleisch töten, essen wir alles auf. Wenn wir Wurzeln graben, machen wir kleine Löcher. Wenn wir Häuser bauen, machen wir kleine Löcher. Wenn wir Gras für Heuschrecken verbrennen, machen wir nichts kaputt. Wir schütteln Eicheln und Pinienkerne ab. Wir fällen keine Bäume. Wir verwenden nur totes Holz. Aber die Weißen pflügen den Boden um, reißen die Bäume aus und töten alles. Der Baum sagt: »Lass das. Ich bin wund. Tut mir nicht weh.« Aber sie fällen ihn und zerschneiden ihn. Der Geist des Landes hasst sie. Sie sprengen Bäume weg … Sie zersägen die Bäume.
>
> Das tut ihnen weh. Die Indianer haben nie etwas verletzt, aber die Weißen zerstören alles … Wie kann der Geist der Erde den Weißen Mann lieben? … Überall, wo der Weiße Mann etwas angerührt hat, ist es wund.[10]

Kurz gesagt, die Ureinwohner ziehen nicht einfach mit einem Hochleistungsgewehr los, töten ein Tier, schlagen ihm den Kopf als Trophäe ab und werfen die Leiche auf eine Müllkippe (wie es viele heutige Jäger tun). Die Ureinwohner sind keine Barbaren oder Wilden, die für den »Nervenkitzel« oder aus »Angeberei« töten. Das Töten ist eine ernste Angelegenheit und erfordert eine spirituelle Vorbereitung. Außerdem sollte man den Schmerz und die Trauer fühlen, wenn man einen Bruder oder eine Schwester tötet, ganz gleich, ob es sich um ein Unkraut, einen Baum oder ein Reh handelt. Wenn man diesen Schmerz nicht spürt, ist man verroht und »krank« geworden. Man ist, kurz gesagt, nicht mehr im Einklang mit dem Weltenall.

In jedem Fall waren die amerikanischen Ureinwohner, von wenigen Ausnahmen abgesehen, (wie die meisten anderen Lebewesen) achtsam beim Töten. Wie Juan Matus seinem Schüler Carlos Castaneda erklärt, ist es besser, zwei Wachteln zu essen und drei freizulassen, als alle fünf wie ein Vielfraß zu verspeisen.[11]

Religion ist in Wirklichkeit Leben. Unsere Religion ist nicht das, was wir bekennen, was wir sagen oder was wir verkünden; unsere Religion ist das, was wir tun, was wir wünschen, was wir suchen, wovon wir träumen, was wir phantasieren, was wir denken.

Gier und Völlerei sowie das grausame Ausnutzen des Lebens anderer ohne Reue werden als zerstörerisch für das eigene geistige Vermögen und als eine Art Krankheit angesehen. Die grausame Ausbeutung anderer Lebewesen findet sich normalerweise auch nicht bei Tieren oder bei traditionellen Stammesvölkern. Old Man Hat, ein Ältester der Navajo, verbrachte zum Beispiel viele Monate damit, seinem Neffen Who Has Mules beizubringen, wie man sich um das Vieh kümmert:

> Wenn du alles aufgezogen hast, Schafe, Pferde und Rinder, und viel Besitz erworben hast, solltest du nicht fluchen und schimpfen über dein Eigentum und dein Vieh ... diese Dinge sind wie deine Kinder. Du musst sie schonen, dann hast du immer etwas davon ... Und rede nicht grob. Wenn du das tust, wirst du diese Dinge nicht bekommen, denn alle Tiere und der Besitz werden wissen, dass du grob mit ihnen umgehst. Sie werden Angst haben und nicht zu

> dir kommen wollen. Wenn du freundlich denkst und freundlich redest, dann werden sie wissen, dass du ein freundlicher Mensch bist, und dann wird alles zu dir kommen.[12]

Das Leben der amerikanischen Ureinwohner dreht sich um Heiligkeit, Schönheit, Kraft und Verbundenheit *aller Daseinsformen*. Kurz gesagt, die ethischen oder moralischen Werte der Ureinwohner sind ein wesentlicher Bestandteil ihrer Kosmologie oder ihres Weltbildes. In den meisten indigenen Sprachen gibt es kein Wort für »Religion«, und es mag sein, dass ein Wort für Religion erst dann gebraucht wird, wenn ein Volk sie nicht mehr hat. Wie Ohiyesa (Charles Eastman) sagte: »Jede Handlung in seinem [des Indianers] Leben ist in einem sehr realen Sinne eine religiöse Handlung.«[13]

Religion ist in Wirklichkeit Leben. Unsere Religion ist nicht das, was wir bekennen, was wir sagen oder was wir verkünden; unsere Religion ist das, was wir tun, was wir wünschen, was wir suchen, wovon wir träumen, was wir phantasieren, was wir denken – all diese Dinge – vierundzwanzig Stunden am Tag. *Die eigene Religion ist also das Leben, nicht das ideale Leben, sondern das Leben, wie es tatsächlich gelebt wird.* Religion ist kein Gebet, sie ist keine Kirche, sie ist nicht theistisch, sie ist nicht atheistisch, sie hat wenig mit dem zu tun, was die Weißen »Religion« nennen. Sie ist unser ganzes Handeln. Wenn wir auf einem Käfer herumtrampeln, ist das unsere Religion; wenn wir an lebenden Tieren experimentieren, ist das unsere Religion; wenn wir beim Kartenspiel betrügen, ist das unsere Religion; wenn wir davon träumen, berühmt zu sein, ist das unsere Religion; wenn wir böswillig tratschen, ist das unsere Religion; wenn wir grob und aggressiv sind, ist das unsere Religion. Alles, was *wir tun und sind, ist unsere Religion.*

Joe Washington, ein Mann der Lenápe, sagte vor etwa siebzig Jahren:

> Ein Mensch kommt in den Himmel, wenn er stirbt, wenn er gut ist. Das Gute wurde dem Menschen von Gott gegeben. Es ist in

> ihm, und in die Kirche zu gehen, macht ihn nicht gut. Beten und in die Kirche gehen wird … einen Menschen nicht in den Himmel bringen … Ein Mensch wird in den Himmel kommen, weil das Gute in ihm ist … Du musst nicht Peyote oder irgendein anderes Kraut essen, um in den Himmel zu kommen. Um in den Himmel zu kommen, muss man nur gut sein…[14]

Bestimmte fundamentalistische Christen, Anhänger des Slogans »Christen sind nicht perfekt, ihnen wird nur vergeben«, geben vor, dass ihr »Glaube an Jesus Christus als persönlichen Retter« sie vor den Folgen ihrer eigenen Taten schützt. So ist der grausame Tod von mehr als 12.000 Nicaraguanern auf dem Lande durch die Hände der Contras (die von Präsident Ronald Reagan organisiert und kontrolliert wurden) für ihr Seelenheil irrelevant, da die »Wiedergeburt« Gott dazu veranlassen wird, die blutbefleckten Hände jener Fundamentalisten zu ignorieren, die die Contras und viele andere rechtsgerichtete Terrorgruppen unterstützt haben. Aber zu behaupten, dass Mördern vergeben wird, wenn sie weiter morden (oder die Mörder bezahlen und anheuern), ist meiner Meinung nach eine Form der Blasphemie.

Unsere Religion ist das, was wir sind, was wir tun.

So ist New York City mit seinem Schmutz, seinen Slums, seiner Kriminalität, seiner Gewalt, seiner Habgier, seiner reichen Elite, seinen hohen Gebäuden, seiner Mafia, seiner korrupten Führung und seinen Kunstgalerien – alles in New York City – die »Kirche« der weißen Gesellschaft. Genauso wie das riesige Bundeszentrum für Tierversuche auf Staten Island eine Kirche ist, sind das Pentagon und die CIA-Komplexe in der Nähe von Washington, DC, Kirchen und so weiter. Viele Menschen tun häufig so, als könnten sie den Folgen ihrer Handlungen entgehen, aber die indianische Philosophie lehrt etwas anderes. Wir erschaffen uns unsere Wirklichkeit. Vielleicht sind die Werke der Schöpfung unsere »Religion« und die konkreten Schöpfungen unsere »Kirchen«.

Eine alte Lenápe (Delaware) Zeremonie beginnt mit:

> Wahrlich, wir sind dankbar, dass wir lange genug gelebt haben, um die Zeit kommen zu sehen, in der diese unsere Großväter, die Bäume, blühen, und das Aufkommen der Vegetation zu erblicken. Nun auch für dieses Wasser und für ihn, unseren Großvater Feuer, und wieder diese Luft, wieder dieses Sonnenlicht. Wenn jeder mit solchen Gaben gesegnet ist, dann reicht das, um zu erkennen, was für ein Wohlwollen von unserem Vater ausgeht, denn er ist es, der alles geschaffen hat…[15]

Für die A'shivi (Zuñi) ist die gesamte Natur beseelt, und die Menschen können das Leben fördern, indem sie singen und um Wasser beten:

> Dass unsere Erdmutter sich in ein vierfältiges Gewand
> Aus weißem Mehl hüllen möge;
> Dass sie mit Eisblumen bedeckt sei;
> Dass dort auf allen moosigen Bergen,
> Die Wälder sich vor Kälte zusammenkauern mögen,
> Dass ihre Arme vom Schnee gebrochen werden,
> Damit das Land so sein kann,
> Ich habe meine Gebetsstöcke zu lebendigen Wesen gemacht …
>
> Wenn unsere Erdmutter voll lebendigen Wassers ist,
> Wenn der Frühling kommt,
> Die Quelle unseres Fleisches,
> All die verschiedenen Arten von Mais,
> Wir werden in der Erde mit dem lebendigen Wasser der Erdmutter ruhen,
> Sie werden zu neuen Wesen gemacht werden,
> Hervortreten ins Tageslicht ihres Sonnenvaters
> Nach Regen rufen,
> Nach allen Seiten werden sie ihre Hände ausstrecken …

Dass unsere Erdmutter
Ein vierfältiges grünes Gewand tragen möge,
Voll Moos,
Voller Blumen,
Voll von Pollen,
Damit das Land so sein kann
Ich habe euch zu lebendigen Wesen gemacht …

Mit dem Flügel eines Adlers,
Und mit den gestreiften Wolkenflügeln aller Vögel des Sommers,
Mit diesen vier Mal umwickelten Federstäben… .
Mit unserer Mutter, der Baumwollfrau,
Auch ein grob gesponnener Baumwollfaden,
Ein verschmutzter Baumwollfaden,
Mit dem Vierfältigen, das sie umgibt
Und um ihren Körper bindet
Und mit einer wasserspendenden Haarfeder,
Wir haben unsere Federstäbe in lebende Wesen verwandelt.
Aus dem Fleisch unserer Mutter,
Lehm-Frau,
Viermal umkleideten wir unsere Federstäbe mit Fleisch.
Wir machten sie zu lebendigen Wesen.
Wir halten sie fest,
Machten sie zu unseren Vertretern im Gebet …[16]

Die Verbundenheit der amerikanischen Ureinwohner mit der Natur und der Tierwelt wird auch durch unzählige Geschichten veranschaulicht, darunter eine, in der die Crow-Frau Pretty Shield erzählt, wie eine Frau eine »Mäusefrau« und ihre Babys fand, die in einem Beutel nisteten. Sie verschonte die Mäusefamilie, und später warnte die Mäusefrau sie vor einem drohenden Angriff ihrer Feinde, der Lakota. Pretty Shield erklärte: »Ich habe meinen Kindern und allen meinen Enkelkindern Namen gegeben. Meine Helfer, die Ameisen, haben mir all diese Namen gesagt. Ich lausche dem Ameisenvolk auch heute noch und höre oft, wie sie einander bei schönen Namen rufen, die ich nie vergesse.«[17] Dieser Respekt vor den Tieren und Elementen der natürlichen Welt entsprang nicht nur einem Gefühl der Verwandtschaft, sondern auch dem Empfinden, den Großen Geist zu ehren, indem man die Welt ehrt. Ein alter Sioux-Mann, Tatankaohitika oder Tapferer Büffel, erinnerte sich im Alter von dreiundsiebzig Jahren daran, wie er diese Lehre verinnerlicht hatte:

> Als ich zehn Jahre alt war, betrachtete ich das Land und die Flüsse, den Himmel über mir und die Tiere um mich herum und konnte nicht umhin zu erkennen, dass sie von einer großen Macht geschaffen worden waren … Dann hatte ich einen Traum, und in meinem Traum erschien mir einer dieser kleinen runden Steine und sagte mir, dass der Schöpfer von allem Wakan Tanka sei und dass ich, um ihn zu ehren, seine Werke in der Natur ehren müsse …[18]

So waren »Ökologie« und »Umweltsensibilität« bei den amerikanischen Ureinwohnern Teil ihrer »Religion«, die ihrerseits eine Lebensweise war, die einen tiefen Respekt für die *Heiligkeit* aller Lebewesen beinhaltete. Black Hawk schrieb:

> Wenn der Mais reif ist, findet eine weitere große Zeremonie statt, mit einem Festmahl und dem Dank an den Großen Geist, dass er uns den Mais geschenkt hat … Nach einer Überlieferung unseres Volkes sahen zwei unserer Vorfahren eine schöne Frau aus den Wolken herabsteigen und auf der Erde landen. Sie waren erstaunt, sie zu sehen, und kamen zu dem Schluss, sie müsse hungrig sein und das Fleisch gerochen haben, und so gingen sie sofort zu ihr und nahmen ein Stück des gebratenen Wildes mit. Sie legten es ihr vor, sie aß und sagte ihnen, sie sollten nach einem Jahr an den Ort zurückkehren, an dem sie saß, und sie würden eine Belohnung für ihre Freundlichkeit und Großzügigkeit finden. Dann stieg sie zu

> den Wolken empor und verschwand … Als die Zeit kam, in der sie diesen geweihten Boden besuchen sollten, wo sie eine Belohnung für ihre Aufmerksamkeit gegenüber der schönen Frau der Wolken finden sollten, gingen sie mit einer großen Gruppe hin und fanden dort, wo ihre rechte Hand auf dem Boden geruht hatte, *Mais* wachsen – und dort, wo die linke geruht hatte, Bohnen – und unmittelbar dort, wo sie gesessen hatte, *Tabak* … Wir danken dem Großen Geist für alle Wohltaten, die er uns gewährt hat.
>
> Ich selbst trinke nie einen Schluck Wasser aus einer Quelle, ohne dabei seiner Güte zu gedenken.[19]

Vor vielen Jahrhunderten besuchte Weiße Büffelfrau das Volk der Lakota und schenkte ihnen eine besondere Pfeife. Sie sagte:

> Mit dieser Pfeife werdet ihr mit all euren Verwandten verbunden sein: eurem Großvater und Vater [Wakan Tanka], eurer Großmutter und eurer Mutter, der Erde … All das ist heilig, vergesst das nicht! Jede Morgendämmerung, wie sie kommt, ist ein heiliges Ereignis, und jeder Tag ist heilig, denn das Licht kommt von eurem Vater Wakan Tanka; und auch ihr müsst immer daran denken, dass die Zweibeiner und die anderen Völker, die auf dieser Erde wandeln, heilig sind und als solche behandelt werden sollten.[20]

Die »Kosmologie« oder »Weltanschauung« eines Volkes steht natürlich in engem Zusammenhang mit allen seinen Handlungen. *Die Weltanschauung beeinflusst die Handlungen, und die Handlungen wiederum sagen uns, was die Weltanschauung wirklich ist!* Kurz gesagt, man muss die Kosmologie genauso (oder noch mehr) nach den Taten beurteilen wie nach den Worten. Wie Lame Deer sagt: »Einen guten Medizinmann erkennt man an seinen Taten und an seiner Lebensweise. Ist er mager? Lebt er in einer ärmlichen Hütte? Lässt ihn das Geld kalt?«[21] Ähnlich äußerte sich Sanapia, ein Heiler mit Adlerkräften bei den Comanchen:

> … wie mir meine Mutter sagte: »Du darfst nie um etwas bitten [wenn du heilst]. Es wird dir gegeben
>
> … Nun, bis heute, wenn mir jemand … eine Decke oder irgendetwas gibt … darf ich sie nicht behalten … Ich rufe [andere und] sage dann: »Hier, ihr alle. Nehmt, was ihr wollt.« Und was immer sie übriglassen, das gehört mir …[22]

Als Christoph Kolumbus zu den Westindischen Inseln kam, fand er ein Volk, das eine völlig andere Lebensweise als die Europäer hatte. Er berichtete:

> … da sie zutraulicher geworden sind und ihren Schrecken verlieren, sind sie arglos und großzügig mit dem, was sie haben, und zwar in einem Maße, das niemand außer jenem, der es gesehen hat, glauben würde. Von allem, was sie haben, sagen sie, wenn man sie darum bittet, niemals nein, sondern laden die Person ein, es anzunehmen, und zeigen so viel Liebe, als ob sie ihr Herz geben würden … Und sie kennen keine Sekte und keinen Götzendienst, außer dass sie alle glauben, dass Macht und Güte im Himmel sind …
>
> Und das kommt nicht daher, dass sie unwissend sind, sondern im Gegenteil, sie sind Männer mit einem sehr feinen Verstand, die alle diese Meere befahren und über alles wunderbar berichten … Und sobald ich in Indien ankam, nahm ich auf der ersten Insel, die ich fand, einige von ihnen mit Gewalt … Ihre [spanischen] Hoheiten mögen sehen, dass ich ihnen [der spanischen Krone] so viel Gold geben werde, wie sie brauchen … und so viele Sklaven, wie sie verschiffen lassen wollen, und diese sollen von Götzendienern sein.[23]

Kolumbus versklavte diese »liebenden« Menschen und verschiffte Tausende von ihnen gewinnbringend nach Europa und Afrika. Dann versklavten er und seine europäischen Mitstreiter Zehntausende von Menschen und liquidierten innerhalb einer Generation mehrere Millionen dieser Menschen auf den Inseln.

Waren Kolumbus und seine europäischen Mitausbeuter einfach nur gierige Männer, deren Ethik Massenabschlachtungen und Völkermord zuließ?

Ich werde darlegen, dass Kolumbus ein Wétiko *war, dass er geisteskrank oder wahnsinnig war, der Träger einer schrecklich ansteckenden psychischen Krankheit, der Wétiko-Psychose.* Die Eingeborenen, die er beschrieb, waren dagegen gesunde Menschen in einem gesunden Geisteszustand.

Zur Vernunft oder gesunden Normalität unter Menschen und anderen Lebewesen gehört der Respekt vor anderen Lebensformen und anderen Individuen, wie ich bereits beschrieben habe. Ich glaube, das ist die Art und Weise, wie die Menschen gelebt *haben* (und leben sollten).

Im großen und ganzen zeigt die Geschichte Amerikas (vor der europäischen Eroberung) ein Land, in dem die meisten menschlichen Gruppen dem »Pollenpfad« (wie ihn die Navajo nennen) oder dem »guten Roten Weg« (wie ihn die Lakota nennen) folgten oder zu folgen sich bemühten. Der Pollenpfad und der Rote Weg bedeuten, das Leben auf heilige Art und Weise zu leben und sich ständig der Wechselbeziehungen zwischen allen Lebensformen bewusst zu sein. Leider zeigt die Geschichte eines Großteils der übrigen Welt und der heutigen Zeit überall etwas anderes.

Es ist ganz klar, dass wir in der Neuzeit Zeugen einer weit verbreiteten Verrohung der Menschen geworden sind. Die Geschichte Europas in den letzten 1.500 Jahren und die Geschichte des europäischen Imperialismus in Afrika, Asien und Amerika offenbaren Grausamkeiten von unvorstellbarem Ausmaß. Die Brutalität der »religiösen« Kriege in Europa, die unerbittliche Ausbeutung der Ureinwohner Amerikas, die Opferung von Millionen von Afrikanern und Ureinwohnern Amerikas, um sie zu Sklaven oder Leibeigenen zu machen, die völkermörderische Politik der Engländer gegenüber den Iren, der Europäer im allgemeinen gegenüber den Ureinwohnern, der Nazis gegenüber den Juden, Slawen und Zigeunern sind nur einige Beispiele für Grausamkeit, Aggression und Ausbeutung im großen Stil, die kaum zu fassen sind.

Verschiedene Begriffe wie »wild«, »unzivilisiert« und »barbarisch« wurden häufig verwendet, um damit gewalttätiges, rohes, brutales, grausames, zerstörerisches und aggressives Verhalten zu beschreiben. Ironischerweise wurden diese Begriffe von Europäern häufig in Bezug auf außereuropäische Völker gebraucht, deren Sitten anders waren und die daher (wegen dieses Unterschieds) als »wild« oder »barbarisch« bezeichnet wurden. Die Ironie rührt daher, dass, wenn überhaupt, nur wenige Gesellschaften auf der Erde jemals so geizig, grausam, gewalttätig und aggressiv waren wie bestimmte europäische Völker. Luther Standing Bear, ein indianischer Denker, fasste den korrekteren Stand der Dinge in der folgenden aufschlussreichen Passage zusammen:

> Wir betrachteten die großen offenen Ebenen, die schönen sanften Hügel und die gewundenen Bäche mit ihrem verworrenen Bewuchs nicht als »wild«. Nur für den weißen Mann war die Natur eine »Wildnis«, und nur für ihn war das Land von »wilden« Tieren und »wilden« Menschen befallen. Für uns war es zahm. Die Erde war reich, und wir waren von den Segnungen des Großen Geheimnisses umgeben. Erst als der haarige Mann aus dem Osten kam und in brutaler Raserei Ungerechtigkeiten über uns und die Familien, die wir liebten, brachte, wurde es für uns »wild«. Als selbst die Tiere des Waldes anfingen, vor ihm zu fliehen, begann für uns der »wilde Westen«.[24]

Der »Westen« der Vereinigten Staaten wurde erst dann »wild«, als der europäische Imperialismus mit der Vernichtung der Ureinwohner und der Büffel und Zerstörung der sozialen und kulturellen Strukturen der indianischen Völker begann. Die Horden aggressiver, bewaffneter weißer Eindringlinge, die von »regulären« Truppen und Regierungsfunktionären unterstützt wurden, machten die Region kurz gesagt »wild«. Ich bin mir ziemlich sicher, dass die Ureinwohner im Amazonasbecken, in Peru und anderswo in Amerika Standing Bear von ganzem Herzen zustimmen würden. Überall brachten die

Europäer unvorstellbares Leid, Tod, Zerstörung, Ausbeutung und Gier. Tragischerweise erleben viele indigene Gruppen Südamerikas derzeit das Entstehen der »Wildnis«. Das Amazonasbecken wird erst jetzt vollständig zur »Wildnis«. Die Art von Gier, Ausbeutung, Imperialismus und Doppelzüngigkeit, die eine Kultur des Bösen bilden, wurde in der Vergangenheit mit dem Begriff »machiavellistisch« bezeichnet. Ich habe den letztgenannten Begriff verwendet und meine, dass der Machiavellismus wahrscheinlich vor 3.000 bis 5.000 Jahren im Nahen Osten entstanden ist, als die ersten dokumentierten Systeme der Unterdrückung und Ausbeutung im Alten Ägypten und in Mesopotamien entstanden.[25]

Nun glaube ich aber, dass der Begriff Machiavellismus das Wesen dessen, womit wir es zu tun haben, nicht angemessen beschreibt. Daher möchte ich nun das Wétiko-Konzept erklären. *Wétiko* ist ein Begriff der Cree (*windigo* in Ojibway, *wintiko* in Powhatan), der sich auf einen Kannibalen oder, genauer gesagt, auf eine böse Person oder einen bösen Geist bezieht, der andere Lebewesen durch schrecklich böse Taten, und dazu gehört auch Kannibalismus, terrorisiert. *Wétikowatisewin*, ein abstraktes Substantiv, bedeutet »teuflische Bosheit oder Kannibalismus«.

Ich bin zu dem Schluss gekommen, dass *Imperialismus und Ausbeutung Formen des Kannibalismus sind, und zwar genau die Formen des Kannibalismus, die am teuflischsten oder bösartigsten sind.* Der traditionelle rituelle »Kannibalismus« (so genannt), der bei vielen Stammesvölkern anzutreffen ist, bestand im wesentlichen darin, eine kleine Portion des Fleisches eines toten Feindes zu essen, um einen Teil der Stärke oder Macht dieser Person zu erlangen oder um dieser Person (auf spirituelle Weise) Respekt zu erweisen. (In der Regel wurde also nur ein geachteter feindlicher Krieger auf diese Weise verzehrt.)

Kannibalismus, so wie ich ihn definiere, *ist der Verzehr des Lebens eines anderen für den persönlichen Zweck oder Profit.*

So ist der Sklavenhändler, der Schwarze oder Indianer gefangen nimmt, die ihr Leben im Sklavenhandel verlieren oder deren Leben in einem Sklavensystem ausgesaugt wird, ein Kannibale. Er kann andere

Menschen sofort »fressen« (wie beim Tod von Dutzenden von Millionen Schwarzen im Zuge der Versklavung oder Verschiffung), oder er kann ihr Fleisch allmählich über einen Zeitraum von Jahren »fressen«.

So »frisst« der reiche Ausbeuter das Fleisch der unterdrückten Arbeiter, die reiche Matrone »frisst« das Leben ihrer Diener, der Imperialist »frisst« das Fleisch der Eroberten und so weiter. Der Nationalsozialismus zum Beispiel kann als eine deutsche Form des Kannibalismus bezeichnet werden, die darauf abzielt, Juden, Zigeuner, Polen und andere Slawen zu verzehren, um die Deutschen zu mästen. Der angloamerikanische Imperialismus ist eine Form des Kannibalismus, der darauf abzielt, Indianer zu »fressen« und auch das Land und die Ressourcen der Ureinwohner zu verbrauchen (ein Prozess, der in Mittelamerika und anderswo bis heute andauert).

Kannibalismus, so wie ich ihn definiere, ist der Verzehr des Lebens eines anderen für den persönlichen Zweck oder Profit.

Es sollte klar sein, dass *Wétikos* andere Menschen nicht nur in einem symbolischen Sinne essen. Der Tod von zig Millionen Juden, Slawen und vieler anderer durch die Nazis, der Tod von zig Millionen Schwarzen in der Zeit der Sklaverei, der Tod von bis zu 30 Millionen oder mehr Indianern seit dem Jahr 1500, die schrecklich kurze Lebenserwartung der mexikanischen indianischen Landarbeiter in den USA und der amerikanischen Ureinwohner heute überhaupt, die hohe Sterblichkeitsrate in den frühen Industriezentren unter den Fabrikarbeitern und so weiter, all das bezeugt eindeutig die Tatsache, dass *die Wohlhabenden und Ausbeuter buchstäblich das Leben derer auffressen, die sie ausbeuten.*

Ich möchte behaupten, dass dies wirklich und buchstäblich Kannibalismus ist, und zwar ein Kannibalismus, der von keiner spirituell sinnvollen Zeremonie oder einem Ritual begleitet wird. Es ist einfach roher Konsum aus Profitgründen, oft auf hässliche und brutale Weise. Es gibt keinen Respekt für einen Tagelöhner, dessen Leben aufgezehrt wird. Keine Zeremonie. Keine mystische Kommunikation. Nur eigennützigen Konsum.

drei

Kolumbus
Kannibale und Held des Völkermordes

Es ist interessant und aufschlussreich, dass viele Angelsachsen Nordamerikas und »Latinos« Lateinamerikas sich über Cristobal Colón (Christoph Kolumbus) einig zu sein scheinen. Der »Admiral des Ozeans« war der Entdecker Amerikas, und er soll als Held gefeiert werden, so will man wohl sagen.

Die Anglos Nordamerikas und die weißen Latinos der übrigen Hemisphäre haben natürlich noch einige andere Dinge gemeinsam, allen voran die kontinuierliche Aggression gegen die amerikanische Urbevölkerung (die sogenannten Indianer) und ihre fortwährende Ausbeutung und ihre Identifikation mit Europa (von wo ihre Vorfahren – oder einige von ihnen – stammen).

Die Geschichte der Eroberung Nordamerikas durch die Engländer wird den meisten Lesern wohl bekannt sein. Die amerikanischen Völker der Ureinwohner waren natürlich mehr als drei Jahrhunderte lang ihre Feinde. Eine gewisse Anzahl angloamerikanischer Nordamerikaner hat indianische oder afrikanische Vorfahren, aber die überwältigende Mehrheit betrachtet sich weiterhin als »weiß« und europäischer Herkunft. Sie sehen sich in der Regel nicht als Erben ihrer alten Feinde, den Ureinwohnern.

Zu den »Latinos« des spanischsprachigen Amerikas können Américo-Latinos indianischer Abstammung oder Afro-Latinos afrikanischer Abstammung gehören, aber die stärkste Gruppe sind diejenigen, die auf ihr »weißes« Aussehen und ihre spanische oder sonstige europäische Abstammung stolz sind. Diese »blancos« haben vielleicht tatsächlich indianische oder afrikanische Vorfahren, aber sie schämen sich oft dafür und haben in der Regel große Vorurteile gegenüber Menschen mit amerikanischem, afrikanischem oder dunklerem Aussehen. Man könnte sie vielleicht besser als Gachupínes (Spanier oder Hispanoamerikaner) bezeichnen.

Viele »Latinos« verherrlichen das europäische Erbe und verachten die Ureinwohner (in der Praxis, wenn auch nicht in der Theorie). Sie beherrschen in der Regel auch die verschiedenen Ausbeutungssysteme, die sich von Argentinien nordwärts bis in weite Teile Mittelamerikas von den Körpern der amerikanischen Ureinwohner und der farbigen Völker ernähren. Sie entwerfen und betreiben die spanischsprachigen Fernsehprogramme und Filme, die Blondheit und helle Haut verherrlichen und einen kolonialen Siedlerstil des konsumorientierten Materialismus fördern.

Als Erben der spanischen Invasoren besitzen die weißen »Latinos« in der Regel alles, was es zu besitzen gibt, oder sie trachten ständig danach. Die Militärdiktaturen gehören ihnen, auch wenn sie die Macht mit einer gewissen Anzahl von *Mestizen* oder *Ladinos* (Mischlingen oder europäisierten Indianern) teilen, die mit ihnen zusammenarbeiten.

Es gibt Anglo-Nordamerikaner und »Latinos«, die die Ureinwohner nicht verachten, und es gibt auch einige, die für Gerechtigkeit kämpfen. Dennoch ist die Grundhaltung dieser Gruppen immer noch entschieden antiamerikanisch in dem Sinne, dass sie weiterhin Vorurteile gegenüber den körperlichen Merkmalen der amerikanischen Ureinwohner und den ursprünglichen Kulturen Amerikas hegen.

Es sollte uns nicht überraschen, dass der »Columbus Day« in weiten Teilen Amerikas von Menschen europäischer Abstammung gefeiert wird. Was bedeutet es, einen solchen Tag zu feiern? Was sagt uns das über die Werte der Menschen, die Colón als Helden betrachten oder seinen Jahrestag als »Tag der Rasse« bezeichnen? Von welcher Rasse sprechen sie?

Ich möchte meinen, dass wir das Gedenken an Kolumbus mit den Aktivitäten von Neonazi-Organisationen in Europa und Amerika vergleichen können, Gruppen, die der wichtigen Daten des Hitler-Regimes gedenken. Der Unterschied besteht darin, dass die Neonazis eine Minderheit sind und ihre Gedenkfeiern in der Regel keine große Beachtung finden. Die Anhänger von Kolumbus hingegen sitzen in weiten Teilen Amerikas an den Schalthebeln der Macht. Ihre Feiertage sind nationale Feiertage, die den jeweiligen Gesellschaften oft aufgezwungen werden.

Kolumbus hat Amerika natürlich nicht »entdeckt«. Alle Weißen wussten seit Beginn des Kontakts, dass die amerikanischen Ureinwohner bereits da waren und das Land offensichtlich entdeckt hatten. Darüber hinaus geht aus Kolumbus' eigenen Berichten (aufgezeichnet von Bartolomé de las Casas) hervor, dass er Gerüchte gehört hatte, wonach in der Karibik schwarze Menschen das Meer befuhren. Darüber hinaus zeigten die isländischen Sagas, dass nordische und keltische Siedler Grönland, Laborador und Neufundland etwa fünfhundert Jahre vor Kolumbus erreicht hatten und dass um 1009 Gefangene aus Amerika nach Norwegen gebracht worden waren. Später, um 1420, wurden gefangene Inuit nach Norwegen gebracht, und ihre Wasserfahrzeuge waren viele Jahre lang in einer norwegischen Kathedrale ausgestellt.[1]

1494 erklärte Kolumbus der spanischen Krone, dass die Versklavung der amerikanischen Ureinwohner die Kosten für die Eroberung abdecken würde.

Als ob dies nicht genug wäre, hätte jeder informierte Autor in der *Naturgeschichte* des Plinius (einem Werk, das lange Zeit im Lateinunterricht verwendet wurde) lesen können, dass im letzten Jahrhundert vor Christus einige »indische« Kaufleute von einem Sturm an die Küsten Deutschlands (wahrscheinlich der Niederlande) getrieben wurden. Schriftsteller zitierten diesen Bericht im 16. Jahrhundert, wenn sie den Hintergrund der Reisen von Kolumbus erörterten, denn diese »Inder« mussten von der anderen Seite des Atlantiks gekommen sein.

So ist seit langem bekannt, dass die amerikanischen Ureinwohner lange vor Kolumbus Europa erreichten, ebenso wie die Tatsache, dass die Norweger vor ihm nach Amerika kamen und dass andere Weiße und sogar Schwarze bereits vor 1492 in die Karibik gelangt sein könnten. Darüber hinaus gibt es Beweise dafür, dass Bretonen, Basken oder andere Europäer im 15. Jahrhundert nach Neufundland kamen, Beweise, die bekannt sind, seit frühe Karten von 1436 und 1448 die »Stocfish Island« (Codfish oder Bacalao Island) westlich von Island zeigten.[2]

Die sogenannte Entdeckung des Kolumbus ist also ein absurder Mythos und seit langem als solcher entlarvt. Es stimmt natürlich, dass Kolumbus' Reise ein wichtiges Unterfangen war, ähnlich wie Marco Polos Landreise nach China in einem früheren Jahrhundert. Aber niemand behauptet, dass Marco Polo China entdeckt hat! Warum eigentlich? Vielleicht, weil es in China keine europäischen Kolonialisten gibt, die Marco Polo als Symbol für eine erfolgreiche, aber immer noch umstrittene Eroberung heranziehen müssten.

Der Kolumbus-Tag und die Heldenverehrung von Kolumbus sind Symbole, die vielen der europäischen Eroberer Amerikas lieb und teuer sind. Doch wofür stehen diese Symbole? Um die Antworten auf diese Frage zu verstehen, sollten wir kurz die Ziele und das Verhalten von Kolumbus in »den Indios« betrachten.

Colón hatte Erfahrungen an den Küsten Westafrikas gesammelt und geholfen, Afrikaner nach Portugal zu verbringen. Er war offensichtlich mit dem Sklavenhandel und der Philosophie des Imperialismus bestens vertraut. Wie wir noch sehen werden, führte er einen Völkermord aus, der wahrscheinlich bis zu den Tagen Adolf Hitlers ohne Parallele war. Darüber hinaus *hatte er die Absicht, einen Ethnozid zu begehen und die Menschen, die er in Amerika fand, rücksichtslos auszubeuten.*

Auf seiner ersten Reise entführte Kolumbus mit Gewalt mindestens siebenundzwanzig amerikanische Ureinwohner, von denen zwei entkamen. Seine Philosophie des Ethnozids und Imperialismus kommt darin zum Ausdruck, dass er nach der Entführung von sieben Männern schrieb:

> Wenn Eure Hoheiten es befehlen, können sie alle nach Kastilien verschleppt oder auf der Insel selbst gefangen gehalten werden, denn mit fünfzig Mann wären sie alle unterworfen und gezwungen, alles zu tun, was gewünscht wird.

Kolumbus brauchte also weder wirtschaftliche Misserfolge noch bewaffneten Widerstand, um ein Argument für die *völlige Entvölkerung* einer Insel oder die *totale Unterwerfung* der Bewohner zu entwickeln. Kolumbus fasste seine Einschätzung der amerikanischen Ureinwohner und ihrer »Rechte« als menschliche Wesen mit den Worten zusammen:

> Und sie sind geeignet, regiert zu werden und zu arbeiten, das Land zu bebauen und alles andere zu tun, was nötig ist, und Ihr könnt Städte bauen und sie lehren, sich zu kleiden und unsere Sitten anzunehmen. Außerdem: Sie werden gute und fleißige Diener abgeben.

Diese Ureinwohner Amerikas (die kein Menschenfleisch aßen und, wie Kolumbus berichtete, friedlich und harmlos waren) sollten allein für das »Verbrechen«, am Leben und unbesiegt zu sein, gezwungen werden, für die Spanier zu arbeiten, und ihre Lebensweise sollte radikal verändert werden. Vielleicht kann man anhand des obigen Zitats erkennen, warum Kolumbus auch heute noch für so viele Ausbeuter eine Heldenfigur ist. Seine Worte fassen die Philosophie der meisten imperialen Systeme und der habgierigen Gesellschaftsschichten von Nordamerika bis Argentinien zusammen, die es so erstrebenswert finden, dass braunhäutige Männer und Frauen als Dienstmädchen, billige Arbeitskräfte in Ausbeuterbetrieben für sie arbeiten müssen.[3]

Nachdem Kolumbus in Berichten von der Existenz der sogenannten Kariben (die angeblich Menschenfleisch aßen) erfahren hatte, entwickelte er Pläne für deren groß angelegte Versklavung. Die Kariben wären, nach ihrer Bekehrung, »besser als alle anderen Sklaven«.

Am 30. Januar 1494 erklärte Kolumbus der spanischen Krone, dass die Versklavung der amerikanischen Ureinwohner die Kosten für die Eroberung abdecken würde. Colón und seine Landsleute begannen zunächst mit der Versklavung der Taino (Arawak), die weder kannibalisch noch kriegerisch waren. Las Casas schrieb:

> Er wird in kürzester Zeit damit fertig werden, die gesamte Bevölkerung dieser Insel [Haiti] abzuholen, denn er war entschlossen, die Schiffe, die nach Kastilien fahren sollten, mit Sklaven zu beladen und sie zum Verkauf auf die Kanaren, die Azoren und die Cabo Verde-Inseln und wohin auch immer zu schicken, damit sie gut verkauft werden konnten; und aus dieser Ware werden die Erträge zur Deckung der Kosten gewonnen, um die Krone von jeglichen Kosten zu entlasten, wie bei einer großen Kornkammer.

So plante Kolumbus, im wahrsten Sinne des Wortes seine Rolle als Kannibale zu spielen und jedes Schiff mit Sklaven zu beladen. Die amerikanischen Ureinwohner waren lediglich Rohmaterial (Getreide), das eine *granjeria* (Kornkammer) für den spanischen Verbrauch darstellte. Es kam zu ständigen Kriegen, die den Vorwand für den Völkermord lieferten. Kolumbus schrieb von Haiti aus an die spanischen Monarchen:

> Es ist möglich, im Namen der Heiligen Dreifaltigkeit, alle Sklaven zu schicken, die man verkaufen kann … von denen, wenn die Informationen, die ich habe, richtig sind, sagt man mir, dass man 4.000 verkaufen kann … Hier gibt es so viele dieser Sklaven und Brasilholz, dass es ein lebendiges Ding scheint, aber immer noch Gold …

Noch während er fünf Schiffe mit Sklaven belud, schlug Kolumbus vor, 4.000 in verschiedenen Teilen Europas und Afrikas zu verkaufen, da Sklaven und Brasilholz so gut wie Gold seien. Kolumbus wusste sehr wohl, dass die versklavten amerikanischen Ureinwohner in großer Zahl sterben würden, aber das kümmerte ihn nicht, da die

Afrikaner und die Ureinwohner der Kanarischen Inseln, als sie versklavt wurden, ebenfalls in ähnlicher Zahl gestorben waren. Kurz gesagt, die hohe Zahl der Todesopfer war durch den Endgewinn gerechtfertigt. Für Colón waren die amerikanischen Ureinwohner einfach *piezas* (Stücke) oder cabezas de cabras (Ziegenköpfe), und es spielte keine Rolle, wenn nur zehn Prozent schließlich die Sklavenmärkte erreichten, so Las Casas.[4]

Die amerikanischen Ureinwohner waren lediglich Rohmaterial (Getreide), das eine *granjeria* (Kornkammer) für den spanischen Verbrauch darstellte. Es kam zu ständigen Kriegen, die den Vorwand für den Völkermord lieferten.

Die Kriege, die die Spanier gegen die friedlichen amerikanischen Ureinwohner auf Haiti führten, waren äußerst brutal und hatten enorme Verluste an Menschenleben zur Folge. Die gesamte Operation wurde im Stile Adolf Hitlers durchgeführt, mit einer mutwilligen Vergeudung von Leben, ähnlich wie bei der Verschleppung von Juden und anderen in Konzentrationslager und Zwangsarbeitseinrichtungen im Zweiten Weltkrieg. Miguel Cuneo, der Kolumbus auf seiner zweiten Expedition nach Amerika begleitete, berichtet:

> Als unsere Karavellen … nach Spanien aufbrechen sollten, sammelten wir … 1.600 männliche und weibliche Personen jener Indianer, und von diesen schifften wir am 17. Februar 1495 in unsere Karavellen ein, fünfhundertfünfzig Seelen unter den gesündesten … Für die Übriggebliebenen ließen wir in der Umgebung verlauten, dass jeder, der einige von ihnen mitnehmen wollte, dies in der gewünschten Menge tun könne, was auch getan wurde. Und als jeder Mann auf diese Weise mit Sklaven versorgt war, blieben noch etwa vierhundert übrig, denen die Erlaubnis erteilt wurde, zu gehen, wohin sie wollten. Unter ihnen waren viele Frauen mit Kindern, die noch im Säuglingsalter waren.
>
> Da sie fürchteten, wir könnten zurückkehren und sie erneut gefangen nehmen … ließen sie ihre Kinder zurück … und flohen wie verzweifelte Kreaturen …[5]

Warum waren die amerikanischen Ureinwohner so verzweifelt auf der Flucht, dass sie ihre Kinder zurückließen? Cuneo gibt uns durch sein eigenes Verhalten einen Hinweis. Er erzählt, scheinbar voller Stolz, dass Kolumbus ihm eine sehr schöne Karibin als Sklavin gab, die Cuneo zu vergewaltigen versuchte. Die Frau wehrte sich tapfer mit all ihrer Kraft, aber Cuneo schlug sie nach seinen eigenen Worten gnadenlos und vergewaltigte sie.

So viel zur Sentimentalität! Kein Wunder, dass die Nachfolger von Kolumbus in Amerika, die Söldner der CIA und die Unholde der verschiedenen Militärdiktaturen Frauen fast schon routinemäßig vergewaltigen und missbrauchen! Und ganz besonders, so scheint es, die braunen Frauen der amerikanischen Ureinwohner.

Auf jeden Fall können wir dokumentieren, dass Kolumbus und seine Gangsterkollegen bis 1501 mindestens 3.000 amerikanischen Ureinwohner als Sklaven nach Europa und Afrika verschifft haben. Da aber viele Schiffe von den Inseln aufbrachen, ohne dass uns Aufzeichnungen über ihre Ladung hinterlassen wurden, können wir davon ausgehen, dass die tatsächliche Gesamtzahl wahrscheinlich doppelt so hoch war. Und wir müssen bedenken, dass Zehntausende sterben mussten, um diese Sklaven für den europäischen Verbrauch zu »produzieren«.[6]

Kolumbus ist ein klares Beispiel für einen Wahnsinnigen, einen Mörder und Kannibalen, einen Ausnutzer und Missbraucher seiner Mitmenschen. Aber Kolumbus war natürlich kein Einzelfall, und er war auch nicht allein. Die katholischen Könige Spaniens, Ferdinand und Isabella (insbesondere Ferdinand), ließen die Versklavung und Eroberung unschuldiger amerikanischen Ureinwohner zu und förderten sie sogar, so wie frühere spanische und portugiesische Könige die ursprünglichen Kanarenbewohner brutal versklavt und unterworfen hatten.

Die Expeditionen, die in den Jahren 1499 und 1500 in südamerikanische Gewässer entsandt wurden, erhielten von den spanischen Monarchen die ausdrückliche Genehmigung, die dort vorgefundenen schwarzen oder braunen Menschen zu versklaven. Nach 1500 wurden Hunderttausende von amerikanischen Ureinwohnern versklavt und Millionen weiterer Menschen auf andere Weise ihrer Freiheit beraubt, nicht nur von den Spaniern und Portugiesen, sondern auch von den niederländischen, englischen und französischen Imperialisten.[7]

Kolumbus ist ein klares Beispiel für einen Wahnsinnigen, einen Mörder und Kannibalen, einen Ausnutzer und Missbraucher seiner Mitmenschen. Aber Kolumbus war natürlich kein Einzelfall, und er war auch nicht allein.

Tzvetan Todorov kommt in seiner Studie über Kolumbus zu dem Schluss:

> Im 16. Jahrhundert geschah der größte Völkermord in der Geschichte der Menschheit … Im Jahr 1500 beträgt die Weltbevölkerung etwa 400 Millionen Menschen, von denen 80 Millionen auf dem amerikanischen Kontinent leben. In der Mitte des sechzehnten Jahrhunderts sind von diesen 80 Millionen noch 10 übrig …[8]

Aber diese massive kannibalistische Orgie war nicht ohne »positive« Folgen! Sie ebnete den Weg für die Eroberung Amerikas durch die Weißen, versorgte die Europäer mit billigen Arbeitskräften, trug zur Finanzierung der wirtschaftlichen Entwicklung des modernen Europas bei und schuf die Voraussetzungen für fünf Jahrhunderte der Herrschaft weißer und fast weißer Eliten auf dem amerikanischen Kontinent. Vielleicht wird dem Leser nun klarer, warum so viele Nicht-Indianer das Andenken an Kolumbus ehren. Und wie wir sehen werden, ehren viel zu viele Kolumbus nicht nur mit Worten, sondern auch mit Taten. Die Unterdrückung der amerikanischen Ureinwohner und anderer nicht-weißer Menschen ist immer noch tägliche Realität in dem Land, von dem einige glauben, dass es »Kolumbien« und nicht Amerika heißen sollte. Vielleicht werden wir alle eines Tages, wenn dieses Zeitalter der Ausbeutung vorbei ist, einen neuen Namen für das Land wählen, das ich manchmal den mittleren Kontinent der Erde nenne, nach dem indianischen Namen *Semanahuac* (das Land zwischen den Ringen). *Maíza*, Land des Mais, könnte auch ein passender Name sein.

vier

Betrug, Brutalität und Gier

Die Ausbreitung der Seuche

Viele Menschen haben sich mit dem Problem der Unterdrückung und der damit einhergehenden Bösartigkeit und Verrohung befasst. Einer der scharfsinnigsten dieser Denker war der Brasilianer Paulo Freire. Freire verwendet den Begriff der »Entmenschlichung« für das, was ich als Wétiko-Psychose bezeichne, und er entwickelte die Idee der »Humanisierung« für die Wiederherstellung oder Aufrechterhaltung eines gesunden Zustands.

> Während das Problem der Humanisierung schon immer … das zentrale Problem des Menschen war, gewinnt es jetzt den Charakter einer unausweichlichen Notwendigkeit. Die Sorge um die Humanisierung führt sofort zur Feststellung einer Entmenschlichung, nicht nur als ontologische Möglichkeit, sondern als historische Realität …
>
> Doch obwohl sowohl Humanisierung als auch Entmenschlichung reale Alternativen sind, ist nur erstere die Berufung des Menschen …
>
> Die Entmenschlichung, die nicht nur diejenigen, denen die Menschlichkeit gestohlen wurde, sondern auch diejenigen, die sie gestohlen haben, entmenschlicht (wenn auch auf andere Weise), ist eine *Verzerrung* der Berufung, vollkommen Mensch zu werden … die Entmenschlichung ist, obwohl sie eine konkrete historische Tatsache ist, kein unausweichliches Schicksal, sondern das Ergeb-

> nis einer ungerechten Ordnung, die die Unterdrückern zur Gewalt nötigt, die wiederum die Unterdrückten entmenschlicht.[1]

Ich stimme der Analyse von Freire voll und ganz zu, mit der Ausnahme, dass ich es für einen europäisch geprägten Irrtum halte, von »Humanisierung« als dem zentralen Problem des Menschen zu sprechen. Die Europäer scheinen in einer Welt zu leben, in der andere Lebewesen lediglich ein Teil der Umwelt sind. Die Ureinwohner hingegen glauben, dass wir alle Kinder derselben Eltern sind und dass die Menschen viel von den Tieren lernen können, was zu einem besseren Verhalten führt. Zum Beispiel können männliche Wölfe oder Hunde kämpfen, aber fast immer kann der Schwächere nachgeben, und der Sieger verschont sein Leben und lässt ihn als freies Geschöpf gehen. Der Mensch hingegen tötet, versklavt oder sperrt den Besiegten nur zu oft ein. Welches Verhalten ist ethisch besser?

Tiere und Menschen sind Teil der einen Gemeinschaft, der Erde und des Weltenalls. Ich kann die »Vermenschlichung« nur dann als Ideal akzeptieren, wenn sie die bereits von Luther Standing Bear genannte Vorstellung beinhaltet, sich seiner Beziehungen bewusst zu werden und zu lernen, ohne Ausbeutung mit allen Lebewesen zu leben.

Die Europäer scheinen in einer Welt zu leben, in der andere Lebewesen lediglich ein Teil der Umwelt sind. Die Ureinwohner hingegen glauben, dass wir alle Kinder derselben Eltern sind.

Viele Weiße, darunter auch einige Wissenschaftler, glauben, der Mensch stamme von »Killeraffen« ab oder es liege in der Natur des Menschen, aggressiv, gewalttätig und ausbeuterisch zu sein. Diese Sichtweise ist natürlich nicht neu. Sie wurde in verschiedenen Epochen unter verschiedenen Bezeichnungen von allen gesellschaftlichen Klassen oder Gruppen vertreten, die an Imperialismus und Ausbeutung beteiligt waren. So wurden die Vorstellungen vom »Überleben des Stärkeren«, vom »Sozialdarwinismus«, von der Unfähigkeit des Menschen, eine friedvolle Gesellschaft zu bilden, wenn er nicht von autoritären Regierungen kontrolliert wird, und vom menschlichen Leben als etwas grundsätzlich Bösem vor allem von jenen vertreten, deren eigene Habgier und Aggression, deren Ehrgeiz oder soziale Stellung von gewalttätigen oder ausbeuterischen Handlungen gegen andere abhängt oder die davon profitieren.

Vielleicht ist es bezeichnend, dass die Wissenschaftler, die versuchen, menschliches aggressives Verhalten durch Vergleiche mit aggressiven Tieren zu untermauern, hauptsächlich von hierarchischen und imperialistischen Gesellschaften ausgehen. Ich habe mich oft gefragt, warum sie Bonobos, Verwandte von Menschen und Schimpansen, die liebevoll und friedlich sind, ignorieren, und warum sie auch die Auswirkungen der territorialen Expansion von Menschen auf das Verhalten von Tieren, die in fest umrissenen Gebieten leben, nicht berücksichtigen.

Der moderne Kapitalismus ist eine wichtige Quelle für die negative Bewertung des menschlichen Lebens, aber auch der dogmatische Kommunismus, der calvinistische und lutherische Protestantismus, der römische Katholizismus und viele andere europäische oder euromediterrane Denkweisen haben den Menschen auf die eine oder andere Weise negativ gesehen. Eine weitere mächtige Quelle solchen Denkens sind (oder waren) autoritäre politische Instanzen und hierarchische Gesellschaftssysteme (vom Faschismus und Nationalsozialismus über den antiken Kaiserkult bis hin zum militaristisch-rechten Polizeistaat).

Und natürlich könnte man, wenn man nur die europäische Geschichte oder die Geschichte der Europäer in Afrika, Asien und Amerika betrachtet, tatsächlich zu der Überzeugung gelangen, dass die Machiavellisten und *Wétikos* mit ihrem Urteil richtig liegen. Die europäische Geschichte ist voll von fast ununterbrochenen Beispielen menschlicher Verderbtheit – Epoche um Epoche imperialistischer Kriege, häufige Beispiele für die systematische Ermordung von Anhängern verschiedener Religionen oder Mitgliedern anderer ethnischer Gruppen, fast ununterbrochene Kampagnen zur Liquidierung oder gewaltsamen Assimilierung dieser oder jener Nationalität, rigide Systeme der Klassenausbeutung, die brutale Unterwerfung von Bauern, Sklaven und Arbeitern und schließlich buchstäblich Tausende von Beispielen für Lüge, Betrug, Doppelzüngigkeit, Folter und Sadismus, von den Morden an byzantinischen Monarchen über die Greueltaten der katholischen Inquisition bis hin zu den Attentätern der italienischen Renaissance, den skrupellosen Bismarcks und den individuell verdorbenen Typen vom Schlage Marquis de Sades.

Es ist sehr traurig, aber die »Helden« der europäischen Geschichtsschreibung, die Helden der Geschichtsbücher, sind in der Regel Imperialisten, Schlächter, Begründer autoritärer Regime, Ausbeuter der Armen, Lügner, Betrüger und Folterer.

Aber es ist nicht logisch, dem *Wétiko* zu erlauben, seine bösen Taten zu vollbringen und seiner Einschätzung der Natur des Menschen zu folgen. Denn schließlich besitzen die *Wétikos* eine Voreingenommenheit, die auf ihrem bösen Leben und ihrem eigenen amoralischen oder unmoralischen Verhalten beruht. Und außerdem waren und sind sie, wenn ich richtig liege, wahnsinnig.

Viele haben Hitler als Wahnsinnigen bezeichnet. Aber sie übersehen, dass sich Hitlers Verhalten nicht wirklich von dem zahlreicher Päpste unterschied, die Kreuzzüge gegen Ketzer anordneten, oder von Ferdinand von Spanien, der Tausende ehemaliger Juden folterte und ermordete und die Ermordung von Millionen amerikanischen Ureinwohnern veranlasste, oder von Karl dem Großen, der die Sachsen systematisch abschlachtete, oder von vielen englischen Königen, die den Tod und die Ausbeutung Tausender Iren, Schotten, amerikanischen Ureinwohner und anderer veranlassten. Was unterscheidet Mussolini von Julius Cäsar oder Alexander dem Großen? Nur, dass er nicht so erfolgreich war und dass er zeitlich näher an uns dran ist.

… Das bedeutet, dass der Wétiko-Wahn das europäische Denken so korrumpiert hat, dass *Wétiko-Verhalten und Wétiko-Ziele als das eigentliche Gewebe der europäischen Evolution angesehen werden.*

Winston Churchill, die vermeintliche Antithese zu Hitler, war in Wirklichkeit ein Produkt derselben Denkweise. Churchill war ein bekennender Imperialist, ein Mann, der nur sehr ungern die britische

Herrschaft über Indien oder die afrikanischen Kolonien abgeben wollte. Churchill tötete zwar nicht so viele Menschen wie Hitler, aber dafür verteidigte er ein bereits bestehendes Reich und versuchte nicht, ein neues zu errichten. Der letztgenannte Vorgang ist für diejenigen, die solche Dinge aus der Ferne betrachten, sehr viel gewalttätiger und abstoßender.

Es ist sehr traurig, aber die »Helden« der europäischen Geschichtsschreibung, die Helden der Geschichtsbücher, sind in der Regel Imperialisten, Schlächter, Begründer autoritärer Regime, Ausbeuter der Armen, Lügner, Betrüger und Folterer. Das bedeutet, dass der Wétiko-Wahn das europäische Denken (zumindest das der herrschenden Gruppen) so korrumpiert hat, *dass Wétiko-Verhalten und Wétiko-Ziele als das eigentliche Gewebe der europäischen Evolution angesehen werden*. So werden diejenigen, die sich den Wétiko-Werten und insbesondere dem Imperialismus und der Ausbeutung widersetzen, wie die Leveller-Rebellen in England, der heilige Franz von Assisi, die Schweizer Bergbewohner oder die schottischen Klans, als »Spinner«, »Freaks« oder ungehobelte Demokraten (»Bauern«) betrachtet, die niemals genug Menschen ausbeuten könnten, um einen Petersdom oder ein Schloss in Versailles zu bauen.

Wir müssen all dies im Auge behalten, denn wenn wir weiterhin zulassen, dass der *Wétiko* die Wirklichkeit auf seine wahnhafte Art und Weise definiert, wird es uns niemals gelingen, der Krankheit zu widerstehen oder sie einzudämmen.

Ich glaube, dass diese Form des Wahnsinns vor langer Zeit an verschiedenen Orten entstanden ist, vor allem aber in Ägypten und Asien. Später tauchte sie auch in Mexiko und Peru auf, und zwar viel später.

Die Entwicklung der Wétiko-Krankheit entspricht in hohem Maße dem Aufstieg dessen, was die Europäer als Zivilisation bezeichnen. Dies ist kein bloßer Zufall.

Warum ist das so? Weil viele oder die meisten europäischen Autoren selbst von der Wétiko-Krankheit befallen sind. So betrachten sie eine wétiko-dominierte Gesellschaft als »zivilisiert« und eine *nicht-wétiko-dominierte* Gesellschaft als »barbarisch«, »primitiv« oder »rückständig«. Warum? Weil viele europäische Historiker, Anthropologen, Kulturevolutionäre, Staatsmänner und so weiter in erster Linie Materialisten sind. (Es spielt keine Rolle, ob sie sich zum Glauben an Gott bekennen oder ob sie Priester oder Papst sind, sie sind in der Regel immer noch materialistisch, weil das, was sie fälschlicherweise für »geistige Dinge« halten, sich nur in materiellen Formen manifestiert oder nur dann geschätzt wird, wenn es sich in beeindruckenden Monumenten widerspiegelt.) So wird eine Gesellschaft von ihnen nur dann hochgeschätzt, wenn sie große Denkmäler und beeindruckende öffentliche Bauwerke hervorbringt, einen großen Überschuss an Reichtum anhäuft und eine »Freizeit«-Klasse hat.

Wenn wir weiterhin zulassen, dass der *Wétiko* die Wirklichkeit auf seine wahnhafte Art und Weise definiert, wird es uns niemals gelingen, der Krankheit zu widerstehen oder sie einzudämmen.

Die Schaffung solcher materiellen Werte oder ihre Anhäufung ist natürlich eng mit Imperialismus und hierarchischen Gesellschaftssystemen verbunden. Daher neigt der europäische Denker auch dazu, Imperien und autoritäre Gesellschaften sehr zu bewundern. Es sind *genau diese Gesellschaften, die* wétiko *sind.* Es sind diejenigen, in denen die Ausbeutung anderer, zumindest von den Herrschenden, als eine angemessene oder zumindest notwendige Lebensweise akzeptiert wird.

Immer wieder sehen wir, wie europäische Autoren Gesellschaften mit großen Sklavenpopulationen, starren sozialen Klassensystemen, unethischen oder rücksichtslosen Herrschern und aggressiver, imperialistischer Außenpolitik als »Hochkulturen« einstufen. Umgekehrt werden Gesellschaften ohne Sklaven, ohne ausgeprägte gesellschaftliche Klassen, ohne Herrscher und ohne Imperialismus entweder als unbedeutend (nicht erwähnenswert) oder als primitiv und unzivilisiert betrachtet. Diese seltsame Methode zur Bewertung menschlicher Kulturen erreicht einen lächerlichen Höhepunkt, wenn wir feststellen, dass europäische Historiker die Spanier im Südwesten der Vereinigten Staaten ständig als Vertreter der »Zivilisation« preisen, während die demokratischen, nicht aggressiven Ureinwohner »Barbaren« sind. Die zivilisierten Spanier brennen, plündern, vergewaltigen, beuten aus, betrügen und massakrieren, aber es sind immer die Verteidiger der Ureinwohner, die in die Rolle der Wilden und Schurken gedrängt werden.

Es ist übrigens ganz klar, dass Yehoshu'a ben Yosef (besser bekannt als Jesus) nur dank der Päpste und christlichen Erzbischöfe davor bewahrt wurde, als Wilder oder Primitiver betrachtet zu werden, denn sie haben es geschafft, seine Lehren in materialistischen, wétiko-artigen Kulten zu pervertieren. Yehoshu'a ben Yosef (Jesus, Sohn des Joseph) war ein »Indianer«. Das heißt, er war ein Nicht-Weißer (braune Haut, schwarzes und wahrscheinlich lockiges oder gewelltes Haar) von sehr armer Herkunft, der viele Jahre lang als Handwerker oder Zimmermann gearbeitet hat, sich in die Wüste oder auf Berggipfel zurückzog, um Visionen zu suchen, nie Denkmäler baute, nie Geld anhäufte, die Reichen und Mächtigen herausforderte und öffentlich Gier, Dogmatismus und den Erwerb von Reichtum verurteilte. Er hat keinerlei Ähnlichkeit mit den meisten späteren Christen, aber es sind die Letzteren, die ihn berühmt gemacht haben.

Ein presbyterianischer Missionar, der in den 1740er Jahren unter den Lenape- und Mahikani-Völkern in New York, New Jersey und Pennsylvania lebte, schrieb:

> Ich bin bei meiner Arbeit unter diesen Indianern auf große Schwierigkeiten gestoßen ... Sie sind nicht nur brutal, dumm und unwissend göttliche Dinge betreffend, sondern viele von ihnen sind hartnäckig gegen das Christentum eingestellt.
>
> Diese Abneigung gegen das Christentum entspringt zum Teil ihrer Wahrnehmung der Unmoral und des lasterhaften Verhaltens vieler, die sich Christen nennen. Sie beobachten jene fürchterliche Schlechtigkeit bei den nominellen Christen, die ihr Licht der Natur [die natürliche Vernunft] verurteilt; und da sie keine Unterschiede sehen, sind sie bereit, alle Weißen *gleich* zu betrachten und sie *gleich* zu verurteilen, wegen der abscheulichen Praktiken *einiger* ...

> Sie haben mir gegenüber festgestellt, dass die *Weißen* noch schlimmer lügen, betrügen, stehlen und trinken als die Indianer; dass sie den Indianern diese Dinge beigebracht haben, besonders das Letztere, denn vor der Ankunft der Engländer kannten sie so etwas wie starkes Trinken nicht; dass die Engländer sie auf diese Weise dazu gebracht haben, sich zu streiten und einander zu töten, und, mit einem Wort, sie zu all den Lastern gebracht haben, die jetzt unter ihnen herrschen. So sind sie jetzt weitaus lasterhafter und auch viel elender, als sie es vor der Ankunft der Weißen im Lande waren. Diese und ähnliche Einwände, die sie häufig gegen das Christentum vorbringen, sind nicht leicht zu ihrer Zufriedenheit zu beantworten; viele von ihnen sind bekanntermaßen wahr.
>
> Der einzige Weg, den ich einzuschlagen habe, um *diese Schwierigkeit zu überwinden*, besteht darin, zwischen *nominellen* und *wirklichen* Christen zu unterscheiden und ihnen zu zeigen, dass das schlechte Verhalten vieler der *Ersteren* nicht darauf zurückzuführen ist, dass sie Christen sind, sondern dass sie nur dem Namen nach Christen sind, aber nicht im Herzen. Dagegen ist manchmal eingewendet worden, dass, wenn alle, die die Indianer betrügen, nur dem *Namen nach* Christen sind, nur wenige im Lande übrigblieben, die im Herzen Christen sind …
>
> Die Weißen sind unter sie gekommen, haben sie um ihr Land betrogen und sie von den guten Plätzen, die sie früher am Meer genossen, in die Berge vertrieben; deshalb haben sie keinen Grund zu glauben, dass die Weißen jetzt ihr Wohlergehen wollen, sondern sie haben mich ausgesandt, um sie unter dem Vorwand der Freundlichkeit zu versammeln, damit sie Gelegenheit haben, sie zu Sklaven zu machen, wie sie es mit den armen Negern tun, oder sie an Bord ihrer Schiffe zu verbringen und sie mit ihren Feinden kämpfen zu lassen.[2]

Wohin würden wir heute gehen, wenn wir nach Menschen suchen würden, die wie Yehoshu'a leben? Nicht in die »wiedergeborene« christliche Welt, das ist klar.

Auch nicht zu den ostindischen »Gurus«, die ihr Foto auf jedem Werbemittel haben müssen, das ihre Sektenanhänger veröffentlichen. Nicht zu den scheinheiligen Sekten, die die Intoleranz und Aggressivität von *Wétikos* an den Tag legen.

Die Menschen, die am meisten wie Yehoshu'a leben und die immer noch Visionen in der Wüste und auf Berggipfeln suchen, sind die traditionellen (nicht-christlichen) amerikanischen Ureinwohner und andere Volks- oder Stammesangehörige. Die »Primitiven«!

Auf jeden Fall sind die ersten *Wétikos* vor langer Zeit im Nahen Osten aufgetaucht, irgendwie und irgendwo. Wahrscheinlich entwikkelte sich die Krankheit nach und nach über einen langen Zeitraum hinweg. Aus dem modernen Studium des Infektionsprozesses wissen wir, dass der Mensch in der Regel allmählich, Schritt für Schritt, korrumpiert wird. Zur Zeit der Entstehung der ersten Reiche hatte sich jedoch bereits ein Wétiko-System entwickelt.

Einige Feministinnen machen das Patriarchat für viele der Merkmale verantwortlich, die ich unter die Wétiko-Krankheit fasse, und in der Tat muss die Unterdrückung der Frauen als Teil des Prozesses betrachtet werden. Andererseits haben Imperialismus und Sklaverei immer negative Auswirkungen sowohl auf Männer *als auch* auf Frauen der betroffenen Gesellschaft, wobei Frauen der Ober- und Mittelschicht in der Wétiko-Gesellschaft oft Nutznießer der Unterdrückung sind und an ihr teilhaben.

Ich würde behaupten, dass es die Entwicklung von gewalttätigen, kriegerischen, aggressiven Gesellschaften ist, die *nachfolgend* zur Entwürdigung der Frauen führt, und nicht das Gegenteil. Das heißt, die Entwicklung eines rigiden Patriarchats folgt auf die Wétiko-Krankheit, so wie das Sklavensystem im Süden der Vereinigten Staaten zu einer Verschlechterung des Status der englischen Frauen im Vergleich zu den Bedingungen in den Nicht-Sklavenkolonien führte.

Ich würde behaupten, dass ein Feminismus, der nicht auch versucht, die Ausbeutung der ärmeren Frauen abzuschaffen, überhaupt kein Feminismus ist, sondern einfach eine Variante der Oberschichtpolitik und der Selbstprivilegierung.

Irgendwie glaubt der *Wétiko* das Recht zu haben, einen anderen Menschen (oder dessen Eigentum) in einer Weise zu benutzen, die entschieden einseitig und nachteilig für das Opfer ist. So kann ein Geschäftsmann einen Artikel von minderer Qualität zu einem überhöhten Preis verkaufen. Die Differenz zwischen einem wirklich fairen Preis und dem überhöhten Preis ist nicht wirklich ein Gewinn, denn der faire Preis enthielt wahrscheinlich auch einen angemessenen Gewinn. Stattdessen ist der »Mehrgewinn« eine Form des Diebstahls, und zwar ein Diebstahl, der durch den Betrug noch schlimmer wird. Der Geschäftsmann muss den Käufer in die Irre führen, um den überhöhten Gewinn zu erzielen. Die Lüge ist also ein wesentlicher Faktor bei dieser Form des Diebstahls. Das Lügen ist auch fast immer Teil des Wétiko-Verhaltens, und es kann sogar als Schlüsselelement in der gesamten Epidemiologie des *Wétikoismus* betrachtet werden. Black Hawk schrieb: »Wie glatt muss die Sprache der Weißen sein, wenn sie Recht wie Unrecht und Unrecht wie Recht aussehen lassen können?«[3]

Die Entwicklung der Wétiko-Krankheit entspricht in hohem Maße dem Aufstieg dessen, was die Europäer als Zivilisation bezeichnen.

Wenn Menschen zu lügen lernen, haben sie kein Gesicht mehr. Das heißt, sie haben keine einheitliche Persönlichkeit und keinen einheitlichen Charakter. Sie werden zu einem Chamäleon, das seine Farbe wechselt, wenn die Gelegenheit oder die Umstände es erfordern. Ein solcher Mensch kann keine moralische Integrität haben, denn diese setzt ein einheitliches Gesicht voraus. Das ist es übrigens, was ein Teil der heutigen Psychologie lehrt: Anpassung, zu lernen, wie man sein Ich verschleiert oder sogar zerstört, um für seine Vorgesetzten, Kollegen, Ehepartner, Kinder, Nachbarn und so weiter annehmbar zu sein.

Man kann jedoch nicht authentisch sein und lügen oder täuschen. Yehoshu'a starb, weil er in keiner Weise lügen wollte. Tausende, ja Millionen von amerikanischen Ureinwohnern sind gestorben oder haben gelitten, weil sie offen und ehrlich waren und sich nicht haben täuschen lassen. Yehoshu'a war authentisch. Traditionelle Ureinwohner sind authentisch. Sie sind echt! Wie Okute, ein Teton-Sioux, vor vielen Jahren sagte: »Ein Mensch sollte das Echte und nicht das Künstliche begehren.«[4]

Viele Menschen in der kapitalistischen und kommunistischen Welt sind nicht real. Viele sind Marionetten oder Zuhälter, deren Fäden von anderen gezogen werden oder die einem von anderen diktierten Lebensweg folgen. So sind sie reif für die Wétiko-Infektion.

> Die Unterdrückten leiden unter der Zwiespältigkeit, die sich in ihrem Innersten festgesetzt hat. Sie entdecken, dass sie ohne Freiheit nicht wahrhaftig sein können. Doch obwohl sie sich ein wahrhaftiges Dasein wünschen, fürchten sie es. Sie sind zugleich sie selbst und der Unterdrücker, dessen Bewusstsein sie verinnerlicht haben …[5]

Lüge und kleiner Diebstahl, Gaunerei, »Geschäftemacherei«, Betrug, Wucher und so weiter, das alles sind Symptome eines *Wétikos*. Aus kleinen *Wétikos* werden große *Wétikos* gemacht! Die Nixons, Ehrlichmans und andere Watergate-Figuren sowie die Enron-Führer jüngeren Datums sind schließlich nur die Entsprechungen im Großen zu den örtlichen Gebrauchtwagenhändlern, Drogendealern, korrupten Polizisten oder unehrlichen Autowerkstätten. Der Fabrikarbeiter, der immer wieder einen Schraubenschlüssel von seinem Arbeitsplatz stiehlt, ist auf dem Weg. Wer weiß, vielleicht wird er eines Tages Beamter in einer korrupten Präsidialverwaltung!

Aber es ist auch wahr, dass große *Wétikos* oft von Anfang an von ihren Eltern oder einer Subkultur dazu erzogen werden, ganz und gar *Wétikos* zu sein. Dies geschieht in der Regel in Herrscherfamilien, in Familien der wohlhabenden Klasse, in Plantagen- oder Landwirtschaftssystemen, in Offiziersfamilien oder in sehr korrupten und brutalen Gesellschaften (wie in Porfirio Díaz' Mexiko, Chiang Kai-Sheks China, Pinochets Chile, Hitler-Deutschland und so weiter).

Auf jeden Fall verbreiteten die Ägypter, Babylonier, Assyrer und manche andere die Wétiko-Krankheit im gesamten Nahen Osten. Die persischen Stämme steckten sich an und verloren ihre Freiheit, obwohl sie zugleich ein Imperium gewannen. Die Griechen steckten sich an und wurden korrumpiert. Die Mazedonier und Griechen unter Alexander verbreiteten sie weiter. Die Karthager fingen es ein und verbreiteten es. Aber es blieb dem Römischen Reich vorbehalten, die Wétiko-Infektion im großen Stil auszuweiten. Ein Volk nach dem anderen der keltischen, iberischen, germanischen, slawischen, arabischen und finno-ugrischen Völker wurde von den Römern beeinflusst oder erobert, und ihnen wurde beigebracht, wie man plündert, wie man Kolonialsysteme einrichtet, wie man Sklaven- und Bauernarbeit ausbeutet, wie man kirchlich-staatliche Kontrollsysteme einrichtet (besonders nach 300 n. Chr.), wie man Steuern erhebt, wie man eine lasterhafte Klasse von sogenannten Kaufleuten schafft und wie man eine korrupte und unmoralische herrschende Klasse mit alkoholischen, sexuellen und sadistischen Ausschweifungen heranzieht.

Natürlich lieben die Wétiko-Historiker das Römische Reich, weil es der Mittelmeerwelt »Recht und Ordnung«, die lateinische Sprache, römische Straßen, römische Aquädukte und Triumphbögen bescherte. Die »wilden« Stämme, die sich den Römern widersetzten, seien es Schotten, Basken, Araber oder Berber, und die rebellischen Unzufriedenen, wie einige der Juden, waren natürlich freiheitsliebende »Primitive«. Sie hatten keine reichen Herrscher, die ihnen Paläste bauen konnten, oder sie hatten, wie viele Juden, gelernt, denjenigen zu misstrauen, die solche Prachtbauten errichten ließen. Die Wétiko-Historiker verachten also diejenigen, die für die Freiheit gekämpft haben, und versuchen uns weiszumachen, dass ein Leben als Sklave in Italien oder als kastrierter Brite im geeinten England ideal sei, weil unsere unfreiwillige Arbeit den Palastbau und die Vergnügungen der gebildeten Herrscher finanzierten, die gelegentlich Bücher schreiben oder zumindest griechische Sklaven schreiben lassen konnten.

Die Römer waren gute Lehrer der Wétiko-Methoden. Die deutschen Stämme wurden bald infiziert, und als sie die Herrschaft übernahmen, wurden sie zu Römern, nicht nur dem Namen nach, sondern auch in ihren Werten. Müssen wir das fortsetzen? Die Engländer wurden zu Römern, die Franzosen wurden zu Römern, die Spanier wurden zu Römern, die Araber wurden zu Römern, die Türken wurden zu Römern, und so weiter; und als die englischen Kolonisten Virginia erreichten, waren sie Römer – bösartig, verlogen, betrügerisch, diebisch, kurzum: zivilisierte *Wétikos*.

Die Engländer zur Zeit von John Smith sagten zu den Powhatans in Virginia: »Wir wollen eure Freunde sein; wir brauchen nur ein wenig Land, um eine Stätte zu bauen, an der wir mit euch Handel treiben können. Wir wollen nur etwas Mais und Kürbis, damit wir uns am Leben erhalten können.« Die ganze Zeit über hatten die Engländer natürlich vom König von England eine Konzession für das gesamte Land »von Meer zu Meer« erhalten. Sie hatten bekanntlich die Absicht, sich alles zu nehmen, was sie wollten.

John Smith und seine Nachfolger waren eindeutig Lügner. Sie waren ganz offen darauf aus, das Land (und hoffentlich auch das Gold) anderer zu stehlen. Sie planten, indianische Körper zu benutzen, um eine neue, transplantierte reiche Klasse zu schaffen. Da dies weitgehend misslang, stahlen sie afrikanische Körper und errichteten die vielleicht bösartigste Langzeitform des Kannibalismus, die die Welt je gesehen hat – das System der Sklaverei der Vereinigten Staaten.

Tragischerweise *ist die Weltgeschichte der letzten 2.000 Jahre zu einem großen Teil die Geschichte der Epidemie des* Wétiko-*Wahns*. Er verbreitete sich nicht nur auf dem amerikanischen Kontinent, sondern ebenso in fast allen Teilen Afrikas, Asiens und des Pazifiks. Die Europäer sind natürlich die Hauptüberträger, aber auch das Chinesische Reich, das Japanische Reich und die korrumpierten Mongolen und Mandschus waren in Asien Überträger, wenn auch Träger leicht unterschiedlicher Varianten der Krankheit.

In den letzten Jahren haben wir erlebt, wie ehrliche, spirituell orientierte vietnamesische, khmerische und laotische Bauern auf eine sehr intensive Art korrumpiert wurden. Die Menschen wurden vor unseren Augen zu Mördern, Zuhältern, Prostituierten, Schwarzhändlern, Verrätern, Söldnern, Folterern, Dieben und habgierigen, ausbeuterischen Beamten gemacht. Das gleiche sehen wir heute in Brasilien, wo spirituelle, ehrliche Ureinwohner liquidiert oder in Alkoholiker und Prostituierte oder in Mörder anderer Indianer verwandelt werden. Und wir haben gesehen, wie die *civilizados*, die »zivilisierten Brasilianer« (in der Regel von indianischem Blut oder einer Mischung aus Indianern, Schwarzen und Weißen) im gleichen Prozess der Schaffung einer modernen Gesellschaft zu Folterern, Mördern und Verrätern wurden.

In Brasilien wurden die Ureinwohner in der Vergangenheit als *bugres* (Wanzen) und immer als Wilde bezeichnet, während ihre Unterdrücker und Mörder als zivilisiert bezeichnet wurden. Wir sehen also wieder einmal, dass das, was der *Wétiko* mit »Zivilisation« meint, in der Tat etwas Schreckliches ist: Eine Zivilisation ist (so scheint es) eine Gesellschaft, in der es so viele böse oder gewalttätige oder unehrliche Menschen gibt, dass die Kräfte von Polizei, Militär und anderen Bewaffneten zahlenmäßig fast der Gesamtbevölkerung entsprechen müssen.

Andererseits glaube ich, dass *eine wahre Zivilisation eine Gesellschaft ist, in der die Menschen »zivil« sind, das heißt, in der sie sich so gut vertragen, dass sie keine Polizei oder andere bewaffnete Kontrollorgane brauchen.*

Nach dieser Definition waren die meisten Gesellschaften der amerikanischen Ureinwohner und viele andere sogenannte Stammesgesellschaften zivilisiert. In Brasilien sind heute die überlebenden 50.000 freien Indianer die Zivilisierten. Ihre Unterdrücker hingegen sind manchmal nicht nur unzivilisiert, sondern als Folterer, Mörder und Diebe auch bestialisch (obwohl ich das Wort »bestialisch« nur ungern verwende, weil es weiße Stereotypen über Tiere widerspiegelt. Aber für mich sind Tiere fast nie Bestien; Wétiko-Menschen sind die wahren Bestien der Welt!).

Was wir in den letzten 2.000 Jahren tatsächlich gesehen haben, ist nicht der Aufstieg der Zivilisation, sondern der Aufstieg von Brutalität und Barbarei, natürlich mit zahlreichen Widerstandsbewegungen, angeführt von so unterschiedlichen Menschen wie Buddha,

Yehoshu'a, Tecumseh, Handsome Lake, Crazy Horse, Chitto Harjo, Sarah Winnemucca, Emiliano Zapata, Mahatma Gandhi und Tausenden anderen vergessenen, wichtigen und weniger wichtigen, nicht *Wétiko* anheimgefallenen, rechtschaffenen Menschen.

Wenn wir die Geschichte aus einer vernünftigen Perspektive verstehen wollen, müssen wir bereit sein, die evolutionären Schemata, Helden und Themen, die vom Wétiko-Denken ausgehen, in Frage zu stellen. Das wird nicht einfach sein. In Kalifornien zum Beispiel sind die beiden größten Helden der Medien und des Establishments John Sutter und Pater Junípero Serra, beide *Wétikos*. Sutter, dem der Staat ein Denkmal setzt und nach dem Straßen, Städte und ein Landkreis benannt sind, war ein völlig unmoralischer (oder amoralischer), geiziger und betrügerischer Mann. Sein Leben war geprägt von zwielichtigen Geschäften und schnellen Ortswechseln, bis es ihm schließlich gelang, ein Fort im heutigen Sacramento zu errichten. Dort etablierte er sich als absolutistischer Potentat und nutzte indianische Tagelöhner und Sklaven als Haupteinnahmequelle. Er ermordete zahlreiche Ureinwohner, vergewaltigte viele (auch sehr junge) Indianermädchen, zwang seine einheimischen Arbeiter, aus Schweinetrögen zu essen, verkaufte Schnaps an Indianer und verkaufte indianische Sklaven, um seine vielen Schulden zu begleichen. Sutter war ohne Ehre und verriet bereitwillig die mexikanische Regierung, der er Treue geschworen hatte, und doch ist dieser *Wétiko* der größte Held Nordkaliforniens.

Junípeiro Serra war eine andere Art von *Wétiko*, aber eine noch größere Gefahr für das Leben anderer Menschen. Da er (als Franziskaner) ein Armutsgelübde abgelegt hatte, konnte er keinen persönlichen Reichtum anhäufen, aber er konnte willkürlich Tausende von Ureinwohnern ihrer Freiheit berauben und hat durch sein System der totalitären Missionierung den Tod von 40.000 oder mehr Menschen verursacht, ein System, das er initiierte und viele Jahre lang kontrollierte. Serra wurde zu einem nahezu absoluten Diktator,

Sein System der totalitären Missionierung hat den Tod von 40.000 oder mehr Menschen verursacht.

der über die Indianer herrschte, als wären sie bloße Sklaven, und sie zur Arbeit zwang, um ein wirtschaftlich-militärisches System aufrechtzuerhalten, dessen einziger Zweck es war, sie zu kontrollieren, ihre Kultur zu verändern und ihr Land zu beschlagnahmen.

Manche mögen Serra damit entschuldigen, dass er nie persönlich vom System der Unterdrückung profitierte, das er geschaffen hat. Ein rücksichtsloser *Wétiko* kann jedoch auf vielerlei Weise nach Profit streben. Er kann ein Imperium zum Wohle seiner Kinder, seiner Kirche, seiner Verwandten oder seiner Nation errichten. Persönlich blieb Serra »arm«, aber er häufte Reichtum und Macht für seinen religiösen Orden und das spanische Volk an, alles auf Kosten anderer Menschen. Vor allem war er ein Beispiel für Imperialismus und Ausbeutung. Er glaubte, es sei gerechtfertigt, andere Menschen ihres Landes, ihres Lebens und ihrer Freiheit zu berauben, weil er eine »überlegene Kultur« und »die Wahrheit« zu besitzen wähnte. Was *braucht* ein *Wétiko* mehr?

Die japanische Besetzung Koreas, die britische Eroberung Indiens, die deutschen Ostfeldzüge gegen die Slawen und die Zerstörung der ersten philippinischen Republik durch die USA, sie alle wurden mit sehr ähnlichen Argumenten gerechtfertigt. Der Wétiko-Glaube lautet: »Macht schafft Recht«, aber er wird oft von selbstsüchtigen Doktrinen vom »göttlichen Willen«, »offenkundigen Schicksal«, von der »Vorsehung«, dem »Lauf der Zivilisation«, dem »Werk Gottes«, dem »Aufhalten des Kommunismus« oder ähnlichen Slogans bemäntelt.

fünf

Die Struktur des Wahnsinns des Kannibalen

Anmaßung, Begierde und Materialismus

Das wichtigste Merkmal des *Wétiko* ist, dass er andere Menschen auffrisst, das heißt, er ist ein Raubtier und ein Kannibale. Dies ist das zentrale Merkmal der Krankheit. In anderer Hinsicht können die Motive und Formen des Kannibalismus jedoch variieren. So hatten beispielsweise die türkischen Sultane, die eine große Zahl von Männern kastrierten, um sie als »Eunuchen« im Palast einzusetzen, andere Beweggründe als die Päpste in Rom, die Berichten zufolge Knaben für ihre Chöre kastrierten, aber in jedem Fall wurden Menschen ihrer Freiheit, ihrer Authentizität und ihres Rechts beraubt, als normale Menschen zu leben. Alle wurden gleichermaßen von Kannibalen aufgefressen, deren hoher Grad an Geistesgestörtheit nicht zu leugnen ist.

In jedem Fall ist die Wétiko-Psychose eine sehr ansteckende und sich schnell ausbreitende Krankheit. Sie wird von den *Wétikos* selbst verbreitet, wenn sie andere rekrutieren oder korrumpieren. Sie wird heute durch Geschichtsbücher, das Fernsehen, militärische und polizeiliche Trainingsprogramme, Comics, pornografische Zeitschriften, Filme, rechtsgerichtete Bewegungen, Fanatiker verschiedener Art, missionarische Gruppen und zahlreiche Regierungen verbreitet.

In jedem Fall ist die Wétiko-Psychose eine sehr ansteckende und sich schnell ausbreitende Krankheit. Sie wird von den *Wétikos* selbst verbreitet, wenn sie andere rekrutieren oder korrumpieren.

Die Ureinwohner waren sich fast immer darüber im klaren, dass viele Europäer *wétiko*, also wahnsinnig waren. Vor vielen Jahren hieß es in einem der Geistertanz-Lieder der Arapaho:

> Meine Kinder,
> Zuerst mochte ich die Weißen,
> gab ihnen Früchte,
> gab ihnen Früchte …
> I'yehe! Meine Kinder –
> Meine Kinder,
> Wir wollen nichts mehr mit ihnen zu tun haben.
> Die Weißen sind wahnsinnig – A he yuhe yu.[1]

Als Black Hawk 1832 gefangengenommen wurde, sagte er:

> Black Hawk ist ein echter Indianer … Er sorgt sich um sein Volk und die Indianer allgemein. Sie werden leiden. Er beklagt ihr Schicksal. Die Weißen skalpieren nicht den Kopf, aber sie tun Schlimmeres – sie vergiften das Herz, es ist nicht rein bei ihnen. Seine Landsleute werden nicht skalpiert, aber sie werden in ein paar Jahren wie die Weißen sein, so dass man ihnen nicht trauen kann, und es muss, wie in den weißen Siedlungen, fast so viele Offiziere wie Männer geben, die sie beaufsichtigen und in Zucht und Ordnung halten.[2]

Black Hawks scharfsinnige Analyse war natürlich richtig. Er erkannte, dass die »vergifteten Herzen« der Europäer (die Wétiko-Krankheit) bald auf die Ureinwohner übergreifen und eine Wétiko-Gesellschaft mit einer großen Zahl von Polizisten entstehen würde. Black Elk, ein Medizinmann der Oglala Lakota, wurde Zeuge der Behandlung von Gefangenen in einer Strafanstalt auf Blackwell's Island, New York:

> Hier im Gefängnis gab es etwas, das mir ein sehr schlechtes Gefühl gab. Männer richteten Gewehre auf die Gefangenen und komman-

> dierten sie herum, und ich dachte, dass meine Leute vielleicht eines Tages auch so behandelt werden würden.[3]

Dieses Erlebnis hatte er 1887, als Black Elk und 132 andere Indianer im Rahmen von Buffalo Bills »Wild West«-Show nach England reisten. Drei Jahre später, 1890, massakrierte die US-Armee (Seventh Calvary) Männer, Frauen und Kinder der Sioux in Wounded Knee. Dieses Massaker, das angeblich der Unterdrückung der »Geistertanz«-Religion dienen sollte, war in Wirklichkeit ein terroristischer Akt, mit dem der politisch-soziale Widerstand der Sioux gebrochen und große Gebiete für die weiße Besiedlung zugänglich gemacht werden sollten. In jedem Fall drehen sich die »vergifteten Herzen« der weißen Gesellschaft häufig um Materialismus und Gier. Wie Lame Deer, ein heiliger Mann der Lakota, schrieb: »Wenn diese Erde jemals zerstört werden sollte, dann durch Begierde, durch die Lust am Vergnügen und an der Selbstbefriedigung, durch die Gier nach der grünen Froschhaut [Geld], durch Menschen, die nur an ihr eigenes Ich denken und die Bedürfnisse anderer vergessen.«[4]

Schauen wir uns ein altes mexikanisches Gedicht und die darin zum Ausdruck gebrachten Ideale an:

> Jene mit dem weißen Haarschopf, die mit dem faltigen Gesicht,
> unsere Vorfahren...
> Sie sind nicht gekommen, um anmaßend zu sein,
> sie sind nicht gekommen, um sich gierig umzusehen,
> sie sind nicht gekommen, um gefräßig zu sein.
> Sie waren so, dass man sie auf der Erde wertschätzte:
> Sie besaßen die Würde von Adlern und Jaguaren.[5]

Wenn wir dieses Gedicht nun auf *Wétiko* bezögen, müssten wir sagen:

> Sie kamen, um anmaßend zu sein,
> sie waren auf der Suche,
> sie waren gierig und gefräßig.

Sie waren so, dass sie gehasst und gefürchtet wurden,
sie wurden zu Parasiten und Kannibalen.

Buffy Sainte-Marie, die wunderbare Cree-Sängerin, sagte: »Die Weißen tragen die Krankheit der Gier in sich … Sie müssen geheilt werden, aber sie kümmern sich normalerweise nicht um ihre Krankheit oder nehmen sie nicht einmal wahr, denn sie kennen nichts anderes, und ihre Führer bestärken sie darin, und vielen von ihnen ist nicht mehr zu helfen.«[6]

Diejenigen, die sich an die Macht bringen, sind oder werden Wétikos, und sie halten nur das System der Korruption oder Unterdrückung aufrecht.

Es gibt viele psychologische Merkmale, die zur Bildung der Wétiko-Persönlichkeit beitragen. Gier, Lust, übermäßiger Ehrgeiz, Materialismus, das Fehlen eines wahren »Gesichts«, eine schizoide (gespaltene) Persönlichkeit und so weiter, das alles sind Begriffe, mit denen man die meisten *Wétikos* beschreiben kann. Aber eines der Hauptmerkmale, das die wirklich böse und extreme Form des *Wétikos* charakterisiert, ist *Anmaßung*. Pater Junípero Serra zum Beispiel war ein überaus anmaßender Mann. Zehntausende von Indianern starben, weil er und seine Mitbrüder, die spanischen Franziskaner, annahmen, dass sie, obwohl sie fehlbare Menschen waren, die höchste Weisheit und das höchste Recht besaßen, gewaltsam die Herrschaft über das Leben anderer Menschen zu übernehmen. Immer wieder finden wir diesen Charakterzug der Anmaßung bei britischen Kolonialisten, japanischen Imperialisten, weißen rassistischen Fanatikern in den USA, FBI-Agenten, kommunistischen messianischen »Rettern« der Massen, Führern der John Birch Society, Nazi-Offizieren, Sozialarbeitern, die die Armen beschämen und erniedrigen, Polizisten, die mit ihren überladenen paramilitärischen Uniformen und Schlagstöcken herumstolzieren, und so weiter. In jüngster Zeit waren die Europäer und andere über die Anmaßung von George W. Bush, Dick Cheney, Donald Rumsfeld und anderen schockiert, die den Angriff der USA auf den Irak eingeleitet und das Recht auf die alleinige Beherrschung des Globus (und des Weltraums) beansprucht haben!

Leider ist Anmaßung ein Charakterzug, der überall im Verhalten der Eliten der europäischen herrschenden Klassen (oder ihrer herrschenden Gegenstücke in vielen außereuropäischen Gesellschaften) eine wichtige Rolle spielt. Ist es nicht ziemlich anmaßend, wenn russische und US-amerikanische Beamte und Wissenschaftler Hunderte von Milliarden Dollar (die dem Volk durch Steuern oder die Ausbeutung billiger Arbeitskräfte entzogen werden) für die (militärische und nichtmilitärische) Weltraumforschung ausgeben, während die anderen Völker der Erde, die ebenfalls »Miteigentümer« des Himmels sind, nicht konsultiert wurden? Mit welchem Recht maßen sich die Anglo-Amerikaner und die Russen an, den Weltraum zu kontrollieren? Die Antwort lautet natürlich: »Macht schafft Recht.« Die Russen und die Angloamerikaner halten sich nicht zurück, weil sie in ihrer Arroganz glauben, sich mit niemandem absprechen zu müssen.

Letztlich ist Demut die Grundlage für Demokratie, so wie Anmaßung die Grundlage für Autoritarismus ist.

Und es sind nicht nur die Militärbürokraten, die anmaßend sind. In vielen Bereichen erkennen die Wissenschaftler keine gesellschaftlichen Verpflichtungen an, die ihre Experimente beschränken, und schon gar nicht irgendwelche Einschränkungen, die von »den unteren Klassen« oder weniger mächtigen Nationalitäten auferlegt werden. Weltraumforschung, Genforschung, Tierversuche und so weiter finden im allgemeinen nach Regeln statt, die nur von den Wissenschaftlern selbst und von den militärisch-industriellen Komplexen, für die sie arbeiten und die sie mitgestalten, aufgestellt werden. Viele heutige Wissenschaftler entsprechen genau Christoph Kolumbus, und das nicht nur im Sinne einer Analogie. Sie werden den Weg für einen neuen Imperialismus und neue Zwangssysteme ebnen und wirtschaftlich an den Früchten der neuen »Entdeckungen« teilhaben.

Angenommen, amerikanische oder russische Raumfahrtunternehmen würden auf einem fernen Himmelskörper andere Lebensformen finden. Gibt es irgendetwas im gegenwärtigen Verhalten dieser Erdbewohner, das erwarten ließe, dass solche Lebensformen gerecht behandelt würden? Wenn amerikanische Ureinwohner am Amazonas oder in Arizona nicht gerecht behandelt werden, wie können wir dann erwarten, dass nicht-menschliche Lebensformen überhaupt als mit eigenen Rechten ausgestattet anerkannt werden?

Hoffen wir für sie, dass die ersten Weltraumbewohner, mit denen wir in Kontakt kommen, über angemessene Mittel zur Selbstverteidigung gegen unsere unerschrockenen Weltraumkolonisatoren verfügen! Anmaßung ist eine Schlüsseleigenschaft von *Wétiko* oder einer Person, die dabei ist, zum *Wétiko zu* werden. Andererseits ist *Demut* ein wesentlicher Wert des traditionellen Lebens der amerikanischen Ureinwohner. Ohiyesa sagte: »Der erste Amerikaner vermischte mit seinem Stolz eine einzigartige Demut. Überheblichkeit war seinem Wesen und seinem Verständnis fremd …«[7] Und Pete Catches, ein weithin geachteter Lakota-Mann, sagte: »Ich möchte gar nicht Medizinmann genannt werden, sondern einfach nur Heilkundiger, denn dafür bin ich geboren. Ich verlange nichts. Ein weißer Arzt hat ein Honorar, ein Priester hat ein Honorar. Ich habe kein Honorar. Ein Mensch geht geheilt von mir weg. Das ist meine Belohnung …«[8]

Black Elk merkt an, dass keine gute Sache von einer Person allein getan werden kann, und Juan Matus, der *Yaqui-Nagualli*, sagte zu seinem Lehrling: »Die Welt um uns herum ist ein Mysterium; und der Mensch ist nichts Besseres als alles andere … Solange du das Gefühl hast, dass du das Wichtigste auf der Welt bist, kannst du die Welt um dich herum nicht wirklich würdigen. Du bist wie ein Pferd mit Scheuklappen, du siehst nur dich selbst, getrennt von allem anderen. Selbstgefälligkeit ist auch so eine Sache, die man ablegen muss…«[9] Juan hatte als bekannter Lehrer mehrere Lehrlinge, und er hätte versucht sein können, wie ein christlicher Evangelist oder ein Hindu-Guru Berühmtheit zu erlangen (»Juan Matus International University«?), aber stattdessen wählte er Anonymität und Demut. Ein Lehrling fragte ihn einmal, wie es sich anfühle, ein Meister (ein Guru) zu sein. Er antwortete, dass ein Krieger sein Los in Demut annimmt:

> Jeder von uns braucht Zeit, um diesen Punkt zu verstehen und ihn vollständig zu leben. Ich zum Beispiel hasste die bloße Erwähnung

> des Wortes »Demut«. Ich bin ein Indianer, und wir Indianer waren schon immer bescheiden und haben nichts anderes getan, als den Kopf zu senken. Ich dachte, Demut sei nicht im Sinne des Kriegers ... Der Krieger neigt sein Haupt vor niemandem, aber gleichzeitig erlaubt er niemandem, sein Haupt vor ihm zu neigen. Der Bettler hingegen fällt sofort auf die Knie und macht den Kratzfuß für jeden, den er für höhergestellt hält; aber gleichzeitig verlangt er, dass jemand, der niedriger ist als er, den Kratzfuß für ihn macht ... Ich kenne nur die Demut eines Kriegers, und die wird mir niemals erlauben, jemandes Herr zu sein.[10]

Juan hilft uns, eines der wesentlichen Merkmale der wétikoistisch-imperialistischen Gesellschaften zu verstehen: *Jede soziale Klasse versucht, die unter ihr Stehenden auszubeuten.* Dies ist natürlich eines der bösartigen Merkmale der Wétiko-Krankheit und gleichzeitig eines, das zur Aufrechterhaltung des Status quo beiträgt. Bettler, die nach oben buckeln und nach unten treten, sind nicht in der Lage, das System zu ändern. Paulo Freire macht in seiner *Pädagogik der Unterdrückten* sehr deutlich, dass dies der Grund ist, warum isolierte, individuelle Aktionen der Auflehnung (oder sogar Gruppenaktionen) in einer Wétiko-Gesellschaft in der Regel nicht dazu führen, diese Gesellschaft zu verändern. Diejenigen, die sich an die Macht bringen, sind oder werden *Wétikos*, und sie halten nur das System der Korruption oder Unterdrückung aufrecht. (So waren die kommunistischen Führer in der Sowjetunion unter Stalin mindestens genauso bösartig, betrügerisch und ausbeuterisch wie ihre zaristischen Vorgänger. Sie erlangten »Macht«, ohne ihre Wétiko-Kultur zu ändern.)

> Die Struktur ihres [der Unterdrückten] Denkens ist durch die Widersprüche der konkreten existenziellen Situation, durch die sie geprägt wurden, bedingt. Ihr Ideal ist es, Menschen zu sein; aber für sie bedeutet Mensch zu sein, Unterdrücker zu sein. Dies ist ihr Modell der Menschlichkeit. So ist das Verhalten der Unter-

> drückten ein vorgeschriebenes Verhalten, das den Maßgaben des Unterdrückers folgt.[11]

Letztlich *ist Demut die Grundlage für Demokratie, so wie Anmaßung die Grundlage für Autoritarismus ist*. Wir sollten die Werte vieler Ureinwohner mit denen von Junípero Serra vergleichen. Wie Lame Deer sagt: »Für uns ist ein Mensch das, was die Natur oder seine Träume aus ihm machen. Wir akzeptieren ihn so, wie er sein will … Der Große Geist will, dass die Menschen unterschiedlich sind …«[12]

Okute, ein alter Teton-Sioux, sagte vor vielen Jahren:

> Tiere und Pflanzen werden durch Wakan Tanka darin unterwiesen, was sie tun sollen. Wakan Tanka lehrt die Vögel, Nester zu bauen, aber die Nester der Vögel sind nicht gleich. Wakan Tanka gibt ihnen nur die Umrisse vor … Alle Vögel, selbst die der gleichen Art, sind nicht gleich, und so ist es auch mit den Tieren und den Menschen. Der Grund, warum Wakan Tanka weder zwei Vögel noch zwei andere Tiere oder zwei Menschen genau gleich macht, ist, dass jedes von ihnen durch Wakan Tanka in die Lage versetzt wird, eine eigenständige Individualität zu sein und auf sich zu vertrauen.[13]

Diese Art des Denkens, der Respekt vor dem Leben des anderen, beruht letztlich auf Demut und dem Gefühl der Verwandtschaft und Gleichheit aller Geschöpfe (nicht jedoch Uniformität). Demokratie kann nur mit einer solchen Philosophie gedeihen.

Im Gegensatz dazu wollten Junípero Serra und die anderen Franziskaner uniform andere Menschen dazu zwingen, ihr gesamtes Verhalten zu ändern, um den Vorstellungen von anderen zu entsprechen. Das ging bis hin zu Namensänderungen, Änderungen der Kleidung, Änderungen der Ernährung, Änderungen des Heiratsverhaltens, Änderungen des Wohnorts und so weiter sowie Änderungen der Gottesdienstformen und der politischen Organisation. Dem missionierten

Indianer wurde praktisch kein Raum für die Natur oder seine Träume gelassen. Und natürlich ist dieses Muster des Zwangs auch typisch für calvinistisch kontrollierte Gebiete, katholische Gebiete im allgemeinen, faschistische Staaten, viele kommunistische Staaten und so weiter. *Anmaßung und Autoritarismus gehen Hand in Hand.* Wie Juan betont, darf die Demut eines Kriegers, eines freien Menschen, nicht mit der Demut eines Bettlers verwechselt werden. Der Bettler scheint nur demütig zu sein, wenn er in Wirklichkeit nur voll Angst ist oder um Gunst buhlt. So *kann* auch die äußere Demut von unterdrückten Bauern, Arbeitern oder Bürokraten der unteren Mittelschicht in einer Wétiko-Gesellschaft die Angst verbergen. Wahre Demut entsteht nicht aus Furcht, sondern aus einem tiefen Gefühl für den eigenen Platz im Weltganzen. Wie Black Elk sagte:

> Wenn wir das Wasser in der Schwitzhütte verwenden, sollten wir an Wakan Tanka denken, der immer fließt und allem seine Kraft und sein Leben gibt … Die Weiden, die das Gerüst der Schwitzhütte bilden, sind so aufgestellt, dass sie die vier Viertel des Weltganzen markieren; so ist die ganze Hütte ein Abbild des Weltganzen, und die zweibeinigen, vierbeinigen und geflügelten Völker und alle Dinge der Welt sind in ihr enthalten … Die runde Feuerstelle in der Mitte der Schwitzhütte ist das Zentrum des Weltenalls, in dem Wakan Tanka wohnt, mit seiner Kraft, die das Feuer ist. All diese Dinge sind wakan [heilig und geheimnisvoll] und müssen tief verstanden werden, wenn wir uns wirklich läutern wollen, *denn die Kraft einer Sache oder einer Handlung liegt in der Bedeutung und im Verständnis.*[14]

Die Schwitzhütte der Indianer, eine indianische »Kirche«, ist also nicht nur für einen Menschen oder eine Gruppe von Menschen bestimmt. Sie versinnbildlicht die gesamte Schöpfung, und wenn die Menschen schwitzen, leiden sie mit ihren Angehörigen und für sie alle. Bei den Lakota wird jeder Ein- und Austritt, jedes Gebet, jeder

Schluck Wasser und jedes Rauchopfer mit den Worten »alle meine Verwandten« abgeschlossen, womit alle Menschen, Tiere, Insekten, Pflanzen und andere Verwandte gemeint sind.

Die Demut der amerikanischen Ureinwohner ist eine Demut, die auf dem Bewusstsein der begrenzten Kraft und des fehlenden Wissens jedes einzelnen beruht und auch auf dem Bewusstsein, nur ein Mitglied einer gewaltigen allumfassenden Familie zu sein. Mit dieser Art von Demut geht der Respekt vor dem Leben und den Träumen anderer Lebewesen einher.

Aber ich möchte auch auf einige andere Dinge aufmerksam machen. Erstens, dass die *Temaskalli* [Schwitzhütte], wie die meisten anderen indianischen »Kirchen«, im Bau kein Geld kostet. Man braucht nur zwölf oder sechzehn Weidenstämme, einige Steine und Felle oder alte Decken und Segeltuch, um sie zu bauen. Natürlich kann man die *Temaskalli* als architektonisches Wunder nicht mit der Kathedrale von Notre Dame vergleichen, aber wie sieht es mit dem spirituellen Wunder aus? Die traditionellen Ureinwohner sind sehr weise, denn sie wissen, dass *Geld korrumpiert* und dass *Geld sowohl den Gottesdienst* als auch andere Aspekte des Lebens *korrumpieren kann.* Die *Inipi* [Schwitzhüttenzeremonie] kann eine wahrhaft spirituelle Erfahrung sein. Notre Dame wurde gebaut, um den Menschen ein Spektakel zu bieten.

Zweitens möchte ich die besondere Aufmerksamkeit auf Black Elks letzte Worte lenken, dass die »Macht einer Sache oder einer Handlung in der Bedeutung und dem Verständnis liegt«. Das ist sehr wichtig, denn in der Welt von *Wétiko* ist der Glaube weit verbreitet, man könne Gott genauso täuschen wie andere Menschen. So mag der Mafia-Gangster die Messe besuchen oder seiner Kirche Geld spenden, oder der weiße Rassist aus dem »Bible Belt« (Bibelgürtel) mag jeden Sonntag in seiner Kirche fromme Hymnen singen (und sogar mittwochabends zu Bibeltreffen gehen). Aber für Indianer ist es nutzlos, Dinge ohne Wahrhaftigkeit, ohne Aufrichtigkeit und ohne Verständnis zu tun. Black Hawk sagte:

> Wir können nur nach unseren Maßstäben von Recht und Unrecht urteilen, die sich von denen der Weißen stark unterscheiden, wenn ich richtig unterrichtet bin. Die Weißen können ihr ganzes Leben lang Schlechtes tun, und wenn es ihnen dann, wenn sie sterben, leidtut, ist alles gut! Aber bei uns ist es anders: Wir müssen unser ganzes Leben lang tun, was wir für gut halten. Wenn wir Getreide und Fleisch haben und von einer Familie wissen, die keines hat, müssen wir mit ihr teilen. Wenn wir mehr Decken haben, als wir brauchen, und andere haben nicht genug, müssen wir denen geben, die Mangel leiden.[15]

So ist es sinnlos, bei der Inipi-Zeremonie (Schwitzhütten-Zeremonie) zu schwitzen, wenn man nicht versteht. Die Macht einer Sache oder einer Handlung liegt in der Bedeutung und dem Verständnis. Daher sind die eigene Absicht und die eigenen Beweggründe entscheidend. Das ist es, was ich mit Wahrhaftigkeit und Aufrichtigkeit meine. Die Indianer glauben, dass *man die spirituelle Welt nicht täuschen kann, indem man Worte spricht, die dem widersprechen, was man im Herzen hat, was man beabsichtigt*. Indianer beten oft im Stillen, in Gedanken, weil sie glauben, dass wir unsere Gedanken sind.

Witapanoxwe sagte: »Es heißt bei uns, wenn jemand in seinem Herzen an das Gute denkt, nimmt der Gedanke Form an. Und wenn er an das Gute denkt, ist es leicht, sich gut zu verhalten, aber wenn er sich falsch verhält, dann weil er in Wirklichkeit an das Böse denkt, wenn es um sein Leben geht.«[16] Das Echte und die wahre Absicht oder Motivation dürfen nicht außer acht gelassen werden.

Dies hängt auch eng damit zusammen, ein »Gesicht« zu haben, wie ich bereits erwähnt habe. Gut zu sein, ist traditionell nicht nur eine Ermahnung, sondern ein aktives Prinzip, das gute Absichten, gute Handlungen und Harmonie mit dem Weltenall zusammenbringt. Wie Mountain Wolf Woman, eine Anhängerin des Peyote-Weges, es ausdrückt: »Was immer gut ist, das werde ich tun. Was auch immer gut zu sagen ist, das werde ich sagen … So bin ich eben. Ich bete zu Gott. Ich bitte ihn immer darum, dass ich mich auf einen guten Weg begebe, dass meine Kinder und meine Enkelkinder und die Leute gut leben.«[17]

Die Wétiko-Welt glaubt jedoch an die Anwendung von Tricks, an Opportunismus, »Situationsethik«, ein angepasstes Leben, Persönlichkeitsanpassung, Geschäftemacherei, Doppelmoral und schlichtweg an Fälschungen. Ein solches Leben der Täuschung und Prinzipienlosigkeit führt leicht in die Zuhälterei. Carlos Castaneda und Juan Matus diskutierten einmal über die Frage, ob sie gleichberechtigt seien oder nicht; Juans Antwort war, dass sie es nicht seien, da Juan ein Krieger und Carlos ein Zuhälter sei. Er sagte: »Wenn ein Mann beschließt, etwas zu tun, muss er den ganzen Weg gehen, *aber er muss die Verantwortung für das* übernehmen, *was er tut*. Egal, was er tut, *er muss zuerst wissen, warum er es tut*.«[18]

Die Wétiko-Welt glaubt jedoch an die Anwendung von Tricks, an Opportunismus, »Situationsethik«, ein angepasstes Leben, Persönlichkeitsanpassung, Geschäftemacherei, Doppelmoral und schlichtweg an Fälschungen.

Vor ein paar Jahren wurde in einer Sendung das Leben eines verwirrten Chicanos geschildert. Ich gebe hier einen Teil der Geschichte wieder, um das Leben eines *Wétiko* zu illustrieren, wobei ich den richtigen Namen des Mannes durch »Lopez« ersetze:

> Auftragskiller sind ein großes Geschäft in einer von Hass zersplitterten Welt. Das ist Lopez' Ass im Ärmel: Hass. Das ist, was ihn antreibt.
>
> Lopez ist mexikanisch-amerikanischer Herkunft und wuchs in einer Kleinstadt in Wyoming auf. »Dort gab es viele Vorurteile«, sagt er. »Ich schätze, es war die Art, wie ich erzogen wurde. So fing es an.« [Er diente dann neun Jahre in der Armee und war in Vietnam im Einsatz, konnte aber aufgrund von Kriegsverletzungen nicht weitermachen.] »Ein Major, den ich kenne, kam damals auf mich zu und fragte mich, ob ich das gleiche machen wolle wie er. Er gab mir 2.500 Dollar in bar und ein Flugticket und schon war ich auf dem Weg. [Er kämpfte dann als Söldner in Afrika und Arabien,

> Jordanien und Israel.] Früher wurde ich nach Köpfen bezahlt. Das habe ich in Vietnam gelernt.« »Nach Köpfen« hieß, dass er von seinen Raubzügen einen Teil des Opfers, in der Regel eine Hand, mitbrachte und an Ort und Stelle bezahlt wurde.
>
> »Manchmal brachten wir zwei Hände mit und benutzten die andere später«, sagte er, »aber das haben sie schnell kapiert. … Ich muss etwas tun. Und ich werde es tun, bis ich diesen Hass aus mir herausbekommen habe. Ich kämpfe viel. Ich kann mein Temperament nicht zügeln. Mein ganzes Leben lang wurde mir beigebracht, wenn du etwas willst, dann kämpfe dafür. Ich habe für alles gekämpft, was ich habe.«[19]

Es ist schwer, dem viel hinzuzufügen, ein klassisches Bild dafür, wie ein von *Wétiko* unterdrückter Mensch die Werte der *Wétikos* übernimmt, wenn er »aufsteigt«. Die Wétikos unterwiesen ihn gut, aber sie lehrten ihn etwas Falsches. Er glaubte einfach, er könne »den Hass« loswerden, indem er – nur weil er als »Auftragskiller« angeheuert wurde – Menschen tötet, die er nicht einmal kennt. Sein gequältes Leben wird sich zweifellos in Hässlichkeit und Hass bis zu seinem Ende fortsetzen. So tragisch es ist, ist er ein wichtiges Werkzeug für größere *Wétikos*. Es sind Killer wie »Lopez«, die die Drecksarbeit für die »Großen« erledigen, die die Kriege planen, die Geschäfte machen und die Profite einstreichen. Ein Zuhälter hingegen ist jemand, der die Befehle anderer befolgt, der dem Weg anderer folgt und der sich weigert, die Verantwortung für sein Handeln zu übernehmen. Ein solcher Mensch kann nicht wahrhaftig sein. Ein solcher Mensch ist nicht nur ein Zuhälter, er ist sozusagen ein Gespenst, die bloße Imitation eines Menschen. Sein Leben ist die Imitation eines Lebens, es hat weder Bestand noch ist es echt. Aber die Wétiko-Welt ist voll von solchen Zuhältern und Gespenstern. Sie werden befördert, sie bekommen bessere Gehälter und sie bekommen Abfindungen (und eine goldene Uhr), wenn sie »in Rente« gehen. Aber ihr Leben ist weniger als das eines wilden (freien) Tieres, das ja immer authentisch ist. Sie sind auch die Wirte für die Wétiko-Parasiten (denn, wie

Freire betont, könnten Unterdrücker ohne die Zustimmung ihrer Wirte nicht existieren). Sie sind selbst Kandidaten für die Wétiko-Krankheit. Freire schreibt:

> Die Unterdrückten, die das Bild des Unterdrückers verinnerlicht und seine Werte übernommen haben, haben Angst vor der Freiheit. Freiheit würde voraussetzen, dass sie dieses Bild ablegen und es durch Autonomie und Verantwortung ersetzen. Freiheit muss errungen werden, wie wird nicht geschenkt. Nach ihr muss ständig und verantwortungsbewusst gestrebt werden. Die Freiheit ist kein Ideal, das außerhalb des Menschen liegt, und sie ist auch keine Idee, die zum Mythos wird. Sie ist vielmehr die unabdingbare Voraussetzung für das Streben nach menschlicher Vollendung.[20]

Eines der tragischen Merkmale der Wétiko-Psychose ist, dass *sie sich zum Teil durch Widerstand gegen sie ausbreitet*. Das heißt, dass diejenigen, die versuchen, *Wétiko zu* bekämpfen, manchmal auch nur, um zu überleben, die Werte des *Wétikos* übernehmen. Wenn sie also »gewinnen«, verlieren sie – oder zumindest das Volk.

Mariano Azuela zeigt in seinem Roman *The Underdogs* und in seinen Kurzgeschichten, wie die mexikanischen Campesinos in die Revolution gegen Díaz hineingezogen wurden und für »Land und Freiheit« kämpften. Einige wurden jedoch zu reinen Tötungsmaschinen, die die Brutalität der Porfiristas (Anhänger des Präsidenten Porfiria Diaz) übernahmen. Andere wurden zu neuen *caciques* (Bossen), die die Massen ausbeuteten. Wieder andere waren opportunistische Wétikos, die die Kontrolle über die Revolution übernahmen, sobald sie sich des Sieges der Bauern gewiss waren. Brutalität ist ansteckend, und sie nährt sich von vorangegangener Brutalität und Hass.

Dies ist natürlich dieselbe Geschichte wie die der nicaraguanischen »Contras« und aller Soldaten blutiger Militärdiktaturen, der Menschen, die ihre Menschlichkeit ablegen und unsägliche Greueltaten begehen, letztlich zum Nutzen von Regierungsvertretern, reichen Kapitalisten oder ausländischen Mächten.

sechs

Ein Raubtier werden

Der Vorgang der Korruption

B. Traven gibt in seinen historischen Romanen über die Ureinwohner von Chiapas (den so genannten Dschungelromanen) viele interessante Einblicke, wie *Wétikos* sich verhalten und behandelt werden. Chiapas wurde unter der Diaz-Diktatur weitgehend von spanischsprachigen Mischlingen, den *Ladinos*, regiert. Die Großgrundbesitzer und hohen Beamten waren in der Regel hellhäutig und überwiegend europäischer Abstammung. Sie waren relativ wenige, hatten aber eine privilegierte Stellung inne, die auf der rohen Ausbeutung der einheimischen Massen beruhte. In *Government* (Regierung) skizziert Traven mehr oder weniger das Leben des Gabriel Ordumez, eines *ladino Wétiko*, der ein erfolgloser Kleinunternehmer war. Als Ladino wurde ihm jedoch die Stelle eines »Sekretärs« (Indianeragenten) in dem Indianerdorf Bujvilum angeboten:

> »Wenn du dorthin gehen willst, dann mache ich dich zum Stadtsekretär. Du gründest eine Schule. Und ich werde dir erlauben, Schnaps zu verkaufen. Baue ein Gefängnis, ein gutes Gefängnis. Du kennst den Rest.« Don Gabriel hatte einen guten Revolver und war ein ausgezeichneter Scharfschütze. Und die Indianer hatten keine Revolver und konnten auch keine kaufen, weil sie kein Geld hatten und es außerdem streng verboten war, ihnen Revolver oder Gewehre zu verkaufen, außer Vorderlader für die Jagd.

> Das Gefängnis war sehr wichtig, wie überall auf der Erde. Mit dem Bau von Gefängnissen beginnt, überall, die Organisation zivilisierter Staaten…
>
> Der Sekretär erhielt von der Regierung ein Gehalt von fünfzehn Pesos. Davon konnte seine große Familie nicht leben. Aber die Regierung erwartete keineswegs, dass er allein von diesem Gehalt lebte. Schließlich war er Sekretär in einer Stadt, in der fleißige und tüchtige Indianer lebten.
>
> Don Gabriel gab jedem Indianer, der in der Cabildo [der spanischen Verwaltung] gearbeitet hatte, eine *Copita*, ein kleines Glas Schnaps. Der Häuptling des Dorfes nahm keins, da er kein *Aguardiente*, kein Feuerwasser, trank. Am Abend sagte Don Gabriel zu seiner Frau: »Weißt du, der Älteste, der Kazike, trinkt nicht. Ich mag das nicht.« »Ich bin sicher, er wird auch trinken«, antwortete seine Frau zuversichtlich. »Er wäre der erste, den ich kenne. Biete ihm einen an, wenn er mit dir allein ist.«[1]

Und so machten sich Gabriel Orduhez und seine Frau daran, einer ohnehin schon armen, aber rechtlich wehrlosen Eingeborenengemeinschaft jeden Centavo und Peso abzunehmen, sie einzuschüchtern, zu besteuern und zu enteignen. Und wie haben sie das geschafft? Weil sie Alkohol als Mittel zur Bestechung und zum Brechen des Widerstands einsetzen konnten, und weil sie die Hilfe jeder *persona de razon* (zivilisierte Person) in Chiapas in Anspruch nehmen konnten, um die Indianer zu töten oder zu versklaven, wenn sie sich auflehnten. Und die große Mehrheit dieser *Ladinos*, die Orduhez zu Hilfe kommen würden, waren selbst indianischer Abstammung und sehr arm, aber irgendwie hatten sie Spanisch gelernt, sich eine echte oder fiktive europäische Abstammung angeeignet, ein Pferd und ein Gewehr besorgt und sich eingebildet, ihren indianischen Verwandten überlegen zu sein. Vor allem waren sie Wétikos geworden.

Das ist das Geheimnis des Kolonialismus: die eroberten Massen (die in der Regel die Mehrheitsbevölkerung darstellen) in rivalisierende

Gruppen aufzuspalten, wobei ein kleiner Teil (die *Ladinos* oder *Mestizen* oder hellen Mulatten im Süden der Vereinigten Staaten) dazu benutzt wird, ihre stärker unterdrückten Verwandten zu töten, auszupeitschen und zu kontrollieren.

> Ein koloniales System weist fast immer allen Bräuchen der Eingeborenen einen niedrigen Status zu, und wenn Rassenunterschiede offensichtlich sind, wird auch den körperlichen Merkmalen der unterworfenen Bevölkerung ein niedriger Status zugewiesen. Dem eroberten Volk werden Minderwertigkeitsgefühle vermittelt, und diese Minderwertigkeit wird als Waffe der psychologischen Kriegsführung eingesetzt, um es zu kontrollieren …
>
> Der niedrige Status, der der Kultur und der Rasse der Eingeborenen zugewiesen wird, wird als Waffe gegen alle Personen »gemischter« Abstammung oder alle Eingeborenen, die einen »Aufstieg« anstreben, eingesetzt.
>
> Diese Personen müssen die Werte und Eigenschaften der Eingeborenen verleugnen und verunglimpfen, wenn sie den untersten, am meisten ausgebeuteten Bereichen der Gesellschaft entkommen wollen …
>
> In den »ausgeklügelten« Kolonialsystemen wird die Masse der Ureinwohner in zahlreiche Kasten und Unterkasten [mit anderen Worten: *Indios, Mestizen, Ladinos*] aufgeteilt … In den meisten derartigen Systemen besteht die Hoffnung, dass die verschiedenen Kasten als eigenständige, rivalisierende soziale Einheiten auftreten.[2]

Dies ist das Geheimnis, wie die weißen Regierungen indianische Reservate oder Gemeinschaften kontrollieren. In vielen Fällen dienen englischsprachige oder spanischsprachige Mischlinge (*Ladinos, Mestizen*) als »Schläger« oder »Kojoten«, die eingesetzt werden, um die indianischen Massen in einem Zustand der Angst und Passivität zu halten. Natürlich werden die *Ladinos* und *Coyotes* auch mit Gewinnanteilen und besonderen Privilegien belohnt (etwa der Möglichkeit, einen Feind zu verprügeln, ohne ins Gefängnis zu kommen, oder eine Frau zu vergewaltigen, ohne eine Strafverfolgung befürchten zu müssen und dergleichen mehr). So werden die *Ladinos* verroht, wie sie andere verrohen. Sie werden immer mehr korrumpiert, bis schließlich eine indianische Machete oder eine Kugel ihre Karriere beendet.

Alkohol ist natürlich eine Universalwaffe von *Wétiko*:

> In Pebvil war Don Abelardo Sekretär, und Don Amalio war Kazike der Indianer … Amalio war ein Trunkenbold. Eine weitere Schwäche war, dass er sich leicht von Don Abelardo beeinflussen ließ. Don Abelardo verstand es, den Häuptling nach und nach auf seine Seite zu bringen …
>
> Mit Hilfe des Kaziken, der nicht intelligent genug war, um die Taktik des Sekretärs immer rechtzeitig zu durchschauen, und der auch dem Branntwein nicht widerstehen konnte, wenn man ihn ihm vorsetzte, da er von Natur und Charakter her schwach war, erzielte der Sekretär große Erfolge in der Sphäre der Regierungsgewalt … Eine Beschwerde nach der anderen wurde an den Gouverneur [des Staates] gerichtet, was die Verwaltung der Nation durch den Sekretär betraf … Aber die Zahlungen, die den indianischen Arbeitern zustanden, teilte der Sekretär tatsächlich mit dem Gouverneur und dem Regierungsingenieur.[3]

Als sich die Pebvil-Indianer auflehnten, wurden sie natürlich von den *ladinischen* Truppen niedergeschlagen und dann von skrupellosen *ladinischen* Kojoten in die Mahagoni-Lager verkauft (wo sie wahrscheinlich sterben würden). Die Eingeborenendörfer hassten die *Ladinos* mit indianischem Blut oder fast indianischer Abkunft natürlich noch mehr als die Europäer oder Fast-Europäer, die ihre eigentlichen Unterdrücker waren. Der Diktator, den die Indianer (sowohl in den Mahagoni-Lagern als auch auf den Kaffeeplantagen) kannten und sahen, war der *capataz* [Aufseher]:

> Der *Capataz* war sichtbar. Doch ihn anzuflehen, weniger grausam zu sein, kam ihnen nicht einen Augenblick in den Sinn. Es wäre besser gewesen, einen Stein anzuflehen … Aber die *capataces*, die zum größten Teil vom gleichen Blut und gleichen Stand [der indianischen Bauern] waren, leugneten sowohl die Gemeinschaft des Blutes und mehr noch die des Standes. So wie der Unteroffizier glaubt, dass er den Offizieren näher steht als den Soldaten, wenn er die Soldaten auspeitscht, so glaubten auch die Capataces, dass sie den *Ladinos*, den Agenten und den Lohnarbeitern sozial um so näherstehen, je brutaler sie die *Peones* behandeln und je gnadenloser sie ihren Herren helfen, ein neues Opfer zu fangen.[4]

Die Besitzer der Mahagoni-Lager, der Kaffeeplantagen und so weiter waren natürlich schon immer die großen Profiteure der Ausbeutungssysteme, und sie sind in der Regel weiß oder fast weiß, oder sie sind Europäer, die in palastartigen Häusern in London, Paris oder New York leben. Um ihre »Drecksarbeit« zu erledigen, brauchen sie jedoch Schläger oder Kojoten, die bereit sind, Waffen zu tragen und ihre Mitmenschen für ein paar Dollar oder ein paar Cent zu schlagen und zu töten, je nach ihrer Position in der Ausbeutungshierarchie. (Natürlich tragen viele dieser Killer Uniformen oder dienen in »Todesschwadronen«.)

Dieses System lässt sich in jedem spezifischen Fall deutlich erkennen, etwa in der Art und Weise, wie schwarze Arbeiter gefangengenommen, verschifft, verkauft und weiterverkauft wurden, um den George Washingtons und Thomas Jeffersons Nordamerikas billige Arbeitskräfte zur Verfügung zu stellen. Auch der Verkauf chinesischer oder hinduistischer »Kuli«-Arbeiter oder die Beschlagnahmung und der Verkauf indianischer *Campesinos* in Mexiko sind Beispiele dafür.

> Die Aufgabe der menschlichen Parasiten, der sogenannten Kojoten, bestand darin, die entlassenen *peones* (Tagelöhner) wieder an den Haken zu nehmen … Sie waren Aasfresser, die sich von dem

> Aas ernährten, das die großen [Arbeits-]Agenten übrig gelassen hatten …
>
> Es war ein leichtes, Männer, die ihre Verträge erfüllt hatten, durch List, Betrug, Trunkenheit und mit Hilfe von gefallenen Frauen aus der untersten Stufe des Menschengeschlechts wieder einzufangen.[5]

Diejenigen, die zu fliehen versuchten, wurden an Armen und Beinen aufgehängt und gefoltert, aber nicht zu Tode, denn tote Arbeiter brachten kein Geld. Laut B. Traven »kauften die regulären Agenten der *monterías* Indianer aus den Gefängnissen in den Dörfern und zahlten die Geldstrafen für die Indianer an den Bürgermeister oder den Sekretär … Die den Indianern auferlegten Geldstrafen galten als seine wichtigste Einnahmequelle.« Diese Bußgelder wurden so hoch angesetzt, dass der Indianer sie niemals selbst bezahlen konnte. Die Kojoten entführten Indianer und zwangen sie, zu den *Monterías zu* gehen. Die Ureinwohner konnten sich nicht auf das Rechtssystem berufen, denn »die Indianer wussten, dass der Richter dem Kojoten, der ein *Ladino* war, Glauben schenken würde und dass die Sache so sein musste, wie der *Ladino* es sagte.«[6]

Das Schwierige und Tragische an solchen Systemen der unmenschlichen Ausbeutung ist, dass sie in der Regel von unschuldig aussehenden, sanftmütigen *Wétikos* ausgehen, deren Büros in New York City oder Amsterdam niemals mit dem Schweiß, dem Blut und dem vermodernden Fleisch ermordeter Indianer, Schwarzer, »Kulis« oder Fabrikarbeiter kontaminiert sind. Wie Traven betont, hätten die indianischen Arbeiter, wenn man sie nach New York gebracht und ihnen »das Hauptquartier der Central American Fine Woods and Chicle Corporation gezeigt hätte … auch nicht geglaubt, dass diese kleine Armee von Männern, Jungen und Mädchen, die an den Schreibtischen herumhingen, die Kraft war, die sie zum Inferno der *Monterias* verdammte.«[7]

Denn wir müssen immer wieder betonen, dass *die Wétiko-Krankheit nicht auf die brutalen Kerle und Schläger beschränkt ist, die die Waffe, die Peitsche oder die Folterinstrumente handhaben*. Die netten Leute in den Büros, die Schreibkräfte, die Laboranten, die Angestellten und natürlich die Eigentümer, Direktoren, Aktionäre, Senatoren, Generäle und Präsidenten, die die menschliche Ausbeutung ausnutzen, davon profitieren und sich daran mästen, sind ebenfalls Kannibalen in dem einen oder anderen Maße. Die entscheidenden Verursacher von *Wétiko* sind meiner Meinung nach diejenigen, die solche Systeme erdacht haben, rechtfertigen und am meisten davon profitieren. Solche Personen sind die »Meister-Raubtiere«.

In jedem Fall sind die *Wétikos*, die in Guatemala (oder in anderen Teilen Amerikas) Indianer ermorden, verprügeln, kastrieren und foltern, selbst nur Lakaien oder Zuhälter. Es können afro-indianische Mischlinge (*Cafusos* oder *Zambos*) oder portugiesisch-indianische Caboclos in Brasilien sein, oder es können arme Indianer sein, die zwangsrekrutiert wurden, oder es können Weiße aus der Mittelschicht sein, die die verschiedenen Uniformen der CIA oder der militärischen Unterstützer der USA tragen. Diese Verbrecher werden mit dem Blut an ihren Händen leben müssen. Sie werden Alpträume haben, oder sie werden immer mehr entwürdigt und verroht werden. Vielleicht sterben sie einen solchen Tod wie den, den sie selbst vielmals verursacht haben. Aber sie werden nie wirklich an dem Reichtum und der Macht teilhaben, die sie in die Hände der großen *Wétikos* legen.

Die entscheidenden Verursacher von *Wétiko* sind meiner Meinung nach diejenigen, die solche Systeme erdacht haben, rechtfertigen und am meisten davon profitieren.

Andererseits machen auch die Schläger einen gewissen Gewinn, wir sollten da nicht naiv sein. Der Polizist oder Militär, der einen »Nervenkitzel« empfindet, Türen einzuschlagen und die Bewohner zu zwingen, mit angstvollen Augen vor ihnen zu kauern, der guatemaltekische Folterknecht, der einen Nervenkitzel empfindet, wenn er gefangenen Indianern die Köpfe abschneidet, und der chilenische Polizeiermittler aus der Pinochet-Ära, der weiblichen Gefangenen Gegenstände in die Vaginalöffnungen steckt, ernten einen Lohn. Ihre Belohnung besteht natürlich in der Befriedigung grausamer und sadistischer Gelüste, die in ihnen durch jahrhundertelange Wétiko-Sozialisation oder durch von den USA geförderte militärische oder polizeiliche Trainingsprogramme kultiviert worden sind.

Eine Studentenverbindung auf dem Campus der Universität von Kalifornien in Davis ist vor einigen Jahren mit einem ihrer »Lieder« an die Öffentlichkeit getreten. Dieses Lied mussten alle neu Eingeweihten singen:

> Ganz unten im Cunt Valley, wo rote Flüsse fließen,
> Wo Hurenböcke blühen und Schwanzlutscher wachsen,
> Dort habe ich Lupe kennengelernt, das Mädchen, das ich anbete,
> Sie ist meine heiße fickende, schwanzlutschende mexikanische Hure.
> Sie bekam ihr erstes Stück im jungen Alter von acht Jahren,
> Während sie draußen auf dem alten Schulhoftor schwingt,
> Die Querbalken gingen auf und die Pfosten gingen hinein,
> Und seither lebt Lupe in Sünde.
> Sie wird dich umarmen, sie wird dich drücken, sie wird an deinen Nüssen knabbern,
> Sie wird ihre Beine um dich schlingen und deine Eingeweide ausquetschen,
> Sie wird dich so sehr lieben, dass du dir wünschst, du würdest sterben, aber ich esse lieber Lupe als Blaubeerkuchen.
>
> Jetzt ist Lupe tot und liegt still in ihrem Grab,
> Die Maden krabbeln in und aus ihrem geschändeten Schoß.
> An ihrem Lächeln kann man erkennen, dass sie noch mehr will,
> Sie ist meine heiße fickende, schwanzlutschende mexikanische Hure.

Was kann man dem hinzufügen? Dieses »Lied« ist das von geistig gestörten Menschen. Es drückt tief sadistische, rassistische und sexistische Einstellungen aus. Es ist das »Lied« von potenziellen Folterern und Schlägern. Und was ist mit diesem alten Lied, das seit vielen Jahren bei einigen weißen Männern beliebt ist?

Es gab einmal ein indisches Dienstmädchen,
das sagte, sie habe keine Angst
in einer kleinen braunen Hütte auf dem Rücken zu liegen
und sich von einem Cowboy rammen zu lassen
in ihre Ritze;
Eines Tages war sie überrascht,
als sich ihr Bauch zu heben begann
und aus ihrer Möse
kam ein kleiner schwarzer Zwerg
mit dem Arsch zwischen den Augen.

Und natürlich gibt es noch viele weitere solche schmutzigen, rassistischen Lieder und Witze, die man anführen könnte. Viele unserer *Wétikos* werden also von einer Gesellschaft sozialisiert, die eine extrem negative Einstellung zu Sex hat (und Sex als eine Form der Aggression, oft gegen Frauen, ansieht), und die verschiedene Formen von Grausamkeit und Sadismus kultiviert. Diese Personen sind jedoch eindeutig geisteskrank, und ihr Wunsch, sadistische Handlungen (wie Vergewaltigungen) zu begehen, macht sie sehr anfällig dafür, zum *Wétiko* zu werden. Ein potenzieller Sadist kann seine grausamen, perversen Begierden nur befriedigen, wenn er sich an einem anderen Lebewesen vergreift. Tragischerweise bieten die katholische Inquisition und die »Kreuzzüge«, die »heiligen Kriege« der fundamentalistischen Muslime, die imperialistischen Kriege und Ausbeutungssysteme, die faschistisch-kommunistische Geheimpolizei, die Konzentrationslager und so viele andere allesamt Gelegenheiten für »genehmigte« Aggression.

Diese Personen sind jedoch eindeutig geisteskrank, und ihr Wunsch, sadistische Handlungen (wie Vergewaltigungen) zu begehen, macht sie sehr anfällig dafür, zum *Wétiko* zu werden.

Das sind jedoch beileibe nicht alle, denn wir sollten uns auch fragen, inwieweit »wissenschaftliche« Tierexperimentatoren, Sozialarbeiter, die arme Menschen einschüchtern, Bürokraten, die »normale« Menschen von oben herab behandeln, wenn sie es wagen, sich ihrem Schreibtisch zu nähern,

Lehrer, die Schüler (oder bestimmte Schüler) mit seelischer Grausamkeit behandeln und dergleichen verdeckte Mittel einsetzen, um dieselbe sadistische Störung auszuleben, die offensichtlich von der Wétiko-Welt gefördert wird? Raub nimmt viele Formen an. Viele Gerichte stellen jetzt Informationen über »Sexualstraftäter« ins Internet – aber was ist mit politischen, wirtschaftlichen und militärischen Straftätern?

sieben

Das Mátchi-Syndrom

Die Faszination des Bösen

Sadismus und Grausamkeit sind in der Tat hässliche Dinge. Und es ist beängstigend, in einer Gesellschaft zu leben, in der nur wenige Viertel vor Vergewaltigern, pathologischen »Sport«-Mördern, Kinderschändern und so weiter sicher sind. Wir scheinen (vor allem in den Vereinigten Staaten) in einer seltsamen Gesellschaft zu leben, in der nicht nur solche nicht-wirtschaftliche Gewalt relativ alltäglich ist, sondern in der zugleich bekannte Mafiagangster in Villen mit Spas in der Wüste leben oder in der ein Nachbar in der wohlhabenden Vorstadtenklave ein Pornohändler, ein Auftragskiller oder ein Drogenhändler sein kann.

Aber diese Dinge sind nicht neu, auch wenn sich das Ausmaß geändert haben mag. Wohlhabende Kriminelle und industrielle Raubritter haben oft in Villen gelebt, und die nicht-weißen und armen Menschen haben oft Angst und Gewalt erlebt. Neu ist, dass die Mittelschicht nicht mehr so »sicher« ist, vielleicht wegen der ständigen Ausbreitung der Wétiko-Krankheit (aber auch, weil die militärisch-unternehmerischen Herrscher moderner kapitalistischer Staaten über eine so große Organisations- und Propagandamacht verfügen, dass selbst die Loyalität der Mittelschicht nicht mehr als so wichtig empfunden wird wie früher).

Auf jeden Fall stehen Sadismus und Grausamkeit in engem Zusammenhang mit dem Wétiko-Verhalten – und mit einer Besonderheit des europäischen Charakters, die besondere Aufmerksamkeit verdient. Wir werden dieses Phänomen Mátchi-Syndrom nennen, abgeleitet von einem Begriff, der in den Sprachen der Powhatan, Delaware, Massachusetts, Ojibwe und Cree vorkommt. *Mátchi* bedeutet »böse« oder »schlecht« und wird in verschiedenen Formen verwendet, um die Bösartigkeit des Geistes, böse Sprache, böse Handlungen und dergleichen zu bezeichnen.

Europäische Wissenschaftler haben sich an Beschreibungen von Hexerei, Zauberei, Paranoia, Misstrauen, Angst vor der Dunkelheit und so weiter ergötzt, die bei den Völkern Afrikas, des Südpazifiks und Amerikas zu finden sind. Viele Regale könnten mit anthropologischen und populärwissenschaftlichen Werken gefüllt werden, die sich mit der angeblichen Angst der Navajo vor Hexen, mit afrikanischen Hexendoktoren, haitianischem Voodoo und ähnlichen nicht-weißen Befürchtungen über die »schlechten« Seiten des Lebens befassen. Solche Überzeugungen haben jedoch wenig Einfluss auf die moderne Welt, während Mátchi im europäischen Erbe von großer Bedeutung ist.

Auf jeden Fall stehen Sadismus und Grausamkeit in engem Zusammenhang mit dem Wétiko-Verhalten – und mit einer Besonderheit des europäischen Charakters, die besondere Aufmerksamkeit verdient.

Dieses Mátchi-Phänomen, das entweder eine neurotische (milde) oder eine psychotische Form annehmen kann, hat sich historisch in vielen Bereichen manifestiert. Ich möchte einige davon aufzählen und ihre Bedeutung erörtern.

1. Die Verwandlung des Christentums in eine natur- und menschenfeindliche Religion durch die dort eingebrachten, nichtjüdischen Vorstellungen von Erbsünde und Satan ist von grundlegender Bedeutung. Dies versetzt das orthodoxe Christentum in die Lage, alle Menschen als von Geburt an und von Natur aus sündig zu betrachten (sofern sie nicht durch eine spätere Bekehrung zu bestimmten Sekten »erlöst« werden). In ähnlicher Weise werden die natürliche

Welt und alle anderen Lebewesen meist als negativ und häufig als antagonistische Kraft betrachtet. (Vielleicht ist dies einer der Gründe, warum manche Europäer »getrieben« zu sein scheinen, »Erfolg« zu haben; mit anderen Worten, die Schuld zu überwinden, in Sünde geboren zu sein.)

> Bevor ich über ihren [der Indianer] Abfall von Gott berichten kann, bin ich gezwungen, eine große Abschweifung zu machen, um den Ursrpung und die Umstände des Versuchers zu beschreiben, seine Fähigkeit, die Gestalt einer Schlange anzunehmen, weil er ein Geist ohne Körper ist. Dann fahre ich fort, die Trümmer unseres gefallenen Zustandes, die geistige Blindheit und die lasterhaften Veranlagungen zu zeigen, die unsere ersten Eltern [Adam und Eva] sich selbst zuzogen und auf alle ihre Nachkommen übertrugen ... und die Ausgesetztheit des ganzen Menschengeschlechts der ewigen Verdammnis ...
>
> Es ist nahezu unmöglich, sie [die Indianer] zu der rationalen Überzeugung zu bringen, dass sie von Natur aus Sünder sind und dass ihre Herzen verdorben und sündig sind, es sei denn, man könnte sie einiger grober Handlungen der Unmoral beschuldigen … Aber wenn sie nicht für solche skandalösen Handlungen angeklagt werden können, scheinen sie überhaupt kein Bewusstsein von Sünde und Schuld zu haben …
>
> Meine Methode, um sie davon zu überzeugen, dass »wir von Natur aus Sünder sind«, ist, sie zu einer Beobachtung der *kleinen* Kinder zu veranlasen, wie sie in Wut geraten, kämpfen und ihre Mütter schlagen, bevor sie sprechen oder gehen können. Da die Kinder diese Dinge nie gelernt haben, müssen sie ihnen in die Wiege gelegt worden sein …
>
> Um ihnen ferner zu zeigen, dass ihre *Herzen* alle verdorben und sündig sind, sage ich ihnen, dass dies auch dann so sein kann, wenn sie es wegen der Blindheit ihres Geistes nicht *merken*; und dass nur, weil sie es nicht wissen und fühlen, dies kein Beweis dafür ist, dass sie nicht sündig sind …[1]

2. Das Konzept des Teufels oder Satans als anthropomorphe böse Kraft, die theoretisch im Gegensatz zu Gott steht, bringt ein ausgesprochen unappetitliches Element in die Welt des europäischen Christen, zumal Satan historisch gesehen oft eng mit allen Abweichungen von der kulturellen »Normalität«, häufig mit der natürlichen Welt selbst und ironischerweise auch mit den meisten spirituellen Erfahrungen gleichgesetzt wird.

> Es gab Zeiten, in denen dieser Geist in besonderer Weise über ihn [einen Lenape-Mann] kam, und er war voll von dem, was er in dem großen Mann [Gott] sah. Dann, sagt er, sei er *ganz Licht*, und nicht nur er selbst sei *Licht*, sondern Licht sei *um ihn herum*, so dass er durch die Menschen hindurchsehen könne und die Gedanken ihrer Herzen kannte. Ich überlasse es anderen, diese *Tiefen Satans* zu ergründen…[2]

Black Elk drückte es 1931 treffend aus, als er bemerkte: »Die Weißen denken, wir hätten die Macht des Teufels, aber ich sage, dass wahrscheinlich sie selbst sie haben.«[3] Black Elk hatte jahrelang Erfahrungen aus erster Hand mit christlichen Missionaren, insbesondere mit römisch-katholischen. Er war sogar dazu überredet worden, seine traditionellen Lakota-Praktiken nach außen hin zugunsten der katholischen Praktiken aufzugeben (meiner Meinung nach, um in einer Zeit zu überleben, in der die katholischen Missionare freie Hand hatten und die US-Regierung mit ihnen zusammen alle Formen der indianischen Religiosität unterdrückte). Black Elk hatte persönlich die Demütigung erfahren, dass ein arroganter Jesuitenpriester gewaltsam bei einer Heilungszeremonie einschritt, mit der er 1904 das Leben eines Jungen retten wollte.

Nach Angaben von Black Elks Tochter Lucy betrat der Jesuit der Holy Rosary Mission das Zelt, in dem Black Elk arbeitete, um die Letzte Ölung zu spenden. Der Jesuit »riss Black Elk die Trommel und die Rassel aus den Händen und warf sie aus dem Zelt.« Nicht nur das, sondern er packte Black Elk am Hals und sagte: »Satan, weiche!«[4]

Diese Gewalt blieb natürlich ungestraft; sie kann als eine Form von religiös-psychologischem Terrorismus betrachtet werden, der darauf abzielt, Menschen zu bekehren, indem man ein Gefühl der völligen Ausweglosigkeit hervorruft. Natürlich ist alles gerechtfertigt, wenn man »den Teufel bekämpft« und wenn man alles, was anders ist, als »satanisch« einstufen kann.

3. Die Bekehrung der Europäer zum Christentum ging offenbar mit einer Umwandlung der vorchristlichen Geisterwelt von einer allgemein positiven Wirkung in eine negative, »teuflische« Wirkung einher. Das heißt, die vorchristlichen Geister spukten weiter in den Wäldern, den Mooren und in der Dunkelheit der Nacht, aber anstatt gutartig zu sein, wurden sie böse und zu einer Bedrohung für das Heil des guten Christen.

4. Viele christliche Sekten, vor allem die calvinistischen, haben die Vorstellung von der Erbsünde verfeinert und mit Lehren von der Vorbestimmung und den »Auserwählten« verknüpft, um ein äußerst angstbesetztes, schuldbeladenes und niederdrückendes Klima zu schaffen, in dem der Mensch nicht nur als von Natur aus sündig, sondern auch als unfähig angesehen wird, aus eigener Kraft »Erlösung« zu erlangen.

5. Die Faszination der Europäer für die Folterung der »verdammten Seelen« im Fegefeuer und in der Hölle ist ein höchst aufschlussreiches Phänomen. Es mag sein, dass die Vorstellung, dass die Feinde oder Gegner auf ewig in der Hölle schmoren, eine Projektion ist (ein Ersatz für ohnmächtigen oder nicht ausgelebten Hass und Aggression), aber es spiegelt eine *mátchi-mäßige* Sicht auf den Schöpfer wider.

6. Wenn die Hölle das Schicksal ist, das der christliche Gott für die in Erbsünde geborenen Menschen als ewige Strafe für Adhams angebliche erste Sünde vorgesehen hat, dann müssen wir zugeben, dass ein solcher Gott kein Feind Satans ist, sondern sozusagen sein Kom-

plize, der ihn mit einer Vielzahl von Opfern für dessen sadistische Vorlieben versorgt. Noch wichtiger ist, dass ein zorniger und strafender Gott, schrecklich in seinem Zorn, ganz offensichtlich kein angenehmes Wesen ist, mit dem man leben mag. Die Welt wird für viele zu einem bedrohlichen Ort, an dem nur der strikte Gehorsam gegenüber fragwürdigen Regeln (die bei den verschiedenen Sekten unterschiedlich sind) vor dem eigenen Bösen und dem Bösen und der Versuchung von außen bewahren kann. Der repressive, autoritäre Charakter vieler europäischer Elternhäuser spiegelte sich dort wider; an die Stelle Gottes tritt der zornige Vater.

7. Das Wesen der europäischen Kriegsführung und Unterdrückung muss all jene zur Verzweiflung treiben, die erkennen, dass das Abschlachten von 70.000 Sachsen, von 200.000 Kimbern und Germanen oder von 1.000.000 Albigensern oder von 75.000 Pariser Protestanten oder von 20 Millionen Juden, Zigeunern und Slawen, und so weiter, *ad infinitum*, keine Aufzählung von bloßen Zahlen ist. Hier geht es um Millionen und Abermillionen von Fällen einzelner Menschen, die den Tod erlitten haben oder unter den Qualen der Gefangenschaft oder dem Trauma des Verlusts geliebter Menschen leiden. Es fällt den europäischen Historikern scheinbar leicht, solche schlimmen Greuel zu behandeln, als wären sie bloß Teil eines dramatischen Szenarios, das eigentlich nie stattgefunden hat. Wenn wir jedoch innehalten und uns die Tatsache vergegenwärtigen, dass jeder brutale Mord, jede Verbrennung auf dem Scheiterhaufen oder jede Vergewaltigung tatsächlich stattgefunden hat, dann können wir vielleicht die morbide, angstvolle Haltung der europäischen Kultur verstehen. Die Angst vor dem Bösen beruht also nicht so sehr auf einer mythischen Figur (Satan), sondern *auf der berechtigten Angst des Europäers vor seinesgleichen.*

8. Die sado-masochistische Tendenz im mediterranen und europäischen Leben, die so häufig in raffinierten Folterungen, ausgeklügelten Kerkern, Pogromen gegen Minderheiten, im Missbrauch von

Frauen und manchmal in homosexuellen und sogar heterosexuellen Praktiken auftritt (und natürlich häufig in pornografischen Filmen, Büchern und Zeitschriften zu finden ist), muss eine Auswirkung des oben Genannten und ein Faktor sein, der zu weiterer Bösartigkeit beiträgt.

Meine Frau und ich hatten einmal eine beunruhigende Erfahrung, als wir uns in einem Motelzimmer in New Jersey befanden und aus einem benachbarten Zimmer das beängstigende Stöhnen, Schluchzen und Flehen einer Frauenstimme hörten. Die Schreie hielten noch einige Zeit an, während ein Mann mit einem Knüppel oder Stock in der Hand auf dem Flur auf und ab ging. Ich rief den Rezeptionisten an, um den Vorfall zu melden, und bald darauf gingen zwei Männer und eine Frau zu einem nahegelegenen Auto. Ob es sich bei der Frau um eine Prostituierte handelte, die den Schmerz nur vortäuschte, um einen Sadisten erotisch zu stimulieren, oder ob sie tatsächlich gefoltert wurde, werde ich nie erfahren, aber beide Umstände spiegeln die merkwürdige Verbindung von Sex und Aggression wider, die in den Kulturen Europas und des Mittelmeerraums zu finden ist.

Ich behaupte, dass Werwölfe, Vampire, Kobolde, Trolle, Oger, Hexen, gefährliche Geister, Spukhäuser, Sadisten, Mörder, Vergewaltiger, Satanisten, Inquisitoren, calvinistische Puritaner, sexuell »verkorkste« Menschen (Sexhasser, Triebtäter und so weiter), Kreuzritter gegen Nonkonformisten und Versklavung von Menschenfleisch Teil dieser *mátchi* (bösen) Weltanschauung im europäischen Erbe sind.

Der Wald muss abgeholzt werden, weil er böse, heidnisch, fast teuflisch ist. Nichteuropäer können ermordet oder versklavt werden, weil sie »lohfarbene Schlangen« (Indianer) oder Kinder des Teufels sind. Frauen können vergewaltigt und missbraucht werden, weil sie die sexuelle Versuchung und die Verführung Adhams durch Hawwah (Eva) widerspiegeln; sie werden von »Macho«-Männern oft als »Bräute« (wandelnde Ärsche), »Fotzen« (Vaginas mit angehängtem Torso) und »Stücke« bezeichnet. (Die indianischen Sklaven wurden von Kolumbus ebenfalls »pieces« und von den Spaniern im

Südwesten »piezas de chusma« genannt.) Ein Hollywood-Film [*Die Frauen von Stepford*, 2004; Anm. d. Übers.], in dem sich Vorstadtehemänner verschwören, um ihre Frauen in »Androiden« (Liebes- und Arbeitsmaschinen) zu verwandeln, ist gar nicht so weit hergeholt, da er die Realität in den meisten autoritären Traditionen widerspiegelt.

Filme wie *Der Exorzist, Carrie, Rosemary's Baby* und zahlreiche andere erinnern uns daran, dass sich Euroamerikaner »übernatürliche« Phänomene entweder nur im Zusammenhang mit Satanismus oder dem Bösen vorstellen können oder dass sie zumindest von dieser Denkweise fasziniert sind. Diese Tendenz spiegelt sich auch in den meisten früheren Horrorfilmen wider (Voodoo-Filme, Vampirgeschichten, Geisterfilme, kleine Männer, die aus dem Kamin kommen und vieles mehr). Vielleicht geht das Thema auf die Geschichte von Hänsel und Gretel zurück, auf böse Trolle, die unter Brücken leben, und auf die satanistische Bilderwelt des Mittelalters.

Ein wichtiger Aspekt des Mátchi-Syndroms in der heutigen Zeit ist das offensichtliche Bestreben einiger weißer Menschen, insbesondere von Wissenschaftlern und Akademikern, das zu entheiligen, was als sakral und heilig oder schön und spirituell angesehen wird, insbesondere von Nicht-Weißen. Ein bezeichnendes Beispiel ist das Bestreben, die Skelette und Grabbeigaben der amerikanischen Ureinwohner von den Friedhöfen wegzuholen und sie einzulagern oder auf gefühllose Weise auszustellen, die besagt: »Diese Überreste verdienen keinen Respekt. Wir können sie ausstellen oder zerstören, so wie wir einen Stein ausstellen oder zerstören können.« In den meisten Fällen werden die Gräber der amerikanischen Ureinwohner widerrechtlich oder ohne Einwilligung geöffnet, ohne die Erlaubnis der Nachkommen oder Verwandten der dort Bestatteten.[5]

Ein wichtiger Aspekt des Mátchi-Syndroms in der heutigen Zeit ist das offensichtliche Bestreben einiger weißer Menschen, insbesondere von Wissenschaftlern und Akademikern, das zu entheiligen, was als sakral und heilig oder schön und spirituell angesehen wird, insbesondere von Nicht-Weißen.

Black Hawk war in den 1830er Jahren besonders betrübt darüber, dass er die Gräber seiner Vorfahren zurücklassen musste. Er schrieb:

»Wie hart das für uns ist, scheinen die Weißen nicht zu wissen. Bei uns ist es Brauch, die Gräber unserer Freunde zu besuchen und sie viele Jahre lang instand zu halten ... Es gibt sonst keinen Ort wie den, an dem die Gebeine unserer Vorfahren liegen, wo man in seiner Trauer hingehen kann. Hier hat der Große Geist Mitleid mit uns!«[6]

Ruby Modesto, eine Cahuilla-Heilerin, bemerkte, dass die Leute von den weißen Universitäten ihr immer gerne zuhörten, bis sie ihnen sagte, dass jede Pflanze und jeder Stein einen Geist hat: »In unserer Religion hat alles einen Geist ... Aber die Leute von der Universität glauben nicht an diese Dinge ... sie haben den Kontakt zu den spirituellen Kräften der Erde verloren ... Sie sind verlorene Menschen, und ihr eigener Geist ist ausgehungert.«[7] Aber es ist nicht nur so, dass die Menschen von der Universität verloren sind. Nein, die Entheiligung der Erde, der Tiere, der Pflanzen, der Bäume und sogar der Menschen bedeutet, dass die Welt zu einem hässlichen und leicht auszubeutenden Ort wird.

Wir dürfen nicht vergessen, dass es einen Zusammenhang zwischen dem Völkermord an den amerikanischen Ureinwohnern und der gefühllosen Aneignung der Gebeine ihrer Vorfahren durch die Museen und Universitäten der Vereinigten Staaten gibt. Können Sie sich vorstellen, dass ein großer weißer Wissenschaftler die Leichen toter Eskimos kocht, um ihre Knochen zu studieren? Können Sie sich vorstellen, dass er die abgetrennten Köpfe des Yaqui-Volkes sammelt? Ist es nicht ein Leichtes, von solchen zutiefst respektlosen und grausamen, brutalen Handlungen zur Nazi-Praxis überzugehen, das Körperfett ermordeter Gefangener für industrielle Zwecke zu nutzen? Kurz gesagt, ein Teil des Prozesses der Schaffung einer Mátchi-Welt besteht genau in der anhaltenden Bemühung, die Empfindungsfähigkeit der Menschen zu verrohen. Dies wurde (und wird) zum Teil erreicht, indem der spirituelle Charakter von Menschen und anderen Lebewesen geleugnet und sie auf erniedrigende Weise behandelt werden. Dieser Prozess beginnt oft mit der Konzentration auf eine bestimmte Gruppe von Opfern, etwa amerikanische Ureinwohner, Schwarzafrikaner oder australische Ureinwohner, breitet sich aber in der Regel weiter aus, weil sie letztlich die Entheiligung aller Lebewesen beinhaltet. Standing Bear sagt uns, dass das Gefühl der Verwandtschaft der Indianer mit allen Lebensformen und der Respekt vor ihnen »humanisierend war und den Lakota eine beständige Liebe gab … der Lakota konnte kein Geschöpf verachten, denn alle waren von einem Blut. Er wusste, dass das Herz des Menschen, wenn er sich von der Natur entfernt, hart wird; er wusste, dass mangelnder Respekt für die wachsenden, lebenden Dinge bald auch zu mangelndem Respekt für die Menschen führt.«[8]

Auf jeden Fall hatte dieses Mátchi-Syndrom dramatische, traumatische Folgen für die moderne Welt. Der Wunsch der weißen Siedler, sich die Natur (und die Eingeborenen) in Amerika, Afrika, Australien, Neuseeland und so weiter »untertan« zu machen, ist untrennbar mit ihrer Auffassung verbunden, dass Städte, Herrenhäuser und von Menschen geschaffene Dinge (etwa Maschinen) Teil der Welt Gottes sind, während die Wildnis (die Natur in all ihrer Schönheit und Pracht) ungezähmt ist und wie eine Frau erobert oder zerstört werden muss. Jetzt ist es der Weltraum, der durchdrungen und erobert werden muss, und natürlich auch die verbleibenden relativ unberührten Gebiete der Erde (wie die Arktis, die Antarktis und das Amazonasbecken). Das Streben vieler Europäer, die natürliche Welt vollständig zu durchdringen, zu unterwerfen und zu verändern, muss zum Teil als psychologisches Phänomen betrachtet werden, also als Bedürfnisbefriedigung oder Zwang, der nicht nur rationaler, sondern auch irrationaler Natur ist. So kann (rational) argumentiert werden, dass es schädlich ist, das Ökosystem des Amazonas zu zerstören, weil bestimmte Folgen zu erwarten sind (etwa die Verhärtung des Bodens, Erosion, Verschmutzung und Verschlammung des Flusses sowie eine mögliche negative Auswirkung auf die weltweiten Niederschlagsraten und den Sauerstoffgehalt der Atmosphäre). Solche rationalen Argumente werden jedoch weder die

Von Menschen geschaffene Dinge (etwa Maschinen) sind Teil der Welt Gottes, während die Wildnis (die Natur in all ihrer Schönheit und Pracht) ungezähmt ist und wie eine Frau erobert oder zerstört werden muss.

brasilianische Regierung noch die großen Banken und Konzerne aufhalten, da die Eroberung des Amazonasgebiets eine Kombination aus »rationalem« Profitstreben und dem »irrationalen« Bedürfnis ist, sich die *Selva* (den Dschungel) und die darin lebenden Menschen untertan zu machen.

Freie »Wilde« und unberührte Wälder können weder von den anmaßenden Eroberern noch von den ebenso anmaßenden christlichen Missionaren geduldet werden. Sowohl die Indianer als auch die Bäume müssen zivilisiert, das heißt zu Stümpfen gemacht werden. Bald wird es der Mond sein, und vielleicht der Mars!

In jüngerer Zeit muss auch der Aufstieg des Nationalsozialismus als Satanismus im großen Stil betrachtet werden. Dass viele der Naziführer Sadisten waren und mit allen Formen des Bösen experimentierten, lässt sich nicht leugnen. Aber der Nationalsozialismus versuchte auch, den Mátchi-Gedanken zu einem totalen System zu erheben, in dem Aggression, Mord, Folter, Völkermord und alptraumhaftes Verhalten (Diebstahl von Gold aus den Zähnen toter Juden, Verwendung von Menschenfleisch und Körperfett zu kommerziellen Zwecken, Experimente an inhaftierten »Patienten« und so weiter) ein Hauptschwerpunkt des Nazi-Kults, wenn nicht der gesamten Gesellschaft waren.

Moderne satanistische Kulte, Militärdiktaturen und sogar einige Motorrad- oder andere Banden spiegeln ebenfalls diese Tendenz der europäisch geprägten Teile der Welt wider, sozusagen in das Reich der *Mátchi* »überzukippen«. Es ist fast so, als ob das europäische Erbe mit seiner dualistischen Gott-und-Teufel-, Gut-und-Böse-Sicht der Realität viele Menschen dazu ermutigt, den Teufel zu *wählen* (wie Dr. Faustus).

Vielleicht ist das der Grund, warum ein Armeegeneral die Macht an sich reißen kann, um zu verhindern, dass die Bauern genug zu essen bekommen, oder warum ein Wissenschaftler sich dafür entscheiden kann, unfreiwillige Versuchspersonen (Menschen oder Tiere) zu foltern, oder warum ein Regierungsbürokrat sich dafür entscheiden kann, ein Bauprojekt zu genehmigen, das keine angemessenen Entwässerungs- oder Abwasservorrichtungen hat, oder warum hohe US-Beamte Milliarden für die Weltraumforschung ausgeben können, während Millionen von Menschen hungern oder ihrer Grundbedürfnisse beraubt werden, oder warum ein Missionar Indianern beibringen kann, dass sie böse, sündhaft und schuldig sind, weil sie als Indianer geboren wurden und weil sie Indianer sind.

Die Möglichkeit, *mátchi* zu sein, steht den Menschen in der Wétiko-Welt offen, und mehr noch, *mátchi* zu sein, kann sogar als patriotisch, gut oder sogar fromm erscheinen. So werden die Gesunden zu Wahnsinnigen und die Verrückten zu Herrschern! Fairerweise sollten wir jedoch anmerken, dass viele Menschen (Wissenschaftler, Generäle und sogar Missionare), die sich für Aggression entscheiden, die sich dafür entscheiden, die höheren ethischen Lehren ihrer eigenen Tradition zu verletzen, dies oft aus Unwissenheit oder in kleinen Schritten tun, ohne eigentlich zu verstehen, was sie da tun. Aber ist das letztlich eine Entschuldigung, die ein »vernünftiger« Mann oder eine »vernünftige« Frau vorbringen kann?

Die Mátchi-Tendenz im europäischen Erbe spiegelt natürlich nicht das gesamte Erbe wider, und sie betrifft auch nicht alle europäischen Menschen. Natürlich gibt es eine große Anzahl europäischer Bauern, Bergbewohner, Stadtbürger, Bibliothekare, Gelehrte und alle möglichen anderen Menschen, die die Vorstellungen von einer bösen Welt, von einer bösen Natur, von sündigen Babys und einem »bestialischen« Menschen zurückweisen. Und es sind diese gutgesinnten Menschen, die die positiven Beiträge Europas möglich gemacht haben.

Nichtsdestotrotz muss das Mátchi-Phänomen als ein mächtiger Strang betrachtet werden, der sich Hand in Hand mit der Wétiko-Krankheit durch die moderne europäische Kultur zieht. Warum haben die Europäer so unflätige und obszöne Schimpfwörter und Flüche, die in den meisten (oder allen) Kulturen der amerikanischen Ureinwohner unbekannt sind? Warum werden Wörter für Geschlechtsverkehr »schmutzig«? Warum werden Frauen (und Männer) mit sexuellen Begriffen bezeichnet, die ebenfalls als obszön empfunden werden (Fotze, Schwanz und dergleichen)? Warum werden Gruppen von Menschen häufig (kollektiv) als Schafe, Schlangen,

Tiere, Ungeziefer, Schweine, Bestien, Ochsen, Hengste und so weiter bezeichnet? Das Mátchi-Syndrom bringt Hässlichkeit in den Geist und lässt sie dort wachsen, auch wenn es vielleicht die reale, aber von Menschen geschaffene Hässlichkeit der Wétiko-Welt widerspiegelt. Hässlichkeit des Geistes und Hässlichkeit des Verhaltens nähren und verstärken sich gegenseitig. Es ist bezeichnend, Menschen als Schafe oder Bestien zu bezeichnen, wenn man sich bewusst ist, was viele (oder die meisten) Europäer über Schafe und Bestien *denken*. Es macht Menschen schlachtbar, es macht sie zu geeigneten Objekten, die von Wétiko-Kannibalen aufgefressen werden können. Wenn Menschen zu Bestien werden, kann man sie essen!

Wenn die Menschen in Sünde geboren werden, von Grund auf böse sind und *Wétiko* regiert, welche ethischen Normen bleiben dann noch, denen man folgen muss? Ist es da ein Wunder, dass Gewinnstreben, der Wille zur Macht und der Eigennutz für so viele Menschen in der heutigen Welt zur wahren Ethik geworden sind?

Hier führe ich die Zehn Gebote an, »in der vom Ökumenischen Rat des rechten Christentums überarbeiteten Fassung, der vom Erzbischof des Antikommunismus einberufen wurde und an dem angesehene Theologen aus den folgenden orthodoxen religiösen Gemeinschaften teilnahmen: der Gesellschaft der Rassisten aus dem Bibelgürtel, dem Orden der Geheimpolizei, den Brüdern des militärischen Ruhms, den Kapitänen der gewerkschaftsfeindlichen Industrie, der Gesellschaft der Erpresser, Pornographen und Auftragskiller, den Söhnen der Apartheid, den Hohepriestern der CIA, dem Orden der erfolgreichen Ärzte, dem Mystischen Orden der internationalen Bankiers und verschiedenen anderen angesehenen, mächtigen und wohlhabenden Körperschaften«:

1. Du sollst Profit machen.
2. Du sollst deine Eltern verleugnen, wenn sie alt werden, und sie wegschicken, damit sie allein zugrunde gehen; aber du sollst für sie ein teures Begräbnis veranstalten, um den Schein zu wahren.

3. Du sollst mit falschem Aussehen und schmeichelhaften Worten täuschen, denn der Schein ist alles.
4. Du sollst für dich allein so viele materielle Dinge anhäufen, wie du bekommen kannst.
5. Du sollst ansammeln und horten und nicht mit anderen teilen, es sei denn zu deinem eigenen Vorteil.
6. Du sollst die Lebensmittel, die die Menschen essen, verfälschen und ihnen die gesunde Nahrung vorenthalten.
7. Du sollst vom Wald, von der Erde, von der Luft oder von den Wehrlosen und Schwachen nehmen, was du kannst.
8. Du sollst töten, wenn es dir nützt, und du sollst das Töten und die Gewalt verherrlichen, denn daraus resultiert aller Fortschritt.
9. Du sollst anmaßend, aggressiv und durchsetzungsstark sein, denn diese Eigenschaften sichern den Erfolg.
10. Du sollst dich nicht um deine Sünden sorgen, denn der Allmächtige hat einen Weg gefunden, wie dir vergeben werden kann, sogar noch auf deinem Sterbebett.

Es hat sich eine große Debatte darüber entwickelt, ob die in Filmen und im Fernsehen dargestellte Gewalt direkt zu gewalttätigem Verhalten beiträgt oder nicht. Spiegelt das Fernsehen lediglich die Natur der Gesellschaft wider? Noch wichtiger ist die Frage, warum so viele Menschen anscheinend *Gewalt sehen wollen oder von der angeblich bösen Natur übernatürlicher Phänomene erschreckt werden.*

Gewalt ist seit langem Teil der Wétiko-Welt, und vielleicht in größerem Ausmaß vor dem Fernsehen als danach. Bedeutsam ist nicht nur die Kontinuität der Gewalt im europäischen Erbe (und vor allem in den USA), sondern vielmehr die Tatsache, dass es zu einem immer größeren Geschäft geworden ist, die Mátchi-Bedürfnisse der Menschen um des Profits willen zu befriedigen. Von den Groschenromanen und übertriebenen indianischen Entführungsgeschichten früherer Jahrhunderte über die Western aus der Zeit vor dem Zweiten Weltkrieg bis hin zur nächtlichen Fernsehgewalt von heute und der heute offen produzierten sado-masochistischen pornografischen Literatur sehen wir die Bereitschaft von Geschäftsleuten, aus dem Mátchi-Syndrom Kapital zu schlagen.

Es ist ein gefährliches Spiel, aber was kann man schon erwarten, wenn das Profitstreben zum ersten Gebot geworden ist?

Wir müssen jedoch bedenken, dass das kapitalistische System an und für sich weder die *Ursache* des Mátchi-Syndroms noch der Wétiko-Krankheit ist. Beide Phänomene sind älter als der Kapitalismus und als solcher fest in der europäischen Kultur (und ähnlichen) verankert, so dass sie ein integraler Bestandteil davon zu sein scheinen. Dies gilt natürlich besonders für die kolonialen Siedlergesellschaften.

Als Josef Stalin und die kommunistische Hierarchie es für angebracht hielten, vielleicht 5.000.000 Kleinbauern in der Sowjetunion zu ermorden, spiegelte dies nicht nur eine Mátchi-Ansicht des menschlichen Lebens wider, sondern auch den Wétiko-Wunsch nach Macht und Profit. Die sogenannten »Staatsbetriebe«, die an die Stelle der unabhängigen Bauern traten, sollten nicht dem sowjetischen Volk, sondern dem Staat gehören.

Der Marxismus-Leninismus, zumindest so wie er sich entwickelt hat, beseitigt nicht Sadismus, Terrorismus, Grausamkeit, Aggression, übermäßigen Ehrgeiz oder das Streben nach materiellem Gewinn. Als europäische Ideologie voller autoritärer, zentralistischer und ethnozentrischer Vorstellungen bietet der Marxismus-Leninismus möglicherweise lediglich eine neue, hochdisziplinierte und starre Struktur, in der ältere kulturelle Zustände weiterhin zum Ausdruck kommen.

Der Film *Rosemary's Baby* ist ein Mythos. Mütter bringen keine »teuflischen« Babys zur Welt, sondern es sind vielmehr das Mátchi-Erbe und die Wétiko-Krankheit, die Kinder ihrer Unschuld berauben und sie manchmal in furchterregende Kreaturen verwandeln. Aber vielleicht ist *Rosemary's Baby* in einem allegorischen Sinne ein reales Spiegelbild der Angst der heutigen Mutter vor ihrem eigenen Nachwuchs.

acht

Kolonialismus, Europäisierung und die Zerstörung der einheimischen (authentischen) Kulturen

Kolonialistisch-imperialistische Systeme versuchen, *Wétikos* zu schaffen. Sie rekrutieren sie, weil der Kolonialismus durch ein gut kontrolliertes Wétiko-Verhalten aufrechterhalten wird. Insbesondere müssen sie *Wétikos* aus der einheimischen Bevölkerung rekrutieren, um diese Gruppe gespalten, ausgebeutet und in einem hoffnungslosen Gemütszustand zu halten. Carter Wilson liefert in seinem Buch über die Tzotzil in Chiapas einige einfühlsame, konkrete Beispiele dafür, wie ein Indianer zum *Wétiko* werden kann. Hier ist Juan López Oso gebeten worden, eine Amtszeit als Präsident (Häuptling) zu übernehmen. Sein Bruder Miguel, ein europäisierter Tzotzil, berät ihn, wie er ein korrupter Beamter werden kann:

> »Sie wollen mich zum Präsidenten machen«, sagte er langsam …
>
> »Tu es«, sagte [Miguel] schließlich.
>
> »Warum?«
>
> »Du willst Geld verdienen, nicht wahr? Diese Menschen sind Schafe, die geschoren werden müssen, Juan…«
>
> »Ich brauche nicht mehr Geld.«
>
> Miguel ließ den Tanga zwischen seinen Zähnen verschwinden und lachte. »Du hast nicht darüber nachgedacht, Juan. Oder du denkst immer noch an Geld wie ein Indianer. Schau, ich kann dir

> helfen, dir zeigen, wie. – Was glaubst du, kannst du hier draußen in einem Monat als Präsident verdienen?«
>
> Oso zupfte an den Haaren auf seinem Kinn und sagte dann: »Drei- oder vierhundert Pesos.«
>
> »Achthundert, tausend sage ich.«
>
> »Nein«, lachte Oso. Sein Bruder hatte zu sehr mit Geld gerechnet, wie es die Mexikaner hatten. Er hatte vergessen, was Indianer hatten …
>
> »Schau«, sagte Miguel, »sieh es doch einmal so. Jeden Tag hört sich der Präsident von Chomtik [Chamula] wie viele Fälle an? Drei? Vier? Das ist eine Menge Arbeit für ihn, eine Menge Gespräche. Und was bekommt er dafür? … Aber was wäre, wenn der Präsident jeder Seite in einem Fall etwas Kleines berechnen würde – zwei oder drei Pesos – insgesamt sechs Pesos? Das ist nicht viel Geld, sechs Pesos. Aber der Präsident steckt es in seine Tasche, und in einem Monat hat er fast fünfhundert Pesos oder mehr nur durch die Fälle. Verstehst du?«
>
> »Ja, ich verstehe.«
>
> »Oder wie wäre es damit, Juan? Männer kommen zum Präsidenten, um sich von der Wehrpflicht befreien zu lassen, damit sie auf den Plantagen arbeiten können … Was ist, wenn der Präsident von jedem dieser Männer fünf Pesos für ihre Papiere verlangt? Verstehst du?«[1]

Wenn eroberte Völker auf einen Zustand der Ohnmacht, Armut und Verzweiflung reduziert werden, werden manche unter ihnen meinen, dass ihr Überleben von der Zusammenarbeit mit den Ausbeutern abhängt. Zunächst mag ihre Entscheidung nur dazu führen, dass sie (zum Beispiel) zum Christentum konvertieren, sich die Haare kurz schneiden oder sich bereit erklären, der »Indianerpolizei« beizutreten und so zu helfen, ihre Stammesgenossen zu kontrollieren.

Langsam, aber sicher, wenn sie besonders aggressiv oder ehrgeizig sind, sehen sie jedoch, dass es Möglichkeiten gibt, Geld zu verdienen, gute Jobs zu bekommen oder Jobs für Verwandte, indem sie unehrlich und korrupt werden. Sie beginnen dann, mit dem Indianeragenten oder anderen Weißen zusammenzuarbeiten, um die Indianer systematisch zu schröpfen. So verbündeten sich diese Wétiko-Indianer um 1907 in Oklahoma mit weißen Ölfirmen, Landhaien, geldgierigen Anwälten, Bankiers und korrupten Politikern, um sich die Zuteilungen anderer Indianer, ihre Treuhandfonds und dergleichen anzueignen. Fast überall kann man zumindest einige indianische Familien finden, deren heutiger Reichtum und »überlegene« Position darauf beruht, dass einer ihrer Vorfahren »schlau« an der »großen Schurkerei« teilgenommen hat.

Es ist zu bedenken, dass nicht alle christianisierten Indianer *Wétikos* sind, aber man kann sagen, dass die Bekehrung zum Christentum einen Menschen anfälliger für diese Krankheit macht. Warum? Weil die Bekehrung zum Christentum (bei Naturvölkern) fast nie bloß eine Änderung der Religion bedeutet hat. *Weiße Missionare bemühen sich fast immer um die Bekehrung zur europäischen Kultur, denn für sie ist ein Christ ein Europäer,* eine Person, die die Werte, die Kleidungsgewohnheiten, die Art der Frisur, die Wohnformen und so weiter besitzt, die in der jeweiligen Gruppe bekehrender Europäer vorherrschen.

> … kein weißer Amerikaner glaubt, dass eine andere Rasse vollkommen zivilisiert ist, solange sie nicht die Kleidung des weißen Mannes trägt, das Essen des weißen Mannes isst, die Sprache des weißen Mannes spricht und sich zur Religion des weißen Mannes bekennt.[2]

Ein christianisierter Indianer neigt also dazu, auch ein europäisierter Indianer zu sein, und wenn er die Tür zur europäischen Kultur öffnet, betritt er damit auch das Reich der Wétiko-Psychose. (Damit soll natürlich nicht gesagt werden, dass alle Europäer *Wétikos* sind, sondern nur, dass die expansionistischen europäischen Kulturen in der Neuzeit zu ihren wichtigsten Trägern gehören.)

Viele europäische christliche Missionare haben sich mit der Wétiko-Krankheit infiziert und sind nicht nur geistesgestört im Sinne von Rassisten, Naturhassern und so weiter. Die folgenden Worte eines englischen Missionars im Kongo sind in diesem Zusammenhang sehr aufschlussreich:

> Kurz nach der Überquerung des Kongo betraten wir den Wald, und zum ersten Mal spürte ich echte Angst … Denn der Wald war böse. Ich spürte es, sobald ich ihn sah …
>
> Ich beschloss, es mir zur Aufgabe zu machen, die Heiden aus dem Wald zu holen, ihnen das Sonnenlicht zu geben, ihnen zu zeigen, wie man in Gottes offener Welt lebt …

Der Missionar, Reverend Spence, war schockiert, als er feststellte, dass die Mission auf einer kleinen, von Bäumen umgebenen Lichtung lag und die Gebäude wie Häuser der Eingeborenen aussahen. Er wollte nicht in einem solchen Gebäude leben! Darüber hinaus entwickelte er die Vorstellung, dass die Eingeborenen vom Satan besessen und wegen der Vielehe, der »heidnischen Riten« und der »sexy« Tänze schrecklich unmoralisch seien.

Reverend Spence machte sich sofort daran, all das zu ändern, unterstützt von Amboko, seinem christianisierten Assistenten, den er mit Misstrauen und Verachtung behandelte. Er war besonders verärgert, weil Amboko die Bibel »falsch auslegte« und es einmal sogar wagte, dem unfehlbaren Missionar zu widersprechen. Gute Arbeit, Amboko!

Der Missionar war mit absoluter Autorität ausgestattet, und die Verderbnis der Macht hatte ihn völlig gefangengenommen. In autoritärer Manier setzte der Pfarrer seine persönliche Psychose in eine neue, düstere Realität um.

> Es war wunderbar zu sehen, wie der Wald auf allen Seiten abgeholzt wurde. Ich konnte spüren, wie die Macht Satans mit jedem gefällten Baum schwand … Er [Amboko] mochte das Abholzen des Waldes nicht, er sagte, es würde Unglück bringen, es sei denn, wir würden den Boden für Plantagen nutzen … Er sagte, wir soll-

> ten zumindest einige Bäume als Schattenspender und zum Schutz des Bodens stehen lassen …
>
> Wir versuchten, Gärten anzulegen und sie mit Blumen zu bepflanzen, aber sie verwelkten und starben bald. Die gebrannte Erde gab aber wunderbare Tennisplätze ab … Und es war gut, sich zu entspannen und für eine Weile zu vergessen, dass man in Afrika war, umgeben von Heiden. Ich hatte versucht, mich mit ihnen anzufreunden, aber das war unmöglich, und das wird es auch immer bleiben, zumindest für viele Jahre …
>
> In den Küchen verschenkten sie ohne meine Erlaubnis Essen an alle ihre Freunde und Verwandten. Als ich sie zurechtwies, fragten sie mich, ob ich sie nicht gelehrt hätte, alles zu teilen, was sie hatten, denn der Herr würde ihnen immer mehr geben …

Reverend Spence verlangte, dass alle Mitarbeiter der Mission Christen sein mussten, und es setzte Geldstrafen, wenn sie die Gottesdienste nicht besuchten. Er versuchte auch, die Kinder von ihren Eltern zu trennen, so wie es das Bureau of Indian Affairs in den Vereinigten Staaten oft tat. Schließlich warnte er, dass, wenn die Eingeborenen seine Mission missachteten, »ihr Blut nicht an meinen Händen klebt, sondern an ihren und an den Händen des Bösen, das in ihnen allen ist«.[3]

Weiße Missionare bemühen sich fast immer um die Bekehrung zur europäischen Kultur, denn für sie ist ein Christ ein Europäer.

Dieser Auszug aus der Geschichte des englischen Missionars vermittelt »sehr schön« den Geist der Bigotterie, der Engstirnigkeit, des Autoritarismus, der Anmaßung und der schieren Dummheit, die man oft in den Tagebüchern, Briefen und Berichten der katholischen und protestantischen Missionare in Amerika findet. Aber der Auszug ist nicht nur in Bezug auf die Missionare aufschlussreich. Er spiegelt auch die Feindseligkeit gegenüber der Natur und dem Wald wider, die in der Einstellung vieler europäischer Einwanderer in Nordamerika und Brasilien heute deutlich wird. Der Wald muss zerstört werden, auch wenn der Boden dadurch so hart wird (oder erodiert), dass eine Wüste entsteht.

Auf jeden Fall weist der Missionar eindeutig viele Symptome der Wétiko-Krankheit auf, zusätzlich zu seiner Wahnvorstellung, der Wald sei teuflisch. Er ist ein Lügner und Heuchler (er lehrt eine Doktrin des Teilens, der Liebe und so weiter, praktiziert sie aber nicht selbst). Er ist selbstgerecht und hört nie auf andere. Er manipuliert das Leben anderer Menschen. Er versucht, ihre Seelen aufzufressen, als ob sie ihm gehörten. Er beutet andere Menschen aus, wie Amboko, und behandelt sie stets als minderwertige Wesen. (Zweifellos unterstützte er auch den europäischen »weltlichen« Imperialismus, der das Fleisch und die Ressourcen der einheimischen Kongolesen verzehrte und die »Sicherheit« der Missionare garantierte).

Im Jahr 1716 schrieb ein spanischer Jesuitenmissionar, Pater Luís Velarde:

> Es ist wirklich der göttlichen Vorsehung zu verdanken, dass diese Indianer [die 'O'odham oder Pima-Papago] durch die Fortdauer der epidemischen Krankheiten geschrumpft sind, denn unter einer solchen Vielzahl verschiedener Charaktere gibt es viele unruhige, hochmütige und aufrührerische Elemente.[4]

Der Tod von Zehntausenden von Indianern in den Missionen von Sonora beunruhigte Velarde nicht, denn zu viele lebende Eingeborene stellten eine Bedrohung für die politischen Interessen der spanischen Krone dar.

Leider scheint die Ausbreitung der Wétiko-Krankheit fast alle Formen der Europäisierung zu begleiten. In Nairobi (Kenia) entwickelte sich vor einigen Jahren eine Klasse von missionierten, urbanisierten Schwarzen, deren Leben sich um Prostitution und Laster drehte. Einer von ihnen war William, ein männlicher Prostituierter, der in Nairobi Eltern gehabt hatte, die inzwischen in die ländliche Gegend zurückgekehrt waren. William bezeichnete seine Eltern als »Wilde«, weil sie noch traditionell lebten. Im Gegenzug lehnten sie seine Lebensweise ab, aber er sagte, die Engländer hätten ihn unterrichtet, »also muss es gut sein«. Doch später begann er, seine heimlichtuerischen weißen Kunden und die Missionare zu hassen. William war auf die Missionsschule gegangen und hatte gelernt, dass seine Eltern »Wilde« waren, und dann entdeckte er dasselbe bei den Missionaren. Erinnert dies nicht an den Aufstieg ähnlicher städtischer Gruppen in den Vereinigten Staaten?[5]

In Amerika hat die europäische Invasion fast überall eine Klasse von Personen hervorgebracht, die als *Mestizen*, Mischlinge, *Caboclos* und mit vielen anderen Namen bezeichnet werden, also Menschen mit gemischter Rasse oder mit entwurzelter uneinheitlicher Herkunft und immer mit halb-europäischer Kultur.

Gregory Reck stellt in einer Studie über Jonotla (Mexiko) fest:

> … ein *Mestize* und ein *Indio* sehen nicht unbedingt verschieden aus, aber sie kleiden sich anders, sprechen anders und verhalten sich anders …
>
> [Der *Indio*] sieht sich als Teil der gegebenen Ordnung des Weltenalls und bezieht seine Stärke und Selbstsicherheit nicht aus persönlichem Gewinn und Beifall, sondern aus dem Glauben, dass er durch die Überwindung von Ichsucht und dem Verlangen nach Kontrolle, Macht und Reichtum seine menschlichen Grenzen und damit sein Wesen erkennt und akzeptiert.
>
> Für den *Mestizen* ist das Leben ein Kampf – mit anderen und mit sich selbst. Das Leben hat keine Probleme, es ist ein Problem … Der *Mestize* versucht nicht, sich an die Welt anzupassen, sondern er trotzt ihr, fordert sie heraus und kämpft mit ihr.
>
> … [Der Gegensatz zeigt sich] in den zwischenmenschlichen Beziehungen, wo *Indios* im allgemeinen zurückhaltend und passiv sind, *Mestizen* hingegen meist sehr aggressiv, umgeben von den Anforderungen des Machismo … Infolgedessen werden *Indios* in ihrer Kleidung, ihrer Sprache, ihrem Verhalten und ihrer Lebensauffassung tatsächlich zu *Mestizen*.[6]

Ich möchte betonen, dass ich der obigen Definitionen von *Indio* und *Mestize* nicht unbedingt folge, auch wenn sie in Mexiko (und in weiten

Teilen Lateinamerikas) eine gängige Ideologie sein mögen. Zwei Punkte möchte ich hier hervorheben: 1) ein Mensch kann immer noch ein Ureinwohner Amerikas sein, unabhängig von seiner sozialen Stellung oder seiner Kultur; und 2) die Charakterisierung des *Indio* als passiv und zurückhaltend muss zumindest teilweise als Ergebnis von 500 Jahren kolonialer Unterdrückung und nicht unbedingt als der wahre Charakter der amerikanischen Ureinwohner betrachtet werden.

Kurz gesagt, weder der allzu passive *Indio* noch der allzu aggressive *Mestize* stellen einen authentischen kulturellen Ausdruck dar, denn beide sind unterschiedliche Antworten auf eine unterdrückerische Gesellschaftsordnung. Auf jeden Fall wird berichtet, dass im östlichen Dschungel Perus Mestizendörfer allmählich die indianischen Gemeinden ersetzen. Laut dem katholischen Bischof von Pucallpa, der von dem Schriftsteller Jack Mendelsohn zitiert wird, »sind die Indianer … in einer viel besseren Verfassung, moralisch und geistig, als die *Mestizen*«. Im allgemeinen lebt die Mehrheit der *Mestizen* ein Leben, das viel hässlicher und ungeordneter ist als das der nahebei wohnenden traditionellen Indianer, aber »die Unterscheidung zwischen den beiden Völkern … wird durch die hartnäckige Vorstellung der *Mestizen*, dass Indianer rassisch minderwertig sind, scharf und hart gehalten; ein Indianer wird als »minderwertig« betrachtet, weil er eine indianische Sprache und nicht Spanisch spricht und weil er als Indianer lebt«.[7]

Wie Mendelsohn schreibt, ist die indianische Kultur jedoch in wesentlichen Aspekten besser als die der *Mestizen*:

> Zunächst einmal ist der *Mestize* unrealistisch in seiner Vorstellung, er sei »zivilisierter« als der Indianer. Die persönlichen Beziehungen zwischen Mestizenpaaren sind streng autoritär, der Mann ist dominant. Die indianische Familie dagegen ist »demokratisch« und kooperativ … Die Mestizen-Frau … ist praktisch eine Leibeigene im Haus, [während] die indianische Frau mitentscheidet,

> wann und wie viele Kinder sie bekommt [viele Stämme haben jahrhundertelang Verhütungsmittel verwendet]; die typische Mestizen-Frau bringt häufig ein Dutzend Kinder zur Welt … bevor sie dreißig ist, und dann ist sie vielleicht schon eine zahnlose Hexe. Und schließlich ist der Indianer praktisch und philosophisch veranlagt, [während] der *Mestize* ein leichtes Opfer von Schwärmerei und Irrationalität ist.[8]

Es ist interessant und meist wahr, dass die Europäisierung das Konzept der männlichen Dominanz und einer autoritären Familienstruktur einführt, insbesondere wenn es sich um römisch-katholische, mormonische oder andere männlich dominierte Subkulturen handelt. Andererseits ist hier eine tiefere Wahrheit im Spiel: Die Unterwerfung der Frauen und ihre Verwendung als Mittel statt als Zweck ist ein wesentlicher Bestandteil der Wétiko-Psychose. In einer Wétiko-Gesellschaft ist die Verunglimpfung und Ausbeutung von Frauen nichts Ungewöhnliches, weil alle, denen es an physisch-materieller Macht mangelt, ausgebeutet oder missbraucht werden. Wie Claudio Vilas Boas sagte: »Ich weiß, dass das Gesetz der Zivilisierten [mit anderen Worten, von *Wétiko*] das Gesetz des Stärkeren ist, das kein Pardon kennt.«[9]

> **In einer Wétiko-Gesellschaft ist die Verunglimpfung und Ausbeutung von Frauen nichts Ungewöhnliches, weil alle, denen es an physisch-materieller Macht mangelt, ausgebeutet oder missbraucht werden.**

Die Frauenbefreiungsbewegung sollte sich vor Augen halten, dass es nicht ausreicht, die »Gleichheit« mit dem weißen Mann zu erreichen, denn das könnte nur bedeuten, dass die Frau genauso wie der Mann das Recht hat, ein *Wétiko*, ein Ausbeuter zu sein. Traurigerweise waren viele europäische Frauen, die in der Vergangenheit in Machtpositionen aufgestiegen sind, genauso Mörderinnen, Imperialistinnen, Foltererinnen und Ausbeuterinnen wie ihre männlichen Kollegen (zum Beispiel Lucretia Borgia, Elisabeth I. und Isabella von Spanien, ganz zu schweigen von Zehntausenden weißer, wohlhabender Frauen, die den Luxus genossen, schwarze oder indische Hausangestellte zu haben und von der Arbeit von Sklaven oder Tagelöhnern zu leben).

In jedem Fall besteht, wie bereits erwähnt, ein enger Zusammenhang zwischen dem Aufstieg patriarchalischer Gesellschaften im Nahen Osten, in Europa und Asien und dem Aufkommen von Imperialismus und Wétiko-Verhalten.

Im Fall der *Mestizen*, *Ladinos* und Caboclos in Amerika haben wir es zum Teil mit dem universellen Phänomen der Degradierung durch den Kolonialismus zu tun. Nicht nur, dass die Unterdrückten in der Regel die von den Kolonisatoren aufgestellten Richtlinien übernehmen (wie Freire betont), sondern diese Richtlinien verkörpern oft die Vorstellung von rassischer und kultureller Minderwertigkeit. So fühlen sich die eroberten Massen der herrschenden Gruppe unterlegen, und die Menschen, die dazwischen liegen, die Mischlinge und die Entwurzelten, tun in der Regel alles, um sich mit den Herrschenden zu identifizieren. Wie Frantz Fanon in seinen Studien über die Persönlichkeit der Antillen feststellte, lassen sich die kolonisierten Farbigen vollständig nach den Maßstäben der Kolonisatoren beurteilen:

> Der Farbige ist ständig bestrebt, vor seiner Individualität davonzulaufen, seine Art des Seins zu vernichten. Der Schwarze ist am Vergleichen … das heißt, er ist ständig mit der Selbsteinschätzung beschäftigt …
>
> Wann immer er mit anderen in Berührung kommt, stellt sich die Frage des Wertes, des Verdienstes … Die Frage ist immer, ob er weniger intelligent ist als ich, schwärzer als ich, weniger angesehen als ich. Jede Positionierung, jede Bemühung um Sicherheit beruht auf Abhängigkeitsverhältnissen, auf der Herabsetzung des anderen. Es sind die Trümmer dessen, was mich umgibt, die das Fundament für meine Männlichkeit bilden.[10]

Dies erklärt, warum kolonialisierten Menschen oft Freude daran zu haben scheinen, einander durch bösartiges Gerede oder andere, gewalttätigere Mittel zu vernichten. Es hilft auch zu erklären, warum *Mestizen* wie auch europäisch geprägte Eingeborene, oft bösartige Feinde von allem sind, was nicht europäisch ist. Dies mag auch den Aufstieg des Machismo (männliche Arroganz) unter unterdrückten Völkern erklären.

Auf jeden Fall geht die unerbittliche Kampagne zur Zerstörung der Kulturen der Ureinwohner weiter, und an vorderster Front stehen nach wie vor oft weiße Missionare in offener Allianz mit europäisch geprägten politischen Systemen. Jack Mendelsohn stellte fest, dass die Wycliffe Bible Translators Inc. im westlichen Amazonasgebiet, das auch als Institut für Linguistik von Verona (und unter verschiedenen anderen Namen) bekannt ist, eine »ausgedehnte Basis« hat. Etwa dreihundert Männer, Frauen und Kinder arbeiteten an der Bekehrung der Ucayali-Nation und stellten ihre Flugzeuge der peruanischen Armee und Mitarbeitern kapitalistischer Unternehmen zur Verfügung. Der Stützpunkt habe den Charakter einer »Vorstadt« im Dschungel, kommentierte er.

Auf jeden Fall geht die unerbittliche Kampagne zur Zerstörung der Kulturen der Ureinwohner weiter, und an vorderster Front stehen nach wie vor oft weiße Missionare in offener Allianz mit europäisch geprägten politischen Systemen.

Das Volk der Ucayali hat Jahrhunderte spanischer, portugiesischer und peruanischer Aggression überlebt, sich 1686, 1695, 1704, 1742 und 1767 aufgelehnt und seine Unabhängigkeit bis zu den Schrecken der Invasion der Kautschuksammler (1890–1920) bewahrt. Aber jetzt versuchen die peruanische Regierung und die nordamerikanischen protestantischen Missionare, die Indianer endgültig zu unterwerfen, indem sie eine große Anzahl von Missionaren einsetzen, die über große Mittel verfügen. »Die Indianer wehren sich, so gut sie können«, so Mendelsohn.

Und wie handeln diese Missionare? Unterscheiden sie sich vom oben zitierten englischen Missionar? Offenbar nicht. Mendelsohn beschreibt den Fall eines Shipibo-Jungen namens Pablo, der gegen seinen Willen gezwungen wurde, ein Shipibo-Mädchen zu heiraten, das die Tochter eines Missionskonvertiten war. Der Missionar und die christliche Mutter zwangen Pablo, die Ehe zu vollziehen, und als der Ehemann dann weglief, sagte man ihm, er käme in die Hölle, wenn er sich scheiden ließe.[11]

Es ist klar, dass sich die christlichen Missionare, insbesondere die fundamentalistischen, in vier Jahrhunderten kaum verändert haben. Sie legen immer noch dieselbe Arroganz und denselben Faschismus an den Tag wie ihre Vorgänger und verbinden diese Eigenschaften auch noch mit einer schlecht getarnten Allianz mit der kapitalistischen Durchdringung, der Durchsetzung der Staatsmacht und der Europäisierung.

Die gesamte Missionstätigkeit trägt natürlich dazu bei, die Gesellschaften der Ucayali und Shipibo aufzulösen und die Indianer entweder in den Tod zu treiben oder zu verarmten *Mestizen* zu machen. Natürlich ist auch die peruanische Gesellschaft als Ganzes ein wichtiger Faktor für den Verfall. Einige wenige Amazonas-Indianer hatten die Möglichkeit, in den peruanischen Streitkräften zu dienen und dadurch einen gewissen Grad an »Kultiviertheit« zu erlangen. Aber einige von ihnen kehren als »dieselbe Art von Ausbeutern ihres Volkes wie die *Mestizen* oder Weißen« zurück.[12]

Sophistikation ist ein schönes Wort, nicht wahr? Es bedeutet »das Fehlen natürlicher Einfachheit oder Naivität« und ist abgeleitet von »Sophist«: jemand, der geschickt mit Scheinargumenten umgeht. Ist es nicht aufschlussreich, dass eines der Lieblingswörter der europäischen Eliten (»We are sophisticated«), mit dem sie sich selbst beschreiben, ganz offen auf Verlogenheit und Falschheit hinweist? Seine natürliche Einfachheit zu verlieren, bedeutet in der Welt von *Wétiko* leider, ein Mensch zu werden, der seine wahren Gefühle hinter einer Maske verbirgt, die etwas vortäuscht.

Leider hinterlässt der neue *Wétiko*, ob er nun von Missionaren, Soldaten, kolonialistischen Großgrundbesitzern, Raubrittern oder Industriellen dargestellt wird, oft eine Bilanz von Mord und Terror, die überaus schockierend ist. Und die Menschen, die in der Regel am meisten darunter leiden, sind die ehrlichen, »einfachen«, demokratischen Menschen der Welt, die Nicht-Materialisten, die Freiheitsliebenden und die wirklich spirituellen Menschen. Diesen Menschen, seien es amerikanische Ureinwohner, traditionelle Afrikaner, europäische Landmenschen oder asiatische Bauern, fehlt es genau an den verrückten Wünschen und Wahnvorstellungen, die den *Wétiko* antreiben. (*Nicht-Wétikos* können manchmal grausam sein, aber ihre Grausamkeit ist individuell und sporadisch, nicht Teil eines Systems der Grausamkeit.) In Brasilien mussten die Wétiko-Menschen, die es auf Diamanten, Gold, Sklaven und Kautschuk von indianischem Land abgesehen hatten, die Indianer töten, um nicht von ihnen getötet zu werden. Das war notwendig, und es war auch absurd. Denn die Indianer hatten keine Ahnung, dass [Kautschuk] flüssiges Gold war. Sie hatten keine Vorstellung davon, was Gold war oder was es darstellte. …

> Sie waren vollkommen Unschuldige, immun gegen das Geistesfieber der Zivilisierten, jene verrückte Gier, die die Weißen, die weniger Weißen und die Halbblüter aller Farben in das fabelhafte und tödliche Dschungel-Abenteuer trieb.

Claudio Villas Boas, einer von zwei Brüdern, die sich für das Überleben der Indianer in Brasilien einsetzen, sagt:

> Ja, die Weißen und alle Menschen des Westens haben eine Leidenschaft, die stärker ist als alles andere – die Leidenschaft, etwas zu schaffen, auszubeuten, zu bauen. Eine Leidenschaft für Reichtum. Es ist ein großartiger und schrecklicher Instinkt [schrecklich, in der Tat, für alle, die nicht die Kraft haben, sie aufzuhalten].
>
> Die Indianer [Brasiliens] haben aufgrund einer Art aristokratischen und unheimlichen Privilegs das Talent, den Sadismus der Weißen zu entfesseln. Was ist das Geheimnis der Indianer, das sie unweigerlich zu Opfern macht? Sie besitzen körperliche Schönheit und ein Gefühl für das Schöne, sogar für die Kunst, in ihrem einfachen Leben. Sie leben nur für eine vollkommene, uneingeschränkte Schönheit, die entsprechend ihren Bedürfnissen geschaffen wurde.

> Ihr Pech ist, dass dieser Grad an Freiheit wie eine Trotzhaltung aussieht. Doch das ist sie nicht; es ist die spontane, elementare, vitale Ablehnung all dessen, was ihnen von Natur und Mensch auferlegt wird. Es ist diese natürliche, unbezähmbare Freiheit, die die Weißen wütend macht. Die Indianer sind auch im schlimmsten Unglück noch Indianer; sie sind Indianer noch in der Kapitulation und im Tod.

Obwohl an dieser Charakterisierung der amerikanischen Ureinwohner, dass sie nicht bereit sind, die Unterwerfung zu akzeptieren, etwas Wahres dran ist, trifft es auch zu, dass eine große Anzahl von Ureinwohnern in Brasilien versklavt wurde, während andere am Leben im portugiesisch geprägten Brasilien teilhaben, darunter Tausende in Städten wie Belem (Pará) und Manaos.

Dennoch leisteten viele Gruppen jahrzehntelang oder sogar jahrhundertelang Widerstand, der offenbar eine pathologische Reaktion der portugiesisch-brasilianischen Machthaber auslöste.

> Es gab Folterungen während der Raubzüge [für Sklaven] wie auch auf den großen Ländereien der Pflanzer. Verfeinerungen der körperlichen Grausamkeit in dem Versuch, über einen Willen zu triumphieren, der nicht besiegt werden konnte … Um etwas mehr von ihnen zu bekommen, eine verständliche Reaktion, um Gehorsam und Unterwürfigkeit zu erlangen, kurz gesagt, ihre Anpassung, verbrannten die Weißen sie, hängten sie an den Füßen auf, schnitten sie in Stücke, weideten sie aus, spießten sie auf Pfähle, verfütterten sie an Ameisen und andere Kreaturen und bedienten sich des *tronco* – zwei Bretter mit drei halbkreisförmigen Löchern, die so zusammengefügt wurden, dass der Hals, die Arme und die Füße des Indianers zusammengedrückt wurden und er von allen Seiten gleichzeitig erstickt wurde.[13]

Denselben Hass gab es natürlich auch in Nordamerika. 1864 führte Colonel J.M. Chivington 1.000 weiße Soldaten und Zivilisten zu einem Überraschungsangriff auf ein mit den Cheyenne befreundetes Dorf, das sich auf dem ihnen zugewiesenen Land befand. Die Cheyenne zählten 500 bis 600 Mitglieder, von denen nur etwa 100 Krieger waren:

> … als ich am nächsten Tag über das Schlachtfeld ging, sah ich keine Leiche eines Mannes, einer Frau oder eines Kindes, die nicht skalpiert war, und in vielen Fällen waren ihre Körper auf die schrecklichste Weise verstümmelt – Männern, Frauen und Kindern wurden die Geschlechtsteile herausgeschnitten und vieles mehr. Ich hörte, wie ein Mann sagte, er habe einer Frau die Geschlechtsteile herausgeschnitten und sie auf einem Stock ausgestellt … Ich hörte von einem Fall, in dem ein wenige Monate altes Kind in die Futterkiste eines Wagens geworfen und, nachdem es eine gewisse Strecke gefahren worden war, auf dem Boden liegen gelassen wurde, um zu verenden; ich hörte auch von zahlreichen Fällen, in denen Männer die Geschlechtsteile von Frauen herausgeschnitten und sie über die Sattelbügel gespannt hatten und sie über ihren Hüten trugen, wenn sie in den Schlachtreihen ritten …[14]

Die oben beschriebenen Verstümmelungen mit ihrem perversen sexuellen Charakter erinnern an das bereits zitierte Burschenschaftslied. Wiederum sehen wir, dass die Wétiko-Psychose sexuelle Abnormität und einen Hass auf oder eine aggressive Haltung gegenüber Frauen beinhaltet oder eng damit verknüpft ist. Weiße Frauenrechtlerinnen sollten aufpassen, denn auch hier sehen wir die enge Beziehung zwischen *Wétiko* und dem Missbrauch von Frauen. 1872 sagte General Francis C. Walker, der damalige US-Kommissar für indianische Angelegenheiten: »Die Behandlung von Wilden durch zivilisierte Mächte hat nichts mit der nationalen Würde zu tun.«[15] Hätte es ein brasilianischer Indianer-Vernichter besser sagen können? Oder Pizarro? Oder Cortes? Es klingt wie Hitler, der über die Juden spricht. Es ist klar, dass die Wétiko-Krankheit in vielen Bereichen ähnliche Menschen und ähnliches Verhalten hervorbringt.

General Philip Sheridan sagte einmal: »Die einzigen guten Indianer, die ich je gesehen habe, waren tot.«[16]

Aber auch hier besteht die Tragödie darin, dass die *Wétikos* ständig andere mit ihrer Krankheit anstecken und das Böse verstärken.

Es ist eine bemerkenswerte Tatsache, dass es die »Beinahe-Indianer« waren, die zu den *Seringuerios* (Kautschuksammler) – den »Blutzeichen« der Gummibäume – wurden und die so viel indianisches Blut vergießen sollten.

Diese *Mestizen* (*Curibocas* und *Mamalucos* genannt) und entwurzelten Indianer (in Brasilien *Caboclos* genannt) stammten hauptsächlich aus der *Sertao*, einem wüstenähnlichen Gebiet im Nordosten Brasiliens, wo das Leben sehr hart war.

Die indianischen Vorfahren dieser *Sertanejos* hatten im »Land ohne Übel« gelebt, wo Magie ihr Glück sicherte. Doch ihre Nachkommen, die einer Unterschicht angehörten, wurden von dem Elend überwältigt, das die Weißen mitbrachten.

Gegen Ende des 19. Jahrhunderts entwickelte sich ein »Kautschukboom«, als die Vereinigten Staaten und Europa begannen, den (von den Ureinwohnern entdeckten) Kautschuk zu nutzen. Die amerikanischen Ureinwohner im unteren Amazonasgebiet waren jedoch durch frühere Sklavenüberfälle praktisch ausgerottet, und so wurden die *seringalistas* (Auftragnehmer oder Kojoten) in den *sertao* geschickt, um *caboclos zu* rekrutieren. Die Rekruten wurden dann nach Belem (Pará) gebracht, wo ein System von Bankiers und Exporteuren an der Spitze und Vertragspartnern in der Mitte sie fast auf den Status von Sklaven brachte.

Wenn der *Caboclo* erst einmal in das System verstrickt war (gefangen durch Verträge und Schulden, ob fair oder nicht), konnte er nicht mehr entkommen, weil die Kautschukindustrie alles kontrollierte, die Polizei, die Gerichte und so weiter. Einmal im Amazonasgebiet angekommen, wurde der *Caboclo* auf bösartige Weise ausgebeutet und betrogen, so dass er nie aus den Schulden herauskam. »Auf diese Weise kamen innerhalb von etwa zehn Jahren 500.000 bis 1.000.000

Männer des *sertao* um.« Ein Entkommen wäre möglich gewesen, wenn sie sie selbst geblieben wären:

> Wären sie jene Mischlinge indianischen Blutes geblieben, die, so wild und unerbittlich sie auch sein mochten, in der Dunkelheit ihrer Seele immer noch die wahren Leidenschaften und ein Gefühl für ihren eigenen Wert hatten … aber die Isolierung und die Suche nach Gummibäumen, das Klima und die zermürbende Ausbeutung brachen ihren Geist. Berichten zufolge erreichten einige den Punkt, an dem sie sich nicht einmal mehr gegenseitig halfen … Sie waren Opfer der Gewalt, aber auch deren Instrumente. Sie töteten, wenn man es ihnen befahl, sie folterten, wenn man es ihnen befahl …
>
> Einige von ihnen überlebten lange genug, um sich zu akklimatisieren und abzuhärten. Während ihre Werte starben, passten sich ihre Körper an und sie wurden zu Aufsehern und Sklaven, die über Sklaven herrschten. Die Ureinwohner des Amazonasbeckens versuchten, sich gegen diese Invasion in ihre Heimat zu wehren.
>
> Die Indianer mussten getötet werden, denn auch wenn ihnen der *Borracha* [Kautschuk] gleichgültig war, so war ihnen doch nicht gleichgültig, was er mit sich brachte – die Invasion der Weißen … Die Indianer schafften es nicht, viele zu töten, aber sie selbst wurden zuhauf getötet, denn sie sahen sich einem gewaltigen, systematisch organisierten Apparat gegenüber.
>
> In dieses System der Vernichtung wurden die ausgebeuteten Mischlinge hineingezogen.
>
> Völkermord – eine Notwendigkeit und ein Vergnügen. Die *Seringueiros* hatten Freude am Töten … Sie liquidierten die Primitiven, als wollten sie sich selbst beweisen, dass sie »zivilisiert« waren. Sie weigerten sich, in diesen nackten und barbarischen Kreaturen des Dschungels ihr eigenes Abbild zu sehen. Also rotteten sie sie aus, während sie selbst zu einem langsamen Tod verurteilt waren.[17]

Hunderttausende amerikanische Ureinwohner starben zwischen 1880 und 1920, darunter mindestens 40.000, die allein durch die Aktivitäten einer englischen Gesellschaft im Gebiet des Rio Putumayo ausgerottet wurden. Unzählige ganze Völker wurden in Amazonien ausgerottet, während andere, wie die Huni Kui (Amahuaca), zwar dezimiert wurden, sich aber im dichten Wald neu zusammenfanden, viele Tagesreisen von ihren früheren Wohnorten am Fluss entfernt. Die Huni Kui hatten das Glück, in Xumu einen Anführer zu haben, der alle Überlebenden ausfindig machte und sie zusammenführte. Xumu sagte:

> Unser Volk musste unzählige Überfälle und Grausamkeiten durch die Kautschuksammler erdulden, als wir noch am Tarauaca-Fluss lebten. Männer wurden ermordet, Frauen vergewaltigt und getötet, Kinder verschleppt. Warum sollten sie unsere Kinder entführen, außer um sie zu essen?
>
> Erinnerst du dich an die alte Frau, die dich töten wollte, als du hier ankamst? … Sie hat ihre ganze Familie beim letzten Raubzug verloren, bevor wir in die Mitte des Waldes zogen … Die meisten Greueltaten wurden in keiner Weise gerächt. Der einzige Weg, wie wir uns für die vergangenen Schrecken des Verlustes unserer Kinder rächen können, ist zu tun, was diese Männer getan haben [das Töten von Kautschuksammlern]. Damit es aufhört, müssen wir warten, bis all die alten Menschen, die einen Teil ihrer Familie verloren haben, nicht mehr da sind oder zumindest vergessen haben. Du weißt inzwischen, dass sie nicht leicht oder schnell vergessen.[18]

Rache kann natürlich für die Opfer des Imperialismus zum Fluch werden, denn die Erfüllung dieses Wunsches kann zu endlosen Kriegen, großer Grausamkeit auf allen Seiten und schließlich zur Vernichtung der schwächeren Partei führen.

In den 1760er Jahren versuchten viele Eingeborene, sich der britischen Expansion im Gebiet von Pennsylvania und West-Virginia zu widersetzen. Ihr Widerstand veranlasste General Jeffrey Amherst, den britischen Befehlshaber, 1763 zu einem Schreiben an Oberst Henry Bouquet: »Könnte man nicht die Pocken unter die unzufriedenen Indianerstämme bringen?« Bouquet antwortete, er werde versuchen, eine Epidemie auszulösen, und erwähnte den Wunsch, »das Ungeziefer« mit Hunden zu jagen. Amherst antwortete: »Sie werden gut daran tun, die Indianer mit Decken [in denen Pockenkranke geschlafen haben] zu impfen, ebenso wie mit jeder anderen Methode, die zur Ausrottung dieser abscheulichen Rasse dienen kann. Ich würde mich sehr freuen, wenn Ihr Plan, sie mit Hunden zu jagen, in die Tat umgesetzt werden könnte.«[19]

»Sie werden gut daran tun, die Indianer mit Decken [in denen Pockenkranke geschlafen haben] zu impfen, ebenso wie mit jeder anderen Methode, die zur Ausrottung dieser abscheulichen Rasse dienen kann. Ich würde mich sehr freuen, wenn Ihr Plan, sie mit Hunden zu jagen, in die Tat umgesetzt werden könnte.«

Leider ist diese Art von Bösartigkeit, die keine »Regeln« der Kriegsführung kennt, in Amerika immer noch an der Tagesordnung, vor allem, wenn amerikanische Ureinwohner betroffen sind. So haben in Guatemala, El Salvador und Nicaragua die lokalen rechten Eliten, die von den Vereinigten Staaten unterstützt werden, in den letzten Jahrzehnten Greueltaten gegen Indianer und Halbindianer begangen, die an Kolumbus, Nuño de Guzman, Pizarro und andere berüchtigte Schurken von vor 400 Jahren erinnern. Zehntausende von Amerikanern wurden gefoltert, bombardiert, lebendig verbrannt, vergewaltigt, ausgeweidet, enthauptet und ins Exil gezwungen, um die Privilegien und den Reichtum multinationaler Konzerne, kleiner weißer Minderheiten und ihrer korrumpierten Mischlinge zu erhalten.

Weiße Wissenschaftler und populäre Autoren sprechen oft von »Menschenopfern«, als ob es sich dabei um eine Praxis handelte, die auf die Azteken, Karthager, Pazifikinsulaner oder andere außereuropäische Völker beschränkt sei. Seit 1978 wurde jedoch in Mittelamerika vielleicht eine Viertelmillion indianischer Menschen geopfert, um den sozialen Status und die Gewinne reicher Menschen und Unternehmen zu sichern. Ein groteskes »antikommunistisches« Ritual wurde geschaffen, um dieser weltlichen Zeremonie der Menschenopfer einen ideologisch-zeremoniellen Anstrich zu geben. Wir dürfen nicht länger zulassen, dass eurozentrische Gelehrte den Begriff »Menschenopfer« so definieren, dass wir glauben, ein Priester in einer seltsamen Verkleidung müsse einem Opfer das Herz herausschneiden, damit der Akt zum Menschenopfer wird. Ganz im Gegenteil, die größten und umfangreichsten Akte von Menschenopfern wurden oder werden von weltlichen Kräften im Rahmen von Ideologien begangen – mit der Rechtfertigung, Menschenleben für ein größeres Ziel zu opfern, sei es die versuchte Eroberung der Sowjetunion durch die Nazis, der antikommunistische Kreuzzug, der frühere römisch-katholische Kreuzzug zur Bekehrung Amerikas oder die Forderung der Kapitalisten nach billigen Rohstoffen und willfährigen wirtschaftlichen Lehnsgütern. Vielleicht werden die meisten jetzt zu Füßen des Gottes »Profit« geopfert.

Barbara Cavalier von der California Manufacturers' Association wird 1986 mit den Worten zitiert: »Wir glauben, dass man soziale Standards nicht in Investitionspraktiken einfließen lassen sollte.«[20] So hat das Profitstreben in den Finanzzentren Europas, Nordamerikas, Japans, Lateinamerikas, Afrikas und überall sonst Vorrang vor »sozialen Standards« und setzt die weitreichendsten Verbrechen in Gang, die man sich vorstellen kann. Billiger Kautschuk, Bananen, Kaffee, Uran, welche Ressource es auch sein mag, verlangt zuerst ein Blutopfer, ein kannibalisches Festmahl.[21]

neun

»Wilde«, freie Menschen und der Verlust der Freiheit

In jedem Fall hört der Angriff auf die Ureinwohner und Mischlinge in Amerika nicht auf – er ist unerbittlich. Mord, Folter und Versklavung sind in Lateinamerika immer noch an der Tagesordnung, und auch in Nordamerika kommt es immer dann zu Gewalt, wenn die amerikanischen Ureinwohner ihr Land und ihre Ressourcen verteidigen wollen. Aber die Angriffe waren immer auch psychologischer Natur, und hier richtet *Wétiko* den größten Schaden an. Die Kolonialisten verbreiten ihre Vorstellungen von rassischer und kultureller Überlegenheit und verwandeln die bis dahin freien Menschen in Superhühner (sozusagen) mit einer besonders intensiven und brutalen Hackordnung. Diese Hackordnung (Ränge, soziale Klassen, Kasten und so weiter) ist es natürlich, die das System der Ausbeutung aufrechterhält und die Massen, die seine Opfer werden, unterdrückt. Solche Systeme sind eine Form von körperlichem und seelischem Terrorismus, auf den im nächsten Kapitel näher eingegangen wird.

Indianer (und andere Volksgruppen) sind das Ziel intensiver Programme zur sozialen Transformation, die von zusammenwirkenden Teams aus Missionaren, Armeen, Befriedungstrupps, sogenannten »Entwicklungshelfern« und anderen durchgeführt werden.

Wie bereits erwähnt, sind Indianer (und andere Volksgruppen) das Ziel intensiver Programme zur sozialen Transformation, die von zusammenwirkenden Teams aus Missionaren, Armeen, Befriedungstrupps, sogenannten »Entwicklungshelfern« und anderen durchgeführt werden. Tragischerweise sind europäische Akademiker manchmal nicht nur Teil dieser Teams, sondern tragen auch zu den rationalen intellektuellen Begründungen bei, die die Imperialisten manchmal verwenden. So besuchte beispielsweise der Schriftsteller Francis Huxley 1951 die Caapor-te (auch Kaapor oder Urubu genannt) in Brasilien und verfasste anschließend ein Buch mit dem Titel *Affable Savages*. Er schreibt:

> Verglichen mit uns haben die Indianer wenig Schamgefühl … es mag den Anschein haben, dass das Leben der Urubu im Grunde genommen schäbig ist, und die Indianer werden treffend als Wilde bezeichnet. In der Tat, auch wenn dies ein etwas unhöfliches Wort ist, lässt sich nicht leugnen, dass die Urubus Wilde sind. Sie waren gut bekannt für ihre Grausamkeit und Rachsucht im Krieg, in den Tagen bevor sie befriedet wurden; ihre Riten, zu denen das Töten und Essen eines feindlichen Gefangenen gehörte, waren durch und durch wild; und ihre Sitten sind oft sowohl roh als auch barbarisch. Aber – abgesehen von ihren Tugenden wie Gastfreundschaft, Mut und Ehrlichkeit – ist dies bei weitem nicht alles, was man über sie sagen kann. Ein Indianer mag zwar ein Wilder sein, aber das heißt nicht, dass er charakterlos ist.[1]

Dies ist eine Passage, die von einem Europäer geschrieben wurde, der sich offensichtlich keine Indianer unter seinen Lesern vorstellen kann, schon gar keine Urubus. Noch bezeichnender ist jedoch der unglaubliche kulturelle Chauvinismus, der Huxley für die Realitäten des portugiesischen (und britischen) Verhaltens blind macht und ihn dazu bringt, fast 450 Jahre europäischer Aggression gegen die amerikanischen Ureinwohner in diesem Teil Brasiliens zu ignorieren. Huxley bildet sich ein, dass er die Caapor-te von 1900–1951 so behandeln kann, als hätten sie nie Jahrhunderte des Sklavenhandels, der Invasion durch Goldsucher, der Invasion durch Kautschuksammler und so weiter erlebt. Wenn die Urubu (wie er sie nennt, ein Name, gegen den sie sich wehren) in den 1920er Jahren rachsüchtige Krieger waren, könnte das nicht zum Teil durch ihre tragische Geschichte zu erklären sein?

Huxley selbst stellt fest, dass die Portugiesen etwa fünf Generationen zuvor begannen, in die Wälder vorzudringen, und die Stämme zwangen, sich in die Gebiete anderer Nationen zurückzuziehen. Er sagt: »Die Urubus scheinen in der Mitte dieser Bewegungen gefangen gewesen zu sein und lebten in solcher Angst vor Überfällen, sowohl von anderen Indianerstämmen als auch von den vorrückenden Brasilianern, dass sie sich in die Wälder zurückzogen...« Der heutige Stamm der Urubu, so sagt er, stamme von nur zwei überlebenden Urubu-Männern ab, die einem benachbarten Stamm die Frauen gestohlen haben.[2]

Unglaublich! Wir stellen also fest, dass diese »Wilden« in Wirklichkeit nur ein gemischtes Überbleibsel von Hunderten Jahren der Kriegsführung mit direkter Aggression durch Europäer sind, und dennoch wird ihr Charakter und ihre Kultur für immer als wild definiert. Aber dann sagt Huxley auch solche Dinge wie »Sex unter Indianern neigt immer dazu, schamlos zu sein«;[3] diese Art der Verallgemeinerung, so scheint mir, offenbart uns deutlich den einseitigen, antiamerikanischen* Charakter der Schriften dieses Europäers. Tatsache ist, dass die amerikanischen Ureinwohner, wie auch andere Nichteuropäer, mehrere Jahrhunderte lang unter diffamierenden Schriften zu leiden hatten. In einigen Fällen haben die europäischen Gelehrten vielleicht nur aus Unwissenheit oder aus allgemeinen Vorurteilen heraus geschrieben. In anderen Fällen jedoch liegt der Verdacht nahe, dass sie den betroffenen Gruppen schaden wollten und dass ihre voreingenommenen Behauptungen ein bewusster Teil der allgemeinen Offensive gegen nicht-westliche Völker waren.

1885 schrieb Theodore Hittell in seiner *Geschichte Kaliforniens* über die weitgehend friedlichen amerikanischen Ureinwohner Kaliforniens:

* Forbes meint hier mit den Amerikanern die amerikanischen Ureinwohner. Gewiss hat er ganz bewusst diesen Begriff gewählt, um einmal einen ganz anderen Zusammenhang herzustellen. [Anm. d. Übers.]

> Aufgrund ihres niedrigen Ranges auf der Skala der Menschheit waren sie mit wenigen Ausnahmen so herabgekommen wie ihre Nachbarn in Niederkalifornien und daher fast so verkommen wie alle menschlichen Wesen auf der Erde ... alle waren gleichermaßen dumm und brutal ... im allgemeinen glichen sie bloß allesfressenden Tieren ohne Regierung oder Gesetze ... und [sie] waren fast ständig in einem Kriegszustand und bereit, bei der geringsten Provokation zu töten ... Es gab unter ihnen wenige oder gar keine Exemplare von körperlicher Schönheit, weder bei den Frauen noch bei den Männern.[4]

Hittells Standpunkt, der sich weitgehend auf die äußerst voreingenommene Berichterstattung bestimmter Jesuiten- und Franziskanermissionare stützt, kann als eine Art Rechtfertigung für den Völkermord angesehen werden. Hittells Angriff auf den Charakter der amerikanischen Ureinwohner war in praktisch jeder Hinsicht falsch und erfolgte zu einer Zeit, als die amerikanischen Ureinwohner in Kalifornien durch eine Kombination aus Morden, Versklavung, intensiver Arbeitsausbeutung und erzwungener Unterernährung dramatisch von etwa 100.000 auf 18.000 reduziert worden war. Die Mörder der kalifornischen Indianer (und die Diebe, die ihnen gnadenlos ihr Land weggenommen hatten) konnten sich dank dieser unverhohlenen Propaganda ohne Schuldgefühle zurücklehnen und ihre Machtpositionen und ihr Ansehen genießen.

Ein weitaus kompetenterer Historiker, Hubert Howe Bancroft, beschrieb das Schicksal der Ureinwohner Mittelkaliforniens mit diesen Worten:

> Das kalifornische Tal kann sich nicht mit einem einzigen Indianerkrieg schmücken, der auch nur irgendwie als solcher zu bezeichnen gewesen wäre. Es kann sich jedoch rühmen, dass unsere ehrlichen Bergleute und tapferen Pioniere dort hundert Mal so brutal massakriert haben wie in jedem anderen Gebiet von der gleichen Ausdehnung wie unsere Republik. Die armen Eingeborenen Kali-

> forniens hatten weder die Kraft noch die Intelligenz, sich in nennenswerter Zahl zusammenzuschließen; wenn also hin und wieder einer von ihnen den Mut aufbrachte, seine Frau und seine Kinder zu verteidigen oder sich für einen der vielen Übergriffe zu rächen, die ständig von Weißen an ihnen verübt wurden, war das für die Bergleute und Siedler Grund genug, sich zusammenzutun und jeden Indianer, dem sie begegneten, ob alt oder jung, unschuldig oder schuldig, freundlich oder feindlich, niederzuschießen, bis ihr Blutdurst gestillt war.

Leider teilte Bancroft auch ein tiefes Vorurteil gegenüber den kalifornischen Indianern, das allerdings durch die Bereitschaft, das schlimme Verhalten der weißen Eindringlinge zu verurteilen, etwas ausgeglichen wurde:

> Die Wilden waren im Weg, die Bergleute und Siedler waren anmaßend und unduldsam … Es war eine der letzten Menschenjagden der Zivilisation, und zwar die gemeinste und brutalste von allen.
>
> Wir wissen nicht, warum die Digger-Indianer in Kalifornien … auf der Intelligenzskala so viel niedriger standen als ihre Nachbarn; aber da sie verkommen und ungebildet waren und in gewissem Maße harmlos, bis sie zertreten wurden, war es sicherlich kein Zeichen hohen Verdienstes seitens der Neuankömmlinge, sie so schnell auszurotten.[5]

Solche Schriften, von Feind und »Freund«, sind Beispiele für den psychologischen Terror, dem die amerikanischen Ureinwohner seit vielen Generationen ausgesetzt sind, wann immer sie mit den Ansichten der weißen Welt über sie konfrontiert werden (eine Exposition, der man kaum entkommen kann). Zwei weitere Beispiele für »wissenschaftliche« Angriffe sollen hier angeführt werden.

1875 schrieb Charles Maclaren, ein Mitglied der Royal Society in Edinburg:

> Die indigene Bevölkerung Amerikas zeigt den Menschen unter vielen Aspekten und die Gesellschaft in verschiedenen Stadien, von der regulären, aber begrenzten Zivilisation Mexikos und Perus bis hin zum wilden Leben in seinem brutalsten Zustand der Verkommenheit … Die intellektuellen Fähigkeiten dieser großen Familie scheinen entschieden minderwertig zu sein, wenn man sie mit denen der kaukasischen oder mongolischen Rasse vergleicht. Die amerikanischen Ureinwohner sind nicht nur den Zwängen der Bildung abgeneigt, sondern auch größtenteils unfähig zu einem kontinuierlichen Denkprozess über abstrakte Themen …
>
> Ihr Erfindungs- und Nachahmungsvermögen scheint sehr bescheiden zu sein, und sie haben auch nicht den geringsten Sinn für Kunst und Wissenschaft.[6]

Vor einigen Jahren schrieb die argentinische Historikerin Hebe Clementi in der Zeitschrift *American Studies International*, dass die südbrasilianischen *Bandeiras* (Raubzüge) in der frühen Kolonialzeit »Indianer fingen« und viele »von Indianern bewohnte Gebiete« überfielen. Diese *Bandeiras*, die von portugiesischen Männern angeführt wurden (obwohl es sich um eine »Luso-Tupi-Formation« handelte), wirkten überaus zerstörerisch auf das Leben der amerikanischen Ureinwohner. Professorin Clementi erklärt:

> Der *Bandeira* ist eine Reihe von *unbestreitbaren Tugenden* zu verdanken:
>
> 1. Sie erweiterten das brasilianische Territorium …
> 2. Sie trugen zur Erforschung des Inneren von Südamerika bei.
> 3. *Sie sorgten für die europäische Besiedlung des Landesinneren* sowohl durch die Erkundung des Raumes als auch *durch die massive Ausrottung der einheimischen Bevölkerung*.
> 4. Sie begünstigten die Rassenmischung zwischen Indianern und Weißen und trugen zur Amerikanisierung der Bevölkerung bei … [Kursivierung vom Autor][7]

Selten wird ein Thema so explizit ausgesprochen, das sich implizit in vielen weißen Geschichtswerken findet: Die Ausrottung der amerikanischen Ureinwohner war in der Tat eine »unbestreitbare« Tugend, weil sie Platz für die Weißen schaffte, einschließlich der Weißen, die heute das Privileg der höheren Bildung und einer wissenschaftlichen Karriere genießen.

Wir könnten voreingenommene oder rassistische »Gelehrsamkeit« getrost ignorieren, wenn da nicht eine Sache wäre: Solche Propaganda ist tödlich. Sie rechtfertigt nicht nur die völkermörderische Politik früherer Regierungen, sondern liefert auch Munition für rassistische Lehrer, Missionare und viele andere. – Munition, die sie verwenden, um den Stolz, die Würde und die psychologischen Überlebensmöglichkeiten eines Volkes durch Aussagen wie »dein Volk sind Wilde« oder »dein Volk stand der Entwicklung im Weg« zu zerstören.

Wir könnten voreingenommene oder rassistische »Gelehrsamkeit« getrost ignorieren, wenn da nicht eine Sache wäre: Solche Propaganda ist tödlich.

Luther Standing Bear stellte schon vor sechzig Jahren fest, dass einige weiße Autoren irreparablen Schaden angerichtet haben. »Es sind Bücher über den amerikanischen Ureinwohner geschrieben worden, die sein wahres Wesen so entstellen, dass er kaum noch einem echten Menschen ähnelt …«[8]

Eine Ojibwe-Frau, Rose Mary (Shingobe) Barstow, erzählt:

> Im Herbst ging ich wieder zur Schule … Wir lasen ein Geschichtsbuch über »die Wilden …« Es gab ein [Bild] von einer Gruppe von Kriegern, die Weiße angriffen. Ich habe das Bild der Schwester gezeigt. Sie sagte: »Rose Mary, weißt du nicht, dass du eine Indianerin bist?« Ich sagte: »Nein, bin ich nicht …« Später, als sie zu Hause war, versuchte ihr Großvater, das negative Bild zu korrigieren.[9]

Eine andere Indianerin, Bonita Calachaw, schrieb in ihrem Tagebuch:

> Ich bin skeptisch gegenüber vielen Erzählungen des Weißen Mannes geworden. Ihre historischen Schriften über mein Volk wurden von verrückten Männern und Frauen verfasst, deren Hass so verzerrt war, dass ich glaube, sie litten an einer Art psychischem Determinismus, getrieben vom Pflichtgefühl, für Geld als Lebensunterhalt weiterzumachen.[10]

Es wäre jedoch ein Fehler, die meisten europäischen Wissenschaftler einfach als Rassisten oder Chauvinisten abzutun. Man könnte zum Beispiel Claude Levi-Strauss für sein Buch *The Savage Mind* angreifen (denn es ist schwer, sich eine Bedeutung für das Wort »savage« [wild] vorzustellen, die überhaupt schmeichelhaft ist, selbst im Französischen). Nichtsdestotrotz enthalten die Schriften von Levi-Strauss einige interessante Beobachtungen:

> Unsere große westliche Zivilisation, die die Wunder geschaffen hat, an denen wir uns heute erfreuen, hat es nur geschafft, sie auf Kosten der entsprechenden Übel hervorzubringen … Das erste, was wir sehen, wenn wir um die Welt reisen, ist unser eigener Schmutz, der der Menschheit ins Gesicht geworfen wird.

Später sagt er:

> Ich habe das historische Privileg verstanden, das das tropische Amerika (und in gewissem Maße der gesamte amerikanische Kontinent) immer noch dadurch genießt, dass es völlig oder relativ unbesiedelt ist. Freiheit ist weder eine juristische Erfindung noch eine philosophische Eroberung, ein geschätzter Besitz der Zivilisation, der mehr gilt als andere, weil nur sie in der Lage waren, ihn zu schaffen oder zu erhalten. Sie ist das Ergebnis einer objektiven Beziehung zwischen dem Individuum und dem von ihm bewohnten Raum, zwischen dem Verbraucher und den ihm zur Verfügung stehenden Ressourcen … Was mich in Asien erschreckt, ist die Vision unserer eigenen Zukunft, die es bereits erlebt [das heißt

> Überbevölkerung]. Im Amerika der Indianer hege ich die Erinnerung an eine Epoche, wie flüchtig sie auch immer geworden sein mag, in der die menschliche Spezies im Verhältnis zu der von ihr bewohnten Welt stand und in der es noch eine gültige Beziehung zwischen dem Genuss der Freiheit und den sie bezeichnenden Symbolen gab.[11]

Levi-Strauss hat natürlich die Schönheit dieses amerikanischen Landes gesehen und gespürt, wie es von den Ureinwohnern gepflegt wird, und er hat auch die Freiheit gesehen, die durch eine bescheidene Bevölkerung ermöglicht (oder zumindest gefördert) wird. Aber war dies das Ergebnis eines bloßen Zufalls? Levi-Strauss selbst stellt fest, dass »die Nambikwara nicht viele Kinder haben ... Geschlechtsverkehr ist zwischen den Eltern verboten, bis das jüngste Kind entwöhnt ist, das heißt bis zu seinem dritten Lebensjahr«.[12] Dies trifft oder traf auf die meisten amerikanischen Kulturen zu und ist, zusammen mit der weit verbreiteten Verwendung von Verhütungsmitteln, zweifellos einer der Gründe, warum Amerika bis vor kurzem nicht überbevölkert war.

Es ist falsch zu glauben, dass »Freiräume« allein Freiheit schaffen. Die Spanier, Portugiesen, Russen und andere Gruppen mit autoritärem Hintergrund haben in Sibirien oder Amerika keine »freien« Gesellschaften geschaffen, selbst wenn das Land nur dünn besiedelt war. Andererseits ist es vielleicht richtig, dass Überbevölkerung oft ein Merkmal von Wétiko-Gesellschaften ist. Wie wir an Ost-Peru gesehen haben, haben die Menschen, die eine indianische Lebensweise führen, kleine Familien, während ihre europäisierten Verwandten sehr große Familien haben. Die Ureinwohner waren sich des Verhältnisses von Freiheit und Freiraum oft sehr bewusst. Im Jahr 1867 sagte Ten Bears, ein Comanche, zu einem US-Abgeordneten:

> Sie sagten, Sie wollten uns in ein Reservat stecken, um uns Häuser und Medizinhütten zu bauen. Ich will sie nicht. Ich bin in der

> Prärie geboren, wo der Wind frei weht und es nichts gibt, was das Licht der Sonne bricht.
>
> Ich wurde dort geboren, wo es keine Umzäunungen gab und wo alles einen freien Atem hatte. Ich möchte dort sterben und nicht zwischen Mauern…[13]

Überbevölkerung ist zweifellos ein sehr gefährliches Phänomen, was die Freiheit und die Vernunft betrifft. Sie scheint auch ein direktes Ergebnis der Schaffung von *Wétiko*-dominierten Gesellschaften zu sein, oder zumindest korreliert sie sehr gut mit Letzteren. Vielleicht resultiert es aus der Degradierung der Frauen in einem Wétiko-System, vielleicht hängt es mit dem Zerfall traditioneller volkstümlicher Werte zusammen, vielleicht wird es durch den Bedarf von Industriellen, Generälen und Diktatoren an ständiger Versorgung mit Kanonenfutter und billigen Arbeitskräften stimuliert.

Auf jeden Fall scheint die Wétiko-Krankheit, wie so viele europäische Seuchen, bei Überbevölkerung zu gedeihen. Und in den Elendsvierteln, Fabrikstädten und überfüllten Landstrichen leben Babys, Gewalt, Gaunerei, Prostitution, Hunger, Unterernährung, Alkoholismus, Drogensucht und Angst oft Seite an Seite in einer sich ständig fortpflanzenden Kultur der Demoralisierung, die nur durch Gefängnisse und monströse Streitkräfte zu kontrollieren ist. Aber natürlich leben die »Big *Wétikos*« nicht in diesen Slums, weder auf dem Land noch in der Stadt. Sie leben, wie sie es schon immer getan haben, in schicken Häusern oder Wohnungen, bewacht von den Sicherheitskräften, deren Gehälter sie bezahlen.

Unnötig zu sagen, dass es sehr, sehr einfach ist, ein *Wétiko* zu werden. Man muss nicht verroht und verarmt sein, wie die armen *caboclos* in Brasilien, die *mestizos* in Peru oder die *ladinos* in Südmexiko. Es gibt viele andere Möglichkeiten, entweder ein *Wétiko* oder zumindest ein Komplize oder Helfer der *Wétikos* zu werden. *Eines der wesentlichen Merkmale freier, demokratischer, nicht-imperialistischer Gesellschaften ist, dass alle Menschen* – Männer und Frauen, Junge, Alte und »Sonderlinge« – *gleichermaßen respektiert werden*.

Gene Weltfish, der jahrelang mit den Pawnee zusammengearbeitet hat, sagte:

> Sie waren ein diszipliniertes Volk, das die öffentliche Ordnung unter vielen schwierigen Umständen aufrechterhielt. Und doch hatten sie keinen der Machtmechanismen, die wir für ein geordnetes Leben für unerlässlich halten. Es wurden nie Befehle erteilt … Immer wieder versuchte ich, einen Fall zu finden, in dem Befehle erteilt wurden, aber es gab keine. Allmählich begann ich zu begreifen, dass Demokratie eine sehr persönliche Sache ist, die wie die Nächstenliebe zu Hause beginnt. Im Grunde bedeutet sie, dass man nicht gezwungen wird und es nicht nötig hat, jemand anderen zu zwingen. Der Pawnee lernte diese Art zu leben schon in den frühesten Anfängen seines Lebens. In den einzelnen Geschehnissen des täglichen Lebens als Kind begann der Mensch seine Entwicklung als disziplinierter und freier Mann oder als freie Frau, die ihre Würde und ihre Unabhängigkeit als unantastbar empfand.[13]

Ein früher Reisender im Süden der Vereinigten Staaten war William Bartram. Er stellte fest, dass die Muscogees (Creeks)

> gerecht, ehrlich, großzügig und gastfreundlich gegenüber Fremden sind; rücksichtsvoll, liebevoll und zärtlich zu ihren Frauen und Verwandten; liebevoll zu ihren Kindern; fleißig, sparsam, maßvoll und ausdauernd; wohltätig und nachsichtig. Ich habe mich wochen- und monatelang unter ihnen und in ihren Ansiedlungen aufgehalten und nie auch nur das geringste Anzeichen von Streit oder Zank beobachtet: Nie sah ich einen Indianer, der seine Frau schlug oder sie gar im Zorn tadelte. In diesem Fall sind sie ein Beispiel für die zivilisiertesten Nationen … denn ihre Frauen verdienen in der Tat ihre Wertschätzung und die sanfteste Behandlung, da sie fleißig, sparsam, vorsichtig, liebevoll und zärtlich sind … Ihre interne Polizei und Familienwirtschaft … stellen dieses Volk unbestreitbar in ein glänzendes Licht: ihre Freizügigkeit, ihre

> Vertrautheit und ihr freundschaftlicher Umgang miteinander, ohne jede Einschränkung durch zeremonielle Formalitäten, als ob sie nicht einmal den Nutzen oder die Notwendigkeit verspürten, Leidenschaften oder Neigungen des Geizes, des Ehrgeizes oder der Begehrlichkeit zu unterbinden … Wie sollen wir ihre ausgezeichnete Politik in der Zivilverwaltung erklären; sie kann ihren Einfluss nicht von Zwangsgesetzen ableiten, denn sie haben kein solches künstliche System. Die göttliche Weisheit bestimmt, und sie gehorchen.[14]

Dorothy Lee stellte nach ihrer Arbeit mit dem Wintu-Volk in Nordkalifornien fest, dass dieses seinen Kindern keine Freiheit »schenkt«, sondern die eigenen Entscheidungen des Kindes respektiert, indem es beispielsweise auf die Fütterungswünsche des Säuglings eingeht. Damit sind sie nicht »freizügig«, sondern zeigen ihren tief verwurzelten Respekt vor dem individuellen Wert und ihr Bewusstsein für das einzigartige Zeitmaß des einzelnen. Dorothy Lee fand auch heraus, dass die Wintu-Sprache Verben, die im Englischen Zwang oder Besitz ausdrücken, in einer kooperativen, nicht zwingenden Weise verwendet, wie etwa »ich bin verschwistert« oder »ich lebe mit einer Schwester« statt »ich habe eine Schwester«.[15]

Black Hawk hat die Philosophie der amerikanischen Ureinwohner in den 1830er Jahren sehr gut dargelegt:

> Ich für meinen Teil bin der Meinung, dass wir, soweit wir *Vernunft* haben, auch das Recht haben, sie zu gebrauchen, um zu entscheiden, was richtig oder falsch ist; und wir sollten dem Weg folgen, den wir für richtig halten … Wenn der Große und Gute Geist wollte, dass wir so glauben und handeln wie die Weißen, könnte er leicht unsere Meinungen ändern, damit wir so sehen, denken und handeln wie sie. Wir sind *nichts* im Vergleich zu seiner Macht, und wir fühlen und wissen es.
>
> Wir haben Männer unter uns, die – wie die Weißen – vorgeben, den richtigen Weg zu kennen, aber nicht bereit sind, ihn ohne Be-

> zahlung zu zeigen! Ich habe kein Vertrauen in ihre Wege – sondern ich glaube, dass jeder seinen eigenen Weg gehen muss![16]

Während die Gesellschaften der amerikanischen Ureinwohner dazu neigen, selbstdisziplinierte, aber nicht gezwungene Individuen heranzuziehen, die das Recht haben, ihren eigenen Weg zu gehen, versuchen bestimmte andere Gesellschaften leider sehr oft, ihre Jugend dazu zu erziehen, »Befehle zu befolgen« und sich an die von anderen formulierten Regeln zu halten, seien sie nun moralisch oder unmoralisch, logisch oder unlogisch. So akzeptierte Admiral Yamamoto von der japanischen Marine, obwohl er persönlich gegen einen Krieg mit den Vereinigten Staaten war (sowohl aus ethischen als auch aus taktischen Gründen), seine Befehle und »gehorchte seinem Kaiser«. Er plante den geheimen Angriff auf Pearl Harbor im Jahr 1941 und führte dann den Seekrieg Japans energisch an, weil er »Befehlen gehorchte«.

Yamamoto scheint ein sehr sensibler Mann gewesen zu sein, ein Mann, der den Japanern, die Militarismus und Imperialismus verachteten, ein Beispiel hätte sein können. Stattdessen wurde er ein Mörder erster Klasse, der Zehntausende für eine Sache tötete, an die er nicht glaubte.

Unnötig zu erwähnen, dass *Wétikos* genau solche Männer lieben! Ohne sie hätten die Hitlers, Stalins, Reagans und so weiter Schwierigkeiten, ihre Armeen im Feld zu halten. Viele »große *Wétikos*« sind nur ihrem eigenen Interesse gegenüber loyal, aber ihr Erfolg hängt oft davon ab, andere davon zu überzeugen, dass »Loyalität und Gehorsam« die höchsten Tugenden des Lebens sind.

Viele Kirchen und Sekten, vor allem in der sogenannten christlichen Welt, haben ausgeklügelte Systeme der Indoktrination entwickelt, um den Verstand von Kindern und Erwachsenen zu kontrollieren. Natürlich haben sie Angst, dass ihre Kinder durch den Kontakt mit »fremden« Ideen kontaminiert werden könnten, und vergessen dabei, dass ein spiritueller Weg, der von anderen vorgezeichnet und kontrolliert wird, überhaupt kein Weg ist, sondern nichts weiter als ein Irrgarten, der nirgendwohin führt. Kinder, die von ihren Eltern kontrolliert werden (und beide von ihrer Sekte), sind wie Ratten in einem sorgfältig angelegten, endlosen Irrgarten. Der eigentliche Zweck des spirituellen Lebens wird meines Erachtens durch eine solche Vorenthaltung der individuellen Freiheit und Verantwortung zunichte gemacht.

In jedem Fall bringen autoritäre Kirchen ihren Anhängern bei, Befehle zu befolgen und Regeln einzuhalten. Daher können sie oft rekrutiert werden, um auf Befehl zu töten, und insbesondere, um Menschen zu töten, die »Wilde«, anders oder fremd sind. Bezeichnenderweise sind solche Kirchen auch (wie bereits gezeigt) selbst oft äußerst imperialistisch.

Ein Beispiel dafür sind die evangelikalen Protestanten und die mormonischen Missionare, die heute aktiv versuchen, die Ureinwohner zu bekehren. Die mormonische und fundamentalistische Kultur ist in vielerlei Hinsicht das genaue Gegenteil der amerikanischen Ureinwohner: Sie ist doktrinär und streng patriarchalisch. Außerdem sind sie sehr aggressiv und expansiv. Den Beweis dafür liefert die Mormonenkirche in Utah und den nahegelegenen Gebieten von Idaho, Nevada und Arizona, wo es den weißen Mormonenkolonien gelungen ist, große Gebiete des Landes der Ureinwohner in Besitz zu nehmen. Man braucht sich nur die Karten der »Mormonenzone« anzusehen, um festzustellen, dass die einheimischen Shoshone, Southern Paiute und einige Ute-Stämme in diesem Gebiet ungewöhnlich kleine oder gar keine Reservate erhalten haben. Oder man kann sich in die Region Phoenix in Arizona begeben und erfahren, wie sich Mormonenkolonien auf dem Land der Pima niederließen und sich das Wasser der Flüsse Salt und Gila aneigneten, oder wie Mormonen das Land der Navajo, Apachen und A'shivi (Zuñi) in der Gegend südlich von Gallup besiedelten und ebenfalls riesige Ländereien erwarben.

Natürlich gibt es, wie bei den meisten Sekten, einzelne Mormonen, die den amerikanischen Ureinwohnern freundlich und wohlwollend gegenüberstehen, aber die Mormonenkirche als Institution und das

Netzwerk der mächtigen, wohlhabenden Mormonen stellen eindeutig eine Bedrohung für die Unabhängigkeit und das Überleben der Ureinwohner in Arizona und anderen Regionen dar.

Die mormonische Lehre besagt, dass alle großen Errungenschaften der Ureinwohner in Wirklichkeit der Beitrag »weißer« Menschen (angeblich der Israeliten, von denen die Mormonen annehmen, dass sie weiß waren) waren. Die braune Farbe der Ureinwohner ist das Ergebnis eines Fluchs und wird verschwinden, wenn sie zum Mormonentum bekehrt werden. Tragischerweise unterscheidet sich diese extrem rassistische Doktrin nicht so sehr von ähnlichen Lehren anderer weißer Sekten, einschließlich fundamentalistischer protestantischer Sekten, die auch schon gepredigt haben, dass ein Indianer weiß werden könne, wenn er »gerettet« wird.

Während einige amerikanische Ureinwohner sich entschieden, die Lehren der weißen Missionare anzunehmen, sahen andere, wie Bonita Calachaw, darin etwas Unangenehmes und Negatives. Sie schrieb: »Die Indianer entdeckten, dass sie nicht nur für die Freiheit, für das Recht zu leben, kämpfen mussten, sondern auch gegen die fremden Götter des weißen Mannes. Die Reaktion war, die Indianer kirchlich auszubilden. Und die Verwirrung ist jetzt hoch wie ein Berg.«[17]

In jedem Fall können *Wétikos* oder Anhänger von *Wétikos* durch »Verwirrung« entstehen, gefolgt von Sozialisierungssystemen, die eher »Mitläufer« als freie Menschen hervorbringen und Doktrinen der rassischen oder kulturellen Überlegenheit predigen. Wie Juan Matus sagte: »Man ist so, wie man ist, weil man sich einredet, dass man so ist.«[18]

Aber *Wétiko* kann auch auf viele andere Arten gemacht werden. Seit den 1960er Jahren haben beispielsweise die Regierungen der Vereinigten Staaten und Kanadas aktiv versucht, die Ureinwohner (und die Schwarzen) durch staatliche Zuschüsse, Subventionen, leicht verdientes Geld, staatliche Arbeitsplätze, staatliche »Tagesgelder« und die Illusion von Macht zu kontrollieren. Diese Technik der Kooptation ist natürlich nichts Neues, aber seit etwa 1965 haben sich die Möglichkeiten der Korruption enorm erhöht.

Stellen wir uns zum Beispiel einen jungen Indianer vor, der seinen Highschool-Abschluss macht. In der Regel ist er das Ergebnis einer mindestens sechzehnjährigen Ausbildung in einem von Weißen dominierten Umfeld. Er kann auch Mitglied einer indianischen Gemeinschaft sein, in der es Indianer gibt, die in der Vergangenheit durch krumme Geschäfte oder durch Arbeit für die Regierung »vorangekommen« sind. In jedem Fall ist unser junger Mann selbst nicht unehrlich. Wahrscheinlich ist er sogar naiv, denn seine weiße Ausbildung wird ihn kaum auf die Zustände der Wétiko-Welt vorbereitet haben.

Vielleicht wird er zu einer von der Regierung gesponserten Indianerkonferenz eingeladen, die (wie üblich) in einem schicken weißen Motel oder Hotel stattfindet. Dort stellt er fest, dass der Beauftragte für Indianerangelegenheiten vielleicht ein Motelzimmer gemietet hat, das niemand bewohnt, in dem jedoch Alkohol steht, der allen Indianerführern offensteht. Viele Anführer betrinken sich und verschlafen entweder die wichtigen Sitzungen oder gehen mit einer Delegierten ins Bett. In jedem Fall lernt er schnell, dass die Entscheidungen nicht in offenen Sitzungen getroffen werden, sondern in geschlossenen Räumen oder von einigen wenigen Schlüsselpersonen.

Unser junger Indianer ist ein intelligenter und ehrgeiziger Mensch. Daher ist er der Meinung, dass man »belohnt« wird, wenn man den Interessen der Obrigkeit nachkommt und ihr nicht zu viele Steine in den Weg legt. Es kann auch sein, dass er von einer erfahreneren Person zur Seite genommen wird, die ihn im Wétiko-Verfahren schult: Wie man »Tagessätze« und Beraterhonorare kassiert; wie man anderen Leuten in den Rücken fällt und im Gegenzug Gefälligkeiten erhält; wie man sich mit den Leitern dieses oder jenes Indianerprogramms zusammentut, um eine Art Junior-Mafia-Gruppe zu bilden; wie man pro-indianische Reden hält und in der Öffentlichkeit ein gutes Image aufrechterhält, während man im Hinterzimmer mit repressiven Behörden sehr kooperativ ist; und schließlich, wie man sich mit den Leuten »anfreundet«, die in einem bestimmten Reservat oder bei einer bestimmten Behörde Zuschüsse, Arbeitsplätze und dergleichen verteilen.

Allmählich kommt unser junger Indianer zu der Überzeugung, dass es in der indianischen Welt keine Ehrlichkeit gibt. Er hat wenig mit traditionellen Menschen zu tun. Die meiste Zeit verbringt er mit indianischen Bürokraten oder mit weißen Kollegen. Sein Leben dreht sich um Treffen in Hotels, informelle Treffen in Bars, Bettgeschichten mit alkoholisierten weiblichen Delegierten und »Geschäftemacherei«. In dieser Atmosphäre verliert unser junger Mann sein Gesicht und ist nahe daran, seinen Verstand zu verlieren.

Viele dieser Menschen lassen sich leicht zu offener Korruption verleiten. Es sind Fälle bekannt, in denen ein Programmleiter Projektgelder für Vergnügungsreisen, für die Miete einer Privatwohnung, für den Kauf von Kleidung, für den Kauf von Alkohol oder für andere illegale Formen der Abzocke verwendet hat. Die Big *Wétikos* stört das nicht – sie fördern es sogar. Und warum? Weil unser junger Mann dann seine »Eier« verloren hat. Er ist ein Gefangener geworden, entweder des Indianerbosses oder der Bundesregierung. Sie können gegen ihn vorgehen oder ihn bloßstellen, wann immer sie wollen. Solange er ihr Lakai bleibt, werden sie ihn natürlich in Ruhe lassen (es sei denn, sie brauchen einen Sündenbock, in diesem Fall könnte er das Opferlamm sein).

Unser junger Mann, jetzt älter und korrupt, kann für den Rest seines Lebens ein Lakai bleiben. Er kann sich aber auch entscheiden, ein »Großer *Wétiko*« zu werden. Dies erfordert eine Menge Hinterhältigkeit, Verrat, Trinken und Manöver. Es erfordert auch die Korruption anderer junger Männer (und Frauen), die ihrerseits in das System eingebunden werden. Seit der Präsidentschaft von Reagan ist es auch möglich, dass ein junger Indianer in das System der weißen Unternehmen integriert wird und für die reichen Investoren arbeitet, die gewöhnlich die Ausbeutung der natürlichen Ressourcen im Indianerland kontrollieren. Oder er oder sie kann für die CIA, das US-Militär oder das FBI arbeiten.

Diese Art von Szenario kann für Chicanos, Afrikaner, Puertoricaner und für jede andere menschliche Gruppe geschrieben werden. Die Details variieren, aber die Essenz ist die gleiche – das Streben nach Macht, Reichtum oder materiellen Dingen, gepaart mit einer schwachen oder verwirrten persönlichen Ethik. Und das Tragische daran ist, dass solche Menschen, ob nun *Wétikos* oder Anhänger von *Wétikos*, es möglich machen, dass Kolonialismus und Unterdrückung weitergehen.

zehn

Terrorismus

Ein häufiger Aspekt des Wétiko-Verhaltens

Der Anschlag vom 11. September 2001 auf New York und das Pentagon, der von neunzehn Männern offensichtlich nahöstlicher Herkunft verübt wurde, führte zu einer sehr vorhersehbaren Reaktion. Regierungssprecher, ein Großteil der Mainstream-Medien und viele Laien riefen in schärfster Form zu Vergeltungsmaßnahmen auf. Der schockierend gewalttätige Anschlag vom 11. September, der den Tod von etwa 3.000 Menschen zur Folge hatte, wurde eindeutig von Personen ausgeführt oder geplant, die an Menschenopfer glauben. Das heißt, dass die Täter wissentlich bereit waren, das Leben Tausender unschuldiger Menschen sowohl in der Luft (Mitreisende) als auch am Boden zu opfern, um ein politisches oder religiös-politisches Ziel zu erreichen.[1]

Opfern (»sacrafice« von *sacra-facere*) bedeutet, etwas Heiliges zu tun oder zu heiligen. Die Flugzeugentführer, die bewusst Selbstmord begingen, glaubten eindeutig an die Heiligkeit, Sakralität oder Erhabenheit ihrer Sache. Wir können solche Personen »Fanatiker« oder »wahre Gläubige« nennen, aber auch »Fundamentalisten« und »Extremisten«. Aber eines sticht ganz klar hervor, nämlich ihre Bereitschaft, nicht nur Selbstmord zu begehen, sondern auch das Leben anderer, unschuldiger Menschen zu nehmen. Ich verwende das Wort »unschuldig« in dem Sinne, dass sie keinen direkten Bezug zu den Missständen hatten, die die Angreifer anprangerten, außer vielleicht das Militärpersonal im Pentagon.

Das selbstherrliche, anmaßende Ausbeuten anderer Menschenleben für die eigenen Zwecke ist natürlich ein zentraler Bestandteil von *Wétiko*, des kannibalischen Verhaltens. Es ist auch ein Merkmal von Raubtieren, da Raubbau immer bedeutet, dass man jemand anderen ausbeutet. Aber ist die Art Terrorismus, für die der 11. September steht, eine Form von Kannibalismus und Raubtierverhalten? Lassen Sie uns zunächst untersuchen, was mit Terrorismus gemeint ist. Webster's Dictionary definiert »Terrorismus« als »die systematische Anwendung von Terror, insbesondere als Mittel der Nötigung«. Terrorisieren wird definiert als »mit Schrecken oder Angst erfüllen« oder »durch Drohung oder Gewalt erzwingen«.

Der Begriff »Terror« stammt aus dem Lateinischen und bedeutet »erschrecken« und kann sich auf »einen Zustand intensiver Angst« und ähnliche Zustände beziehen sowie auf »Gewalt (wie Bombenwerfen), die von Gruppen ausgeübt wird, um eine Bevölkerung oder eine Regierung einzuschüchtern, damit sie ihren Forderungen nachkommen«.[2]

Terrorismus muss nicht unbedingt mit dem Tod oder körperlichen Schäden einhergehen, da das Schlüsselelement bei Terrorakten darin besteht, bei den Opfern Angst und Schrecken zu verbreiten. Dies kann durch die Tötung einiger weniger Personen als »Exempel« geschehen oder durch die bloße Androhung der Tötung, Folterung oder Zerstörung von etwas sehr Wichtigem. Die Schaffung einer Atmosphäre der Angst in der Zivilbevölkerung ist das Hauptmerkmal, während das übergeordnete Ziel natürlich darin besteht, das Verhalten der verängstigten Gruppe zu kontrollieren, zu manipulieren oder zu ändern. Laut Webster ist es »der systematische Einsatz von Terror, insbesondere als Mittel der Nötigung«.

Der systematische Einsatz von Terror scheint als Kontroll- und Beherrschungsstrategie für viele antike Reiche gültig gewesen zu sein, insbesondere während ihrer Expansionsphasen oder wenn sie mit aufsässigen unterworfenen Völkern zu tun hatten. Als klassisches Beispiel kann die spanische Strategie in Amerika angeführt werden. Am 26. Oktober 1598 kam Juan de Oñate, der Anführer der spanischen Invasion in Neu-Mexiko, mit einer großen Gruppe am Pueblo Keres in Nt vorbei. Dort »versorgten uns die Indianer großzügig mit Mais, Wasser und Hühnern«. Am 1. Dezember erreichte Juan de Zaldivar, ein spanischer Offizier, mit einer Gruppe von Soldaten Acoma. Sie verlangten Vorräte und Decken, die die Acoma-Indianer nicht hergeben wollten. Einige Tage später betraten achtzehn Spanier und Gefolgsleute das Pueblo. Sie begannen offenbar damit, Waren und Truthähne gewaltsam zu beschlagnahmen. Infolgedessen wurde ein Acoma-Mann getötet oder verwundet, woraufhin sich das Pueblo in Massen erhob und Zaldivar und vierzehn weitere Eindringlinge tötete.

Terrorismus muss nicht unbedingt mit dem Tod oder körperlichen Schäden einhergehen, da das Schlüsselelement bei Terrorakten darin besteht, bei den Opfern Angst und Schrecken zu verbreiten.

Der Widerstand der Acoma konnte von den Spaniern nicht geduldet werden, da der spanische Erfolg von der vollständigen Unterwerfung der amerikanischen Ureinwohner und der Aneignung ihrer Vorräte zur Ernährung und Bekleidung der europäischen Soldaten und Priester abhing. Vicente de Zaldivar, der Bruder von Juan und Neffe des Kommandanten, führte siebzig gut bewaffnete Soldaten nach Acoma. Den Indianern wurde angeboten, ihre Häuser zu zerstören und sich gefangennehmen zu lassen.

Als die Keres sich weigerten, sich zu ergeben, befolgte Zaldivar den Befehl von Oñate, einen Krieg ohne Gnade zu führen. Wenn amerikanische Ureinwohner am Leben blieben und verschont wurden, sollte Zaldivar die Keres glauben lassen, die Franziskanermönche unter den Soldaten hätten um diese Gnade gebeten. »Auf diese Weise werden sie die Brüder als ihre Wohltäter wahrnehmen … und dazu kommen, sie zu lieben und zu achten und uns zu fürchten.« Bei dem anschließenden Massaker wurden mindestens 800 Männer, Frauen und Kinder kaltblütig ermordet. Die Gefangenen wurden einer nach dem

Das übergeordnete Ziel besteht natürlich darin, das Verhalten der verängstigten Gruppe zu kontrollieren, zu manipulieren oder zu ändern.

anderen aus den Kivas geholt, um in Stücke geschnitten und über die Klippe geworfen zu werden. Die verbliebenen amerikanischen Ureinwohner begannen erneut Widerstand zu leisten, als sie erkannten, was geschah, aber ohne Erfolg. Am Ende wurden etwa 500 Frauen und Kinder und achtzig Männer lebendig gefangen genommen.

Die »Himmelsstadt« Acoma wurde vollständig zerstört, während die Gefangenen in das spanische Hauptquartier in der Nähe des Tewa-Pueblos San Gabriel (das von den Spaniern beschlagnahmt worden war, um als Wohnquartier zu dienen) gebracht wurden. »Die Männer, die über fünfundzwanzig Jahre alt sind, verurteile ich dazu, dass ihnen ein Fuß abgeschlagen wird und sie zwanzig Jahre in persönlicher Knechtschaft leben müssen.« Männer zwischen zwölf und fünfundzwanzig Jahren und alle Frauen über zwölf wurden zu zwanzig Jahren Leibeigenschaft verurteilt. Die jüngeren Mädchen sollten wohl als Dienerinnen verteilt werden, während die Jungen an Vicente de Zaldivar übergeben wurden.

Einige Monate später weigerte sich das Volk von Tompiro, Zaldivar Lebensmittel und Decken zu geben und bot stattdessen Steine an. Oñate selbst stattete bald darauf einen Besuch ab und erhielt nur zwölf oder vierzehn Decken. Am nächsten Tag kündigte er an, dass die amerikanischen Ureinwohner für ihren Affront bestraft werden würden. Sie »setzten Teile des Pueblo in Brand und töteten fünf oder sechs Indianer, während sie sich zurückzogen, und verwundeten andere …« Zwei indianische Anführer wurden zusammen mit ihrem Dolmetscher gehängt. Im Jahr 1601 wurde den drei Tompiro-Pueblos der Krieg erklärt, und in einer sechstägigen Schlacht wurden 800 bis 900 Männer, Frauen und Kinder abgeschlachtet, alle drei Dörfer niedergebrannt und eingeebnet und 400 Gefangene gemacht. Jeder spanische Soldat erhielt einen Mann als Sklaven, während die anderen heimatlos freigelassen wurden.

Ein späterer spanischer Offizier, Juan Fernandez de la Fuente, fasste die oben genannte Philosophie zusammen: »*La Guerra dura haze la paz segura*«, das heißt: »Ein grausamer Krieg macht den Frieden sicher.«[3]

Die Spanier in Neu-Mexiko bedienten sich der Formen des Terrorismus, die bereits von Cortez in Zentralmexiko und von Pizarro in Peru erfolgreich eingesetzt worden waren. Diese Art der Kriegsführung zielte darauf ab, die Bevölkerung in Angst und Schrecken zu versetzen, indem sie entsetzliche Massaker an Menschen verübten, die oft auf einer Plaza zusammengetrieben waren und nicht entkommen konnten. Dieser Terror war und ist ein oft gebrauchtes Mittel, um eine ganze Bevölkerung in Angst und Schrecken zu versetzen und die anschließende Kapitulation der gewünschten Städte oder Gebiete zu erzwingen. Viele Leser werden dies als eine häufig angewandte Taktik bei Eroberungen vieler nahöstlicher, zentralasiatischer und europäischer Imperien erkennen.

Der Terrorismus kann aber auch andere Formen annehmen. Die »Anti-Terror-Kampagnen«, die die US-Regierung nach dem 11. September 2001 eingeleitet hatte, könnten beispielsweise dazu geführt haben, dass viele Einwohner der USA verängstigt wurden, darunter nicht nur Muslime, Menschen aus dem Nahen Osten, Sikhs und so weiter, sondern auch viele andere Personen mit politischen Vorstellungen, die mit der Bush-Regierung nicht übereinstimmen.

Man sollte sich nicht wundern, wenn politische Führer versuchen, Andersdenkende zum Schweigen zu bringen, insbesondere in Zeiten, in denen sie sich bedroht fühlen. Die US-Regierung hat eine lange Tradition darin, abweichende Meinungen zum Schweigen zu bringen und Andersdenkende während erklärter Kriege wie dem Ersten und Zweiten Weltkrieg und während der »Roten Angst« in den 1920er und 1950er Jahren zu inhaftieren.

Wenn führende Politiker zur nationalen Einheit aufrufen und sagen, dass sich »alle hinter den Präsidenten« (oder König, Zar oder Diktator) stellen sollten, dann sollten wir uns große Sorgen um die Freiheit machen. Ich würde behaupten, dass die Wilson'sche Unterdrückung abweichender Meinungen während des Ersten Weltkriegs und insbesondere die Unterdrückung der demokratischen Sozialistischen Partei, die Inhaftierung von Eugene Debs und die Beschneidung der deutsch-amerikanischen Sprache und Kultur Auswirkungen hatten, die bis in die frühen 1930er Jahre andauerten und die Organisierung und politische Handlungsfähigkeit der organisierten Arbeiterschaft und der Arbeiterparteien lähmten. Die solide Kontrolle, die in den 1920er Jahren für die von Unternehmen dominierten Republikaner und die »Me-too«-Demokraten geschaffen wurde, ebnete den Weg für die Große Depression und den Zweiten Weltkrieg. (Sie trug unter anderem zum Isolationismus der USA, zum US-Imperialismus in Mittelamerika und in der Karibik und in den 1930er Jahren zum tragischen Versagen der USA bei der Unterstützung der Spanischen Republik gegen den Faschismus bei.)

Was ich damit sagen will, ist, dass die Verängstigung der Teile des Volkes, die während einer Krise zum Schweigen gebracht werden, weil sie »subversiv« erscheinen, an sich eine Art Subversion ist, weil sie die Krise überdauert und den rechten Kräften außerordentliche Macht verleiht (und bedenken Sie, dass Stalins Sieg in der UdSSR nach Lenins Tod im wesentlichen ein rechter oder sogar faschistischer Sieg war, ein nicht überraschendes Ergebnis der Tatsache, dass der Marxismus-Leninismus die Unterdrückung abweichender Meinungen während der »Krisenjahre« von 1917 bis in die 1920er Jahre akzeptierte).

Wie bereits erwähnt, ist Terrorismus nicht neu. Er wurde schon vor langer Zeit als übliche Taktik der Wétiko-Reiche entwickelt. Man kann die recht verbreitete Praxis anführen, alle Einwohner einer Stadt abzuschlachten, die sich wehrten (um ihre Unabhängigkeit zu verteidigen), eine Praxis, die von den Mongolen bei ihrer Eroberung Zentralasiens ebenso angewandt wurde wie von den Persern in ihren Kämpfen, um die Kapitulation der phönizischen Städte in Kanaan (dem heutigen Libanon) zu erlangen; oder von den Spaniern beim Aufbau ihres Reiches (wie oben erwähnt).

Die Politik der Vereinigten Staaten gegenüber den indigenen Völkern beinhaltete oft den systematischen Einsatz von Terror, und hier beziehe ich mich nicht nur auf die eigentlichen Formen der Kriegsführung mit Massakern, wie die von Washita, Sand Creek und Wounded Knee, sondern auch auf mehrere andere bedeutende Formen des

Terrors: 1) die Erlaubnis für Weiße und irreguläre militärische Gruppen, in Gebieten wie Nord- und Zentralkalifornien (1849–1850er Jahre), Südwest-Oregon (1850er–1860er Jahre), Nevada (1850er–1860er Jahre), Utah (1850er Jahre) und anderswo Jagd auf Ureinwohner zu machen, sie zu vergewaltigen, zu ermorden, zu versklaven und zu vertreiben; 2) die Erlaubnis, dass spanischsprachige Neu-Mexikaner und Weiße ihre Sklavenüberfälle auf Navajos und andere fortsetzen und die Versklavung der Ureinwohner in Kalifornien und Arizona bis in die späten 1860er Jahre hinein; 3) die ständige Vertreibung der Ureinwohner aus ihrer Heimat, wie bei den Cherokee und anderen »Trails of Tears«, bei denen viele Unschuldige starben (und solche »Umsiedlungen« wurden in der Regel mehrmals wiederholt); und 4) die Androhung extremer Vergeltungsmaßnahmen gegen eine ganze Gemeinschaft oder Nation für den Tod eines Weißen (wie bei der Verfolgung der Pawnee in Nebraska vor ihrer unfreiwilligen Umsiedlung nach Oklahoma).

Die oben beschriebene Politik ist typisch für das Verhalten der USA von den 1790er Jahren oder früher bis zum sogenannten »Ute-Krieg« um 1910. Beispiele hierfür sind die Ergreifung der meisten Navajos (von denen viele oder die meisten an den Überfällen und Gegenüberfällen gegen die hispanischen Neu-Mexikaner völlig unbeteiligt waren) und ihr erzwungener Marsch zum Pecos River, wobei die Zahl der Todesopfer sowohl während des »Langen Marsches« als auch in den Konzentrationslagern im Pecos River Valley sehr hoch war,* sowie die erzwungene Rückführung von Nez Percé-, Chiricahua- und Lipan-Apachen-Gruppen in das US-Territorium, deren Hauptverbrechen darin bestand, außerhalb des US-Territoriums Zuflucht gesucht zu haben.[4]

* Der Lange Marsch der Navaho (engl. The Long Walk of the Navajo) war eine Zwangsdeportation zur »ethnische Säuberung« in der Mitte der 1860er Jahre. Während des Gewaltmarsches und der Internierung starben bis zu 3.500 Menschen an Hunger und Krankheiten. 1868 durften die (überlebenden) Navajo in ihr angestammtes Heimatland zurückkehren. Das Trauma wirkt bis heute. Anm. d. Übers.

Unterm Strich führten all diese Terrorakte dazu, dass viele Stämme nicht mehr in der Lage waren, sich der Kontrolle durch die Bundesbehörden zu widersetzen. Die amerikanischen Ureinwohner konnten dann von weißen »Indianeragenten« vollständig überwacht und beherrscht werden. Obwohl diese Politik nie vollständig durchgesetzt werden konnte, verloren viele Stämme ihre Fähigkeit, sich in vielen wichtigen Bereichen zu wehren (etwa bei der Erziehung der Jugend), und viele Einzelpersonen schlossen sich der »Indianerpolizei« an oder arbeiteten aus wirtschaftlicher Notwendigkeit gegen ihr eigenes Volk.

Zur Politik der USA gehörte es noch lange nach 1910, Angst zu schüren. So waren die Agenten beispielsweise befugt, jeden Stammesangehörigen oder externen »Aufwiegler« auf dem Reservatsland zu verhaften, und die Menschen wurden oft gezwungen, sich Pässe zu besorgen, um das Reservat verlassen zu können. Die Ressourcen wurden auch so verteilt, dass die Menschen zu kooperativem (»fortschrittlichem«) Verhalten gezwungen waren. Diese Formen des Zwangs konnten sich durchaus dem Niveau des Terrors nähern, wie etwa die Angst, seine Kinder zu verlieren (wenn man als ungeeignete Eltern angesehen wurde) oder sie an Internate zu verlieren oder seine Lebensmittelrationen zu verlieren und vieles mehr.

Die nachfolgende US-Politik auf den Philippinen nach 1898 und in Mittelamerika und der Karibik setzte häufig die gegen die amerikanischen Ureinwohner entwickelten Verfahren fort. Doch vor allem in den beiden letztgenannten Regionen lernte die US-Führung, dass es billiger war, lokale weiße oder nicht-weiße Eliten und ihre Armeen zur Kontrolle der lokalen (oft indigenen) Bevölkerung einzusetzen, als die Marineinfanterie zu schicken oder die Kolonialverwaltung direkt zu übernehmen. Dies wurde als »Dollar-Diplomatie« oder, wie im britischen Empire, als »indirekte Herrschaft« bezeichnet. In diesem System kam es zu einer brutalen Behandlung der Maya und anderer indigener Völker von Mexiko und Guatemala bis Panama, aber die USA konnten ihre Hände in Unschuld waschen. Natürlich entlarvten die direkten Interventionen in Nicaragua, El Salvador, Panama und anderswo solche Behauptungen als Lüge.

Diese Politik hat sich bis in unsere Zeit fortgesetzt, denn die Regierungen von Ronald Reagan und George H. W. Bush haben beschlossen, abhängige Regime bei der Unterdrückung ihrer eigenen Bevölkerung direkt zu unterstützen oder direkt zu verhindern, dass nationale Unabhängigkeitsregierungen (mit anderen Worten »Sozialisten«) wie in Nicaragua an die Macht kommen. In den 1970er, 1980er und frühen 1990er Jahren wurden amerikanischen Ureinwohner von Guatemala bis Nicaragua von durch die USA unterstützten, ausgebildeten und versorgten Kräften offen terroristisch angegriffen. Noch heute graben forensische Anthropologen die Überreste von Hunderten von Mayas aus, die in Guatemala massakriert und in geheimen Massengräbern verscharrt wurden. Bei einer Ausgrabung wurden die Überreste von 350 Dorfbewohnern, darunter 100 Kinder, freigelegt, die im Dezember 1982 vom US-gestützten Militär massakriert wurden.

Es ist kein Zufall, dass auch Israel die repressiven Militärs in Mittelamerika aktiv unterstützt hat, denn die israelische Politik gegenüber den arabischen Palästinensern scheint manchmal die US-Politik gegenüber den amerikanischen Ureinwohnern direkt zu kopieren. Der Kern der US-Politik ab den 1780er Jahren war die »Indianervertreibung« und die »weiße Besiedlung«. Die Umsiedlung der Indianer wurde durch Kriege, ständige Schikanen und Druck, krumme Verträge, die Vertreibung der Ureinwohner auf wertloses Land, die Schaffung schwieriger Gesundheits- und Ernährungsbedingungen und die Korruption einiger indianischer Führer herbeigeführt. Die ständigen Umsiedlungen schufen sehr instabile, unerträgliche und seelisch bedrückende Bedingungen. Wenn sich einige Krieger dazu entschlossen, mit Gewalt zu reagieren, wurden sie durch die Überlegenheit der US-Waffen bald vernichtet und mussten erneut vertrieben werden. »Grenzüberfälle« waren für die Ureinwohner nie lange von Vorteil und endeten fast immer mit einem erzwungenen Rückzug nach Westen.

Es sollte betont werden, dass die amerikanischen Ureinwohner ihre Gärten, Lichtungen, Friedhöfe, Häuser, Pekannussbäume, ihre Haine und heilige oder zeremonielle Stätten jedes Mal aufgeben mussten, wenn sie zur Umsiedlung gezwungen wurden. Oft versuchten die Menschen, die Gebeine ihrer Vorfahren auf neue Friedhöfe mitzunehmen oder die Grabstätten trotz der Besetzung durch die Weißen weiter zu besuchen. Kann man sich den seelischen Schock vorstellen, den solche Formen des Terrorismus auslösen? Es ist kein Wunder, dass einige Beobachter die Ansicht vertreten, dass viele amerikanische Ureinwohner auch heute noch unter einem posttraumatischen Schock leiden. Alkoholismus kann ein Symptom eines solchen kollektiven Traumas sein.

Die weißen Siedler in Nordamerika behaupteten häufig, die göttliche Vorsehung oder das Schicksal habe ihnen das Recht gegeben, die »minderwertigen« amerikanischen Ureinwohner durch die »überlegene« weiße europäische Industrie, den Einfallsreichtum, das Knowhow und die Ideologie zu verdrängen. Auch die israelische Besetzung Palästinas (Kanaan) wurde mit einer angeblichen göttlichen Bewilligung aus mosaischer Zeit gerechtfertigt. Die weißen Neuengländer sprachen von einem neuen Kanaan in Nordamerika, und so sehen wir, wie auffallend ähnlich sich die angloamerikanische Expansionsideologie und die zionistische Perspektive sind. Und so wie die ersten amerikanischen Ureinwohner »Wilde« und »Rothäute« genannt wurden, weil sie ihre Heimat verteidigten, so werden auch die arabischen Palästinenser allgemein als »Terroristen« eingestuft, weil sie sich gegen israelische Siedlungen zur Wehr setzen.

Man kann natürlich nicht leugnen, dass sowohl die amerikanischen Ureinwohner als auch die Palästinenser im Laufe ihrer Verteidigungskämpfe Greueltaten verübten, wobei beide zuweilen Zivilisten (Nicht-Soldaten) angriffen und sogar unschuldige Personen töteten. Solche Reaktionen kann man als terroristisch bezeichnen. Man kann sie aber auch als schwere strategische Fehler betrachten. Das größere Verbrechen des Terrorismus muss jedoch den israelischen Siedlern angelastet werden (die, wie ich glaube, oft bewaffnet sind), die kontinuierlich in arabische Gebiete des Westjordanlands und Jerusalems vordringen, und zwar im Rahmen eines Programms, das unweigerlich Teil eines größeren imperialistischen Plans ist. Die jüdisch-zionistischen Siedlungen scheinen strategisch so gelegen zu sein, dass sie Gebiete kontrollieren und besetzen können. Vielleicht ist das Endziel, wie in Nordamerika, die totale oder nahezu totale Verdrängung der ursprünglichen Bevölkerungen.

Die »arabische Umsiedlung« ist der indianischen Umsiedlung verblüffend ähnlich. Die Araber verlieren ihre Brunnen, ihre Olivenhaine, ihre Felder, ihre Häuser und ihre Friedhöfe. Ihnen droht auch der Verlust heiliger Stätten (etwa in Jerusalem). Sie werden in Konzentrationslager (Flüchtlingslager) gezwungen, wo sie versuchen, neue Häuser zu bauen, die jedoch oft beschossen und zerstört werden. Viele Araber sind wiederholt entwurzelt worden. Oft werden ihre Häuser zerstört, weil sie keine »Genehmigung« haben. Sie sind gezwungen, Pässe zu besitzen, um sich frei bewegen zu können, genau wie die amerikanischen Ureinwohner.

In jedem Fall wurde die arabische Bevölkerung, ähnlich wie die der nordamerikanischen Ureinwohner, in einen Zustand der Verzweiflung getrieben durch das, was man nur als ein Programm des systematischen, geplanten Terrorismus betrachten kann, das vom israelischen Staat als offizielle Politik durchgeführt wird. Kurz gesagt, die Siedlungen werden vom israelischen Staat genehmigt, finanziert und geschützt, obwohl sie offensichtlich von aggressiven Siedlern bewohnt werden.

Ich bin auf diese beiden Beispiele von Langzeitterrorismus eingegangen, um zu verdeutlichen, dass Terrorakte – also ein Vorgehen durch Nötigung, Einschüchterung und Eliminierung von Bevölkerungen durch angstmachende Aggression – über einen langen Zeitraum andauern oder nur sporadisch von unmittelbaren Gewaltakten begleitet sein können. Stets präsent ist jedoch die sehr reale Drohung mit Gewalt! In den letzten Jahren hat der israelische Staat als Reaktion auf palästinensische Angriffe auf Israelis in unvorhersehbarer und unverhältnismäßiger Weise arabische Gebäude und Häuser bombardiert und zerstört. Auf diese Weise werden unschuldige Menschen einer »kollektiven Bestrafung« ausgesetzt, wie sie von der US-Regierung gegen die amerikanischen Ureinwohner eingesetzt wurde. Nach dem amerikanischen Bürgerkrieg wurden beispielsweise die Creek und Cherokee gezwungen, Land an die USA abzutreten, obwohl die Mehrheit ihrer Bürger pro Nordstaaten geblieben war und viele sogar nach Norden zum Arkansas River geflohen waren. In ähnlicher Weise wurden die Creek nach dem früheren Redstick-Krieg gezwungen, einen großen Landstrich in Alabama abzutreten, obwohl ein großer Teil der Nation den USA gegenüber loyal geblieben war und sogar Kämpfer für die US-Seite gestellt hatte. Die »kollektive Bestrafung« verlangte, dass alle Creeks zu leiden hatten.

Es muss gesagt werden, dass das jüdische Volk in Europa unter enormer Verfolgung gelitten hat und (insbesondere während des Holocausts durch die Nazis) dem Völkermord ausgesetzt war, und man muss Verständnis für den starken Wunsch vieler Menschen haben, einen sicheren Ort zum Leben zu haben. Andererseits: Sollte die Tatsache, Opfer eines früheren Terroranschlags gewesen zu sein, als Rechtfertigung dafür dienen, anderen Terror zuzufügen? Es geht mir hier nicht darum, darüber zu streiten, wie viel Land in Palästina den Juden oder wie viel den Muslimen und Christen gehören sollte. Vielmehr möchte ich aufzeigen, wie die Ansiedlung von 400.000 Juden im Westjordanland und in Ostjerusalem nach 1967 der Praxis der weißen Nordamerikaner ähnelt und wie ein solches Programm als Teil eines staatlich gelenkten Terrorismus angesehen werden kann. (Es sei auch darauf hingewiesen, dass die israelischen Gerichte manchmal gegen »Kollektivstrafen« der oben beschriebenen Art entschieden haben.)

Ein weiteres Beispiel für einen langfristigen Prozess der Ausbeutung durch Terrorismus ist das nordamerikanische System der »Sklaverei«. Zunächst sollten wir jedoch das Wort »Sklaverei« loswerden, da es von der Bezeichnung »slawisch« abgeleitet ist, die sich auf die Millionen Angehörigen slawischer Völker bezieht, die in früheren Jahrhunderten als gefangene Arbeitskräfte gehalten wurden.

Ich glaube nicht, dass wir einen solchen Namen für ein schädliches System der Ausbeutung verwenden sollten, das unfreiwillige Gefangenschaft und Zwangsarbeit beinhaltet.

Der Begriff »Sklaverei« wurde in den USA auch verwendet, um ein Programm der Beschlagnahme und Gefangenschaft zu verschleiern, indem man Letzterer einen quasi-legalen Namen oder eine implizite Bedingung gab. Die Verwendung des sachlich richtigen Begriffs »Gefangenschaft« macht den räuberischen und ausbeuterischen Charakter dieser Praxis besser deutlich. Meiner Meinung nach war die Praxis, amerikanische Ureinwohner und Afrikaner in den britischen Kolonien als Gefangene zu halten, niemals »legal«, weil sie gegen das britische Gewohnheitsrecht und insbesondere gegen den Grundsatz verstieß, dass Gefangenschaft *nur* als Strafe für ein Verbrechen nach einem fairen Prozess oder einem anderen rechtlichen Verfahren verhängt werden darf. Amerikanische Ureinwohner und Afrikaner, die als Gefangene gehalten wurden, wurden nur sehr selten, wenn überhaupt, eines Verbrechens angeklagt, und meines Wissens gab es auch keine entsprechenden Gerichtsverfahren.

Als die dreizehn Kolonien 1783 zu unabhängigen Republiken wurden, besaßen sie nicht das Recht, unfreie Personen gefangenzuhalten, ohne wiederum ein Gerichtsverfahren einzuleiten, in dem jede dieser Personen eines Verbrechens angeklagt wurde; soweit mir bekannt ist, konnte kein Verbrechen festgestellt werden (außer vielleicht die Unterstützung der britischen Sache im Krieg, ein »Verbrechen«, für das die weißen Tories unter den gleichen Bedingungen ebenfalls hätten bestraft werden müssen).

In jedem Fall verbot die Verfassung der Vereinigten Staaten meines Erachtens bei ihrer Verabschiedung die Gefangennahme Unschuldiger, indem sie Redefreiheit, Religionsfreiheit, das Recht auf ein Verfahren vor Geschworenen und im fünften Zusatzartikel das Recht auf »Leben, Freiheit und Eigentum« garantierte, sofern nicht ein »ordnungsgemäßes Gerichtsverfahren« und eine »gerechte Entschädigung« im Spiel waren. Die oben genannten Garantien galten für alle Personen, und wir wissen, dass Personen afrikanischer und indianischer Abstammung offiziell als »Personen« angesehen wurden, da viele von ihnen in den Volkszählungen von 1790 und später als »andere freie Personen« oder »freie farbige Personen« eingestuft wurden.

In der Praxis waren unschuldige Gefangene, die 1783 gewaltsam festgehalten wurden, natürlich der Gnade der staatlichen Gesetzgeber ausgeliefert, die häufig von Weißen beherrscht wurden, die die Kontrolle über solche Gefangenen beanspruchten, oder von Händlern, die sich mit der Gefangennahme, dem Kauf und dem Verkauf von Unschuldigen beschäftigten (wie Schiffseigner, Kaufleute, Versicherungsgesellschaften und so weiter). Dennoch würde ich argumentieren, dass jeder, der die Kontrolle über einen gefangenen Menschen oder ein Neugeborenes beanspruchte, einen urkundlichen Beweis für die Begehung eines Verbrechens vorlegen musste, damit eine Verurteilung zur Gefangenschaft ausgesprochen werden konnte. Was sollte verhindern, dass weiße Tories, die sich eines Verbrechens schuldig gemacht hatten, gefangengenommen und damit zu ewiger Gefangenschaft verurteilt wurden? Rasse, Hautfarbe, Klasse und Sprache verhinderten dies natürlich.

So gibt es Hunderttausende von Menschen afrikanischer und indianischer Rasse oder sogar gemischt mit Europäern, die unschuldig zu einer Gefangenschaft verurteilt wurden, ohne dass ein Verbrechen begangen oder nachgewiesen wurde, während weiße Männer, die gegen die »Patrioten« kämpften und oft schwere Schäden verursachten, im allgemeinen in Frieden leben oder nach Kanada ziehen durften! Ein solches auf der Hautfarbe beruhendes Unrechtssystem kann weder im Common Law noch in der Verfassung gefunden werden.

Aber wie wir alle wissen, haben die Vereinigten Staaten, die von Entführern (und von Habgier) beherrscht werden, ein Jahrhundert der Ausbeutung von Farbigen begonnen, in dem sogar Neugeborene als lebenslange Gefangene gehalten wurden, obwohl sie unschuldig waren, und sie alle für ihr ganzes Leben zu Zwangsarbeit verurteilt wurden.

Die meisten Weißen haben versäumt zu fragen: Wie kann ein solches System der Gefangenschaft aufrechterhalten werden? In diesem

Fall hatten wir staatliche Regierungen, die Menschen an private Entführer in einem privatisierten Gefängnissystem verliehen, wobei die Entführer (ich weigere mich, sie »Besitzer« zu nennen) eine praktisch unbegrenzte Kontrolle über die unschuldigen Opfer hatten, einschließlich der Macht, harte und sogar tödliche Strafen zu verhängen.

Wie kann ein solches System genannt werden? Die »Gefangenschaft von Unschuldigen« ist eine Bezeichnung, der »Diebstahl von Leben« eine andere. Aber wie auch immer wir es nennen, es war ein System des brutalen Diebstahls, das nur durch Terror aufrechterhalten wurde. Es war zweifellos räuberisch, die meisten Herrscher waren eindeutig Raubtiere, und ja, es war ein kalkuliertes System des Terrors, aufrechterhalten allein durch Auspeitschungen, schwere Strafen, Hinrichtungen oder durch die Drohung, an einen weit entfernten Ort »verkauft« zu werden, weg von Frau, Kindern, Ehemann, Verwandten, und durchgesetzt von bewaffneten Patrouillen, Milizen, Staatswächtern und Kopfgeldjägern, die Jagd auf Freiheitssuchende machten.

Wie kann ein solches System genannt werden? Die »Gefangenschaft von Unschuldigen« ist eine Bezeichnung, der »Diebstahl von Leben« eine andere. Aber wie auch immer wir es nennen, es war ein System des brutalen Diebstahls, das nur durch Terror aufrechterhalten wurde.

Dieses System des Terrors war nicht einfach eine Marotte in der ansonsten sauberen Bilanz der Vereinigten Staaten. Im Gegenteil, es war ein wichtiger und äußerst bedeutender Aspekt des anglo-amerikanischen Lebens von der Kolonialzeit bis in die 1860er Jahre. Die Entführer und ihre Verbündeten kontrollierten die Legislative, die Gerichte und die Säle des Kongresses, bis der Staat South Carolina 1861 einen bewaffneten Angriff auf die Flagge der Vereinigten Staaten startete und damit den Bürgerkrieg auslöste.

Der interne Terrorismus endete jedoch nicht mit der Befreiung der Unschuldigen im Jahr 1865. Vielmehr versuchten die ehemaligen Geiselnehmer schon bald, ihre Kontrolle über alle Afroamerikaner aufrechtzuerhalten, indem sie ein System der Vorherrschaft der Weißen errichteten, sobald die Bundestruppen aus der ehemaligen

Konföderation abgezogen waren. Von den 1870er Jahren bis in die 1950er und 1960er Jahre wurde häufig Terror eingesetzt, um die Vorherrschaft der Weißen, die Rassentrennung und die Fähigkeit der Weißen, nicht-weiße Arbeitskräfte zu möglichst niedrigen Kosten auszubeuten, durchzusetzen. Der Einsatz von Terror verbreitete sich auch in vielen nördlichen Gebieten, wo immer die weiße Vorherrschaft in Frage gestellt wurde.

Rassenunruhen, Hinrichtungen oder »Lynchmorde« und die Ungleichbehandlung durch die Strafverfolgungsbehörden und die Gerichte hielten ein System des Terrors aufrecht, das insbesondere durch die brutalen und sadistischen Morde der 1920er Jahre gekennzeichnet war. Die Vereinigten Staaten tolerierten ein solches Terrorsystem, bis schließlich die Bürgerrechtsbewegung der Schwarzen in den 1950er und 1960er Jahren das Land dazu zwang, den offenkundigsten Ungerechtigkeiten des Systems ein Ende zu setzen.

Am Rande sei bemerkt, dass sich die Vereinigten Staaten und die meisten ihrer Mitgliedstaaten (mit ein oder zwei Ausnahmen in jüngster Zeit) meines Wissens nie für die gegen die amerikanischen Ureinwohner und Afroamerikaner gerichteten räuberischen Terrorsysteme entschuldigt oder eine Entschädigung dafür geleistet haben. Stattdessen wurden ganze Epochen unter den Teppich des Vergessens gekehrt, in den Lehrplänen übergangen und mit romantischer Nostalgie versüßt (wie in Filmen wie *Der mit dem Wolf tanzt* und *Pocahontas*).

Ich sollte an dieser Stelle erwähnen, dass einige Stämme, die Muskogee, Cherokee, Choctaw und Chickasaw, den schweren Fehler begingen, ihren Mischlingseliten zu gestatten, Systeme der Gefangenenarbeit nach dem Vorbild ihrer weißen Nachbarn im Süden einzurichten. Viele Tausende von Menschen afrikanischer und afrikanisch-indianischer Abstammung wurden etwa zwischen den frühen 1800er Jahren und 1865 in Gefangenschaft gehalten. Ihre Stellung als Zwangsarbeiter, die wie bei den Weißen auf unschuldige Säuglinge übertragen wurde, war völlig untypisch für die betreffenden Stämme (die den Gefangenen zuvor erhebliche Freiheiten zugestanden und den Status der Gefangenschaft wahrscheinlich nie an neugeborene Kinder weitergegeben hatten). Das Zulassen der Gefangenschaft nach dem Vorbild der Weißen führte unmittelbar dazu, dass die Vier Stämme in den Bürgerkrieg verwickelt wurden, was zu erheblichen Gebietsverlusten führte. Außerdem mussten sie ihr verbliebenes Land mit den freigelassenen Gefangenen teilen (was die Bundesregierung übrigens von den Weißen nie verlangte).

Mir ist nicht bekannt, dass die Eingeborenenstämme gegenüber den Gefangenen terroristische Maßnahmen ergriffen hätten, und es mag sein, dass die Bedingungen milder waren als im weißen Süden. Nichtsdestotrotz waren die freigelassenen Gefangenen, die oft mit Ureinwohnern verheiratet waren, nach 1907 dem Terrorismus von Teilen der weißen Bevölkerung Oklahomas ausgesetzt. Vor allem in den 1920er Jahren war der Ku-Klux-Klan sowohl in Oklahoma als auch landesweit sehr aktiv, und viele »Freigelassene« wurden dazu überredet, ihr Land zu verkaufen und aus Sicherheitsgründen nach Tulsa und in andere Städte zu ziehen. Das »farbige« Viertel von Tulsa wurde 1921 niedergebrannt, wobei die Farbigen erhebliche Verluste erlitten. Die weißen Ordnungskräfte stellten sich bei diesem Angriff auf die Seite der weißen Randalierer.

Ich habe diese Beispiele angeführt, um zu zeigen, dass Terrorismus weit mehr beinhaltet als den Einsatz von Bomben oder gekaperten Flugzeugen. Er bedeutet in den meisten Fällen auch den Einsatz staatlicher Macht oder zumindest die Duldung staatlicher Autorität. Die Verfolgung der Juden in Europa zum Beispiel erfolgte in der Regel unter Mitwirkung oder auf Betreiben des Staates.

Es mag für die Vereinigten Staaten und andere mächtige Staaten (wie Russland, die Türkei, den Iran, China und andere) sehr bequem sein, Dissidentengruppen als Terroristen hinzustellen, obwohl es sich in vielen Fällen nur um nationale oder ethnische Befreiungsbewegungen handelt, die sich nicht wesentlich von den Patrioten im Unabhängigkeitskrieg der USA unterscheiden (die aus britischer

Sicht allesamt Verräter, Verbrecher und oft auch Terroristen waren). Mit anderen Worten: Nicht alle Rebellen- oder Dissidentengruppen können des Terrorismus angeklagt werden. Terrorismus kann nicht generell vorgeworfen werden, es sei denn, es handelt sich um wiederholte Handlungen, die scheinbar zur Politik gehören (wie etwa die Greueltaten, die von Al-Qaida im Irak regelmäßig und anhaltend begangen werden). Der Begriff Terrorismus kann jedoch, wie bereits erwähnt, auf spezifische, gegen Zivilisten und Nichtkombattanten gerichtete Handlungen angewendet werden.

Es mag jedoch sein, dass Gruppen wie die Irisch-Republikanische Armee oder ihre Splittergruppen, die baskische Untergrundorganisation ETA und die tschetschenische Bewegung mehr Terrortaktiken eingesetzt haben, als dies bei früheren Unabhängigkeitsbewegungen der Fall gewesen sein mag. Ich glaube, dass diese Eskalation des »Rebellenterrorismus« in direktem Zusammenhang mit dem Erfolg mächtiger Staaten bei der Entwicklung einer enormen militärischen Überlegenheit steht, die von erstaunlichen Kontrolltechnologien begleitet wird, darunter Raketen, intelligente Bomben, Streubomben, Roboterflugzeuge, Spionagesatelliten, Abhörgeräte, Wärmefühler, Nachrichtendiensteinheiten und so weiter und so fort. Die Regierungen verfügen über ein immer größeres Arsenal an Waffen und Geräten, die sie gegen ethnische Minderheiten (oder Mehrheiten) einsetzen können, seien es nun Kurden, Albaner, Berber, Aceh-Indonesier, Timoresen, Papuas, Mayas und viele andere.

So haben die Israelis schon früh in moderne Kampfflugzeuge, Panzer, Raketenwerfer und eine ganze Reihe von Waffen und Überwachungsgeräten, einschließlich Atomwaffen, investiert. Dieses gewaltige Arsenal an militärischem Material verschafft ihnen einen enormen Vorteil gegenüber den Palästinensern. Junge Araber, denen es an gleichwertigen Waffen mangelt, greifen oft zum Steinewerfen – aber David gewinnt nicht mehr gegen Goliath! So werden andere Araber, in die Verzweiflung getrieben, zu Selbstmordattentätern. Israelische zivile Ziele werden ausgewählt, weil sie praktisch die einzigen erreichbaren Ziele sind.

Gerade der Erfolg des modernen Staates schafft die Voraussetzungen dafür, dass seine Zivilisten zu den am leichtesten erreichbaren Zielen werden. Terrorismus ist das Ergebnis, ein Terrorismus, der von genau dem Staat geschaffen wird, der ihn zu verhindern sucht (obwohl in einigen Fällen, wie ich noch erörtern werde, der Terrorismus tatsächlich im Interesse derer arbeitet, die den Staatsapparat beherrschen). Es kann eine Art Tanz des Hochschaukelns zwischen dem verzweifelten Terroristen und dem staatlichen Sicherheitssystem geben. Beide schaffen die Notwendigkeit für den jeweils anderen.

Sobald sich jedoch Gruppen von Menschen an die Idee des Terrorismus gewöhnt haben, suchen sie bevorzugt zivile Ziele aus, weil sie eine bestimmte Zivilbevölkerung wirklich terrorisieren (oder vielleicht bestrafen) wollen. In der modernen Geschichte gibt es viele Beispiele für ein solches Verhalten. Das Konzept des »totalen Krieges« rechtfertigt die Vorstellung, dass feindliche Armeen nicht die einzigen legitimen Ziele sind; Fabriken, Fabrikarbeiter, Transportsysteme einschließlich Personenzügen, Regierungsgebäude, Fernseh- und Radiostationen, Wasserwerke, Wohnheime, Unterkünfte, Dämme, Lagerhäuser, Brücken – kurz, praktisch alle Teile einer Stadt – sind Ziele. Die Angriffe der Nazis auf London, der japanische Angriff auf Nanking, die Zerstörung von Hamburg und Dresden durch die Alliierten und die US-Atomangriffe auf Hiroshima und Nagasaki waren Ausdruck eines noch weiter gefassten Prinzips des »totalen Krieges«, bei dem die gesamte Bevölkerung und Wirtschaft ein legitimes Ziel ist. Zivilisten werden als Kombattanten betrachtet, weil sie natürlich das vom Militär benötigte Material produzieren. Aber darüber hinaus werden sie als entbehrliche Personen betrachtet, weil sie als Feinde keinen Anspruch auf ein Recht auf Leben haben. Dies ist sicherlich der Fall bei Hiroshima und Nagasaki. Niemand rechtfertigte ihren Tod mit ihrer besonderen Schuld; vielmehr werden sie als Menschen betrachtet, die geopfert wurden, um das Leben anderer zu retten.

Die US-amerikanischen Bombenangriffe auf Bagdad, Irak, im Jahr 1992 unter Präsident George H. W. Bush richteten sich gegen fast alle Teile der Stadt mit Ausnahme von Krankenhäusern, Wohnvierteln und einigen Geschäftsvierteln und Hotels. Die Infrastruktur der Stadt wurde schwer beschädigt, was sich sehr negativ auf die Zivilbevölkerung auswirkte. Obwohl die Doktrin des »totalen Krieges« nicht zur Anwendung kam, ist klar, dass die militärischen Ziele diese negativen Auswirkungen einschlossen, da zum Beispiel die Zerstörung des sauberen Wassersystems ausdrücklich geplant war. Ohne sauberes Wasser sterben natürlich auch zivile Nichtkombattanten. Die Zerstörung von Wasserwerken kommt einem Giftanschlag auf die Bevölkerung gleich.

In jedem Fall war der Zweite Weltkrieg die Geburtsstunde von Militärdoktrinen, die gegen jeden Grundsatz der »zivilisierten Kriegsführung« verstießen. Seit dem Zweiten Weltkrieg lassen sich viele Beispiele dafür anführen, dass die Rechte von Kindern und anderen Nichtkombattanten verletzt wurden, von Vietnam und Kambodscha über Osttimor, in vielen Kriege in Afrika, in mehreren Kriegen im Nahen Osten, im Russisch-Tschetschenischen Krieg, in Bosnien, im Kosovo und anderen Gebieten im ehemaligen Jugoslawien bis hin zu Guatemala, Kolumbien, Peru, El Salvador und Nicaragua.

Menschen, die sich gegen ein als ungerecht empfundenes System erheben, die Unabhängigkeit erlangen wollen oder sich gegen eine Regierung auflehnen, haben viele Vorbilder, an denen sie sich orientieren können. Leider haben die reichen Industrieländer abscheulich dumme, unethische und moralisch kontraproduktive Vorbilder geliefert, angefangen mit dem Verhalten der »aufgeklärten« deutschen, französischen, britischen, japanischen und US-amerikanischen Staaten oder Gesellschaften im frühen zwanzigsten Jahrhundert, die den oben genannten Verhaltensweisen folgten. Kurz gesagt, man kann Widerständler durchaus argumentieren hören, dass der »totale Krieg« oder die legitimen Regeln des Krieges es notwendig machen, Zivilisten ins Visier zu nehmen, weil dies ja schließlich alle so machen.

Als das deutsche Offizierskorps seinen überraschenden und unerwarteten Vorstoß durch das neutrale Belgien plante, haben sie da an die Ethik eines Überraschungsangriffs durch neutrales Gebiet gedacht? Haben sie daran gedacht, dass zivile Nichtkombattanten ihnen in den Weg kommen oder verletzt werden könnten? Ich denke nicht. Die »Großmächte« haben das Vorbild abgegeben, das besagt, dass man mit dem geringstmöglichen Verlust an zivilen Leben gewinnen sollte, aber wenn Zivilisten sterben müssen, dann ist das eben so. Aber in der Praxis ist der Sieg alles. Moral ist nur dann eine Option, wenn man gewinnt.

Ich bin mit den oben genannten Modellen der »Großmächte« ganz und gar nicht einverstanden, obwohl ich zugeben muss, dass die Übel, die das Naziregime in Europa angerichtet hat, in diesem einen Fall eine gewisse Begründung für eine Strategie des totalen Krieges zu liefern scheinen. Wir müssen jedoch sehr vorsichtig sein, wenn wir eine Haltung übernehmen, die das Töten von Nichtkombattanten erlaubt. Solche Tötungen sind eindeutig Mord, keine Selbstverteidigung oder in irgendeiner Weise durch eine mir bekannte Religion gerechtfertigt. Dennoch wurden in allen Kriegen der letzten Zeit (Kosovo, Bosnien, Vietnam, Afghanistan, Irak, Osttimor, Tschetschenien) eine große Zahl von Nichtkombattanten »versehentlich« oder absichtlich getötet.

Wir müssen jedoch sehr vorsichtig sein, wenn wir eine Haltung übernehmen, die das Töten von Nichtkombattanten erlaubt. Solche Tötungen sind eindeutig Mord.

Auf jeden Fall werden die Militärstrategen unserer Großmächte nicht auf mich hören! Die Politiker sagen ihnen, dass ihre Aufgabe darin besteht, zu gewinnen, und sie werden jede Taktik anwenden, die ihnen den Sieg bringt, selbst wenn dies (wie in Tschetschenien) die faktische Zerstörung des gesamten Landes und die Traumatisierung der betroffenen Ethnie bedeutet. Ich möchte mich hier eher an die Dissidenten- und Rebellengruppen wenden, die sich für den bewaffneten Kampf entscheiden, um Unabhängigkeit, Autonomie oder eine grundlegende Veränderung ihrer Situation zu erreichen, die sie als unterdrückend empfinden.

Die Anwendung von Gewalt, insbesondere gegen unschuldige Zivilisten, ist nicht nur unmoralisch, sondern auch extrem gefährlich.

Ich glaube, dass sie für eine Befreiungsbewegung meist kontraproduktiv ist. Als beispielsweise sogenannte extremistische muslimische Gruppen vor einigen Jahren einen Angriff auf das russische Dagestan starteten, konnten sie damit nicht nur ihr Ziel nicht erreichen, sondern lieferten der russischen Regierung einen Vorwand, um erneut in Tschetschenien einzumarschieren und dieses Land schließlich zu verwüsten. So wurde der Weg Tschetscheniens in die Unabhängigkeit durch das gewalttätige Abenteurertum von Fanatikern offenbar ernsthaft (vielleicht sogar endgültig) zurückgeworfen. Diejenigen, die die Gewalt ausübten, waren möglicherweise nicht einmal Tschetschenen, sondern muslimische Extremisten aus anderen Ländern.

Es gibt zahlreiche Beispiele in der Geschichte der Menschheit, bei denen die Anwendung von Gewalt zu katastrophalen Niederlagen für die Menschen geführt hat, denen die Gewalt eigentlich helfen sollte. Sehr oft gelingt es Kriminellen, Außenseitern oder geistig und moralisch instabilen Personen, die Widerstands- oder Befreiungsbewegung zu kapern, sobald sie mit Gewalt agieren – mit sehr negativen Folgen. Wie im palästinensischen Befreiungskampf sind diejenigen, die zum Beispiel unschuldige israelische Zivilisten töten, jederzeit in der Lage, die Friedensverhandlungen zu torpedieren, wenn sie es wollen. Ebenso können extremistische Israelis (etwa bewaffnete »Siedler«) jederzeit die Friedensbemühungen durch Übergriffe auf Palästinenser sabotieren.

So kann es vorkommen, dass in einer Atmosphäre der Gewalt das Volk selbst oder seine legitimen Führer die Kontrolle an die gewalttätigsten und unnachgiebigsten Elemente verlieren.

Im Herzen und in der Seele echter Befreiungskämpfe sollte doch eine überwältigende Liebe zu den Menschen sein. Kann man sein eigenes Volk oder seine eigene Gruppe wirklich lieben und gleichzeitig anderen Völkern oder Gruppen Schaden zufügen? Die Feldzüge der bosnischen christlichen Serben gegen die muslimischen Bosnier und andere nichtchristliche Serben waren sicherlich kein Befreiungskampf. Vielmehr handelte es sich um eine faschistoide, von ethnischem Hass getriebene Bewegung, die sich gegen bosnische Slawen richtete, die dieselbe Sprache sprachen, die vielleicht etwas wohlhabender waren und etwas andere Sitten hatten. Die Übernahme oder Einführung von Gewalt ermöglichte es in jedem Fall kriminellen, brutalen und sadistischen Elementen, die Kontrolle zu übernehmen.

Wenn die politische Bewegung christlicher Serben und christlicher Kroaten gegeneinander und gegen muslimische, säkulare und jüdische Bosnier jemals legitim war, so wurde diese Legitimität durch die offensichtliche Institutionalisierung von Ausrottung, »ethnischer Säuberung«, Vergewaltigung und Beschlagnahmung von Häusern und Höfen völlig ausgehöhlt. Nazi-ähnliche Verhaltensweisen sind meiner Meinung nach mit einem legitimen Befreiungskampf unvereinbar.

Ich würde vermuten, dass viele Christen, sowohl Serben als auch Kroaten, große Einbußen in Bezug auf Freiheit, freie Meinungsäußerung und moralische Verhaltensweisen hinnehmen mussten, weil brutale Elemente ihnen sozusagen den Boden unter den Füßen weggezogen haben.

Es ist immer fragwürdig, ein anderes menschliches Wesen zu töten, außer vielleicht in unmittelbarer Notwehr, aber es ist besonders hässlich, jemanden zu töten, der unschuldig, gewaltlos und nicht darauf vorbereitet ist, sich zu verteidigen. Solche Tötungen sind zweifellos Morde, und sobald sie als Strategie angewandt werden, beflecken sie die Bewegung, die sie zulässt. Auf der nächsten Stufe werden dann die brutalsten und sadistischsten Leidenschaften entfesselt, nicht nur bei den eigenen Genossen, sondern ebenso beim »Feind«. Dies wird wiederum zu Gegenbrutalität und einer ständigen Eskalation der Entmenschlichung führen.

Wir sehen dies so deutlich und brutal im Irak, wo bewaffnete muslimische Extremisten offenbar ein großes Verlangen haben, andere Muslime zu verstümmeln, zu foltern und zu ermorden. Ganz gleich, für wie gerechtfertigt sich der israelische Staat in Bezug auf Kriege mit arabischen Staaten halten mag, die Behandlung der besetzten Gebiete im Westjordanland und im Gazastreifen (und im Libanon) nach 1967 war unmoralisch, unentschuldbar und natürlich gewalttätig und terroristisch. Die israelische Beschlagnahmung von arabischem

Land, Häusern, Wasser, landwirtschaftlichen Flächen und anderen Ressourcen, gepaart mit dem Versäumnis, über einen friedlichen Rückzug zu verhandeln, als sich die Gelegenheit dazu bot, hat wiederum einen eskalierenden Tanz des Todes, einen Kreislauf gegenseitiger Vergeltungsmaßnahmen geschaffen, der erst dann enden wird, wenn beide Seiten auf die Anwendung von Gewalt und die Beschlagnahmung von Eigentum verzichten. Ich glaube, dass die arabische Gewaltanwendung falsch und kontraproduktiv war, aber umgekehrt muss die israelische Gewalt als treibende Kraft in einem sehr ungleichen Machtverhältnis gesehen werden, insbesondere seit 1967.

Aber was ist die Alternative für die arabischen Palästinenser? Ich hatte immer den Eindruck, dass eine gewaltfreie Widerstandsbewegung im Sinne Gandhis in diesem Gebiet unglaublich schwierig und herausfordernd wäre, weil der israelische Staat und rechtsgerichtete jüdische Organisationen möglicherweise bereit sind, Gewalt gegen Zivilisten anzuwenden. Was wäre zum Beispiel, wenn 500.000 arabische Flüchtlinge friedlich in ihre Heimat zurückkehrten, ohne Waffen und unter der Aufsicht freiwilliger Zeugen aus vielen Glaubensrichtungen? Was wäre die Reaktion der israelischen Truppen an der Grenze? Was wäre die Reaktion der bewaffneten jüdischen Siedler im Westjordanland?

Ein solches Skript gibt uns einen sehr ernsten Denkanstoß! Was wäre, wenn die Maya in Guatemala zu Zehntausenden friedlich nach Guatemala-Stadt marschiert wären, um gegen die Unterdrückungspolitik der Nicht-Maya-Eliten und der Armee zu protestieren? Und was wäre, wenn afghanische Frauen und ihre Unterstützerinnen zu Tausenden nach Kabul (oder Kandahar) marschiert wären, um friedlich eine Änderung der frauenfeindlichen Dekrete der Taliban und ganz allgemein der unterdrückerischen Regeln zu fordern? Und was wäre, wenn es in den 1970er oder 1980er Jahren ähnliche Märsche der indigenen, ländlichen und armen Salvadorianer gegeben hätte, um gegen die unterdrückerische und terroristische Politik der ARENA-Partei und der salvadorianischen Armee zu protestieren?

Was hätten die Vereinigten Staaten angesichts ihrer offenen Unterstützung Israels und der Militärregime in Guatemala und El Salvador sowie ihrer ursprünglichen Unterstützung der Taliban und ihrer späteren Gleichgültigkeit gegenüber ihnen in Afghanistan getan?

Es scheint wahrscheinlich, dass die israelische Antwort auf eine friedliche Rückkehr der Palästinenser äußerst blutig ausfallen würde: Hunderte würden geschlagen, verwundet, mit Maschinengewehren beschossen und ermordet. Das gleiche wäre in Guatemala und El Salvador geschehen (wie zahlreiche Massaker durch das Militär belegen). In Afghanistan hätten die Taliban zweifelsohne versucht, eine große Zahl von Frauen und Anhängern zu peitschen, zu schlagen und zu töten. Wir können sehr sicher sein, dass Regime wie Israel und die früheren Regime in Guatemala, El Salvador und Afghanistan nicht zögern würden, eine große Zahl von Menschen zu verstümmeln oder zu ermorden, die dann zu Märtyrern und Opfern würden.

Aber vergleichen wir die Tausenden, die mit Sicherheit gestorben wären, mit den Hunderttausenden, die tatsächlich gestorben sind, ganz zu schweigen von der ebenso großen (oder noch größeren) Zahl von Flüchtlingen, die gezwungen waren, nach Mexiko, in die USA, nach Jordanien, in den Libanon und anderswo hin zu fliehen.

Es würde ungeheuren Mut erfordern, waffenlos zur israelischen Grenze zu marschieren, nur mit der eigenen Menschlichkeit als Schutzschild gegen die Brutalität. Zweifellos würden die israelischen Soldaten den Befehl zum Töten erhalten. Vielleicht würde die Luftwaffe mit der Beschießung der Marschierer beginnen, lange bevor sie die Grenze erreichen, oder es würden Raketen und Kampfhubschrauber auf sie gerichtet. Aber es ist möglich, dass die israelischen Soldaten, nachdem ihre Hände, Arme und Körper von den auf friedliche Zivilisten gerichteten Schlägen blutig geworden sind, oder nachdem sie die langen Reihen der Erschossenen sehen, die sich kilometerweit erstrecken, oder nachdem sie unbewaffnete Beobachter und Demonstranten aus Europa und Nordamerika, darunter auch Juden, getötet hätten, aus Abscheu vor ihrem eigenen Verhalten (so ähnlich wie die

Nazi-Maschinengewehrschützen 1942 und 1943 in der Ukraine, die unschuldige Juden töteten) das Gemetzel stoppen würden.

Nun, es erfordert äußersten Mut, friedlich auf israelische Truppen zuzugehen oder dort zu marschieren, wo guatemaltekische, salvadorianische oder talibanische Soldaten Sie treffen, erschießen oder verhaften könnten. Ich weiß nicht, ob ich diese Art von Mut besitze!

Aber es gibt viele Hunderte, ja Tausende palästinensischer junger Männer, die bereit sind, ihr Leben zu opfern, um unschuldige israelische Bürger (und auch israelische Soldaten) in die Luft zu sprengen. Es gab Tausende von Mayas, andere Guatemalteken, Tausende von Salvadorianern und viele Afghanen, die bereit waren, für ihre Freiheit zu kämpfen, obwohl ihnen ständig Tod oder Gefängnis und Folter drohten. Zahlreiche Menschen sind gestorben, wurden gefoltert und sind inhaftiert. Aber in den wenigsten Fällen wurden die Probleme der Unterdrückung, der ungleichen Verteilung von Macht und Reichtum, einer brutalen Armee (oder einer riesigen Zahl bewaffneter Männer, die keiner Zentralregierung unterstehen, wie in Afghanistan) und missbräuchlicher Gesetze oder korrupter oligarchischer Regierungen gelöst.

So sind Hunderttausende gestorben, aber es hat sich kaum etwas geändert. Vielleicht lohnt es sich für die Befreiungs- und Unabhängigkeitsbewegungen, ihre Taktik zu überdenken! Vielleicht ist es am klügsten, die Unterdrücker zur Gewaltanwendung zu zwingen (wenn sie sich dafür entscheiden), anstatt zuzusehen, wie die Volksbewegungen gewalttätig werden. Das Leben von Gandhi und Martin Luther King, Jr. ist ein gutes Beispiel dafür.

Wir alle wissen, dass mächtige Staaten über riesige Polizeikräfte und Armeen verfügen, die mit einer breiten Palette von Waffen und Geräten zur Kontrolle der Bürger ausgestattet sind. Wir wissen auch, dass viele von ihnen friedliche politische und religiöse Aktivitäten oder Demonstrationen der Bürger einschränken oder sogar verbieten. Und dies ist ein wachsender Trend, der leider oft von unbeteiligten Bürgern unterstützt wird, die dazu gebracht wurden, jegliche soziale Unruhe zu fürchten.

Wir sollten den Terrorismus von dieser Mutter Erde verbannen, egal ob es sich um Staatsterrorismus oder nichtstaatlichen Terrorismus handelt, egal ob es sich um Gangsterterrorismus oder Finanzterrorismus handelt, der von denjenigen in Anzug und Krawatte betrieben wird, die vergessen haben, was das Wort »Wucher« bedeutet oder worin ein vernünftiger Gewinn bestehen könnte. Wir müssen aufhören, die Gewalttätigen und Habgierigen unter uns zu belohnen.

elf

Männliche Gewalt, weibliche Unterordnung und die Fortdauer aggressiver Gewalt

Was George W. Bush, John Ashcroft und Dick Cheney nicht über den Terrorismus sagen werden, ist folgendes: Es ist eine männliche Krankheit! Ungeachtet von Condoleezza Rice und anderen mächtigen Frauen ist der Wahnsinn der Gewalt, der Aggression, des Krieges, der Übergriffe, der Vergewaltigung, des Mordes, der Eroberung, der Dominanz und des Terrorismus in erster Linie ein Wahnsinn, der Männer befällt. Liegt es an der männlichen DNA? Vielleicht; aber es ist auch kulturell bedingt, denn der aggressive männliche Drang nach Dominanz, Überlegenheit und Rache scheint für einige Gesellschaften und manche religiöse Traditionen typischer zu sein als für andere.

Auch Frauen können natürlich bösartig und gemein sein, und sie können Männer zu gewalttätigen Handlungen anstacheln, aber die Art von schierer Zerstörungswut, die den aggressiven Mann kennzeichnet, findet selten ein weibliches Gegenstück.

Nach den Wochenschauen, die ich gesehen habe, und den Berichten, die ich gelesen habe, kann ich mir nur schwer vorstellen, dass hinduistische Hausfrauen und Töchter muslimische Nachbarn angreifen und sie bei lebendigem Leib steinigen, verprügeln oder verbrennen! Ebenso schwer vorstellbar sind israelische Frauen, die die israelische Kriegsmaschine bedienen und die Mauern ziviler Häuser einrammen oder mit Gewehren auf palästinensische Krankenwagen schießen. Und obwohl wir von einigen palästinensischen Selbstmordattentäterinnen wissen, ist die überwältigende Mehrheit der Bombenleger, Kämpfer und Steinewerfer männlich.

Ob es sich um einen US-Präsidenten handelt, der mit Atomwaffen, Erstschlägen und der Doktrin des »Präventivkriegs« Terror androht, oder um die Reagan-Bush-Administration, die Saddam Hussein Geld zur Verfügung stellte, als dieser chemische Waffen gegen die Kurden einsetzte, oder um extremistische muslimische Fanatiker, die die Tötung von Unschuldigen als akzeptable Strategie in einem »gerechten Krieg« fordern, wir werden zu einer unausweichlichen Schlussfolgerung geführt: Viele Männer sind wahnsinnig!

Die männliche Dominanz ist typisch für eine Reihe großer Religionen.

Natürlich haben schon manche über das zerbrechliche männliche Ego geschrieben, das bei vermeintlichen Kränkungen in Gewalt ausbricht, aber Tatsache ist, dass viele Männer (und insbesondere Männer aus herrschsüchtigen, patriarchalischen Kulturen mit monopolistischen »wahrheitsgläubigen« religiösen Traditionen) unter der Oberfläche ein Reservoir schwelender Wut haben oder das Bedürfnis, ihre Dominanz unter Beweis zu stellen, indem sie andere erniedrigen und ihnen Schmerz oder sichtbare Zeichen von Unterlegenheit zufügen. Oft sind es Frauen und Kinder, die die ersten Opfer männlicher Ego-Bedürfnisse sind, wie die jüngste von Männern angeordnete Gruppenvergewaltigung eines unschuldigen Teenagers in Belutschistan als Strafe für ihren Bruder zeigt!

Es ist furchtbar gefährlich, wenn große Gesellschaften und Bewegungen nur oder hauptsächlich von Männern regiert werden, denn männliches Verhalten ist historisch gesehen allzu vorhersehbar. Ob kommunistisch oder kapitalistisch, faschistisch oder von einer Junta eingesetzt, ob klerikal oder militärisch – eine rein männliche Regierung ist zu gefährlich, als dass man sie fortbestehen lassen dürfte, wenn man bedenkt, welche Art von »Spielzeug« der Massenvernichtung heutzutage wütenden Fanatikern und kalt berechnenden Weltherrschern zur Verfügung steht.

Die männliche Dominanz ist typisch für eine Reihe großer Religionen, darunter der römische Katholizismus, die östliche Orthodoxie, das orthodoxe Judentum, der Islam, die Southern Baptists in den USA, die nordirischen Presbyterianer und, soweit mir bekannt ist, Sikhismus, Hinduismus und Shinto. Nur in den religiösen Traditionen der Ureinwohner (vor allem der amerikanischen Ureinwohner) werden die Führungsrolle und die Beteiligung von Frauen weitgehend akzeptiert.

Männliche Priesterschaften, die Frauen von der religiösen Führung ausschließen und alle rechtlichen und religiösen Entscheidungen treffen (wie der Papst, das Kardinalskollegium, islamische Gerichte und so weiter), stellen das religiöse Gegenstück zur männlichen weltlichen Führung dar. Sie sind völlig dysfunktional, und mehr noch, sie sind unmoralisch, wenn man die Bilanz von Fanatismus, Brutalität und Verfolgung betrachtet, die seit Jahrhunderten in und von den Religionen mit männlichem Priestertum betrieben wird.

Die Verbindung von männlicher Religion mit männlicher militärischer Vorherrschaft, wie bei Kaiser Konstantins Verschmelzung des Römischen Reiches mit dem sich entwickelnden Christentum, ist ein allzu häufiges Problem der Menschen gewesen. Das Ergebnis ist die Unterdrückung abweichender Meinungen und vielleicht auch des ursprünglichen Kerns der betreffenden Religion.

Es ist an der Zeit, dass Frauen eine gleichberechtigte Stimme in allen wichtigen Institutionen fordern und erhalten, sei es im Islam, bei den Heiligen der Letzten Tage oder in den Regierungen von Israel, Palästina oder den Vereinigten Staaten. Ich schlage vor, dass jedes Parlament (oder jede religiöse Körperschaft) zwei Kammern hat: eine, die ausschließlich von Frauen gewählt wird, und eine, die von Männern gewählt wird, beide mit gleicher Macht.

Keine Diskussion über Terrorismus, Gewalt in der Schule, häusliche Gewalt, Krieg und Frieden oder Kriminalität sollte stattfinden, ohne sich mit den weltweiten Phänomenen männlicher Dominanzbestrebungen und Gewalt auseinanderzusetzen. Und ohne die volle Ermächtigung der Frauen kann eine solche Diskussion gar nicht erst beginnen, da die Stimmen der Frauen in den Gefilden der »Macht« so selten sind.

Meine jahrelangen Studien haben mir gezeigt, dass der Status der Frauen bis vor kurzem in den indigenen (Stammes-)Gesellschaften der Welt am höchsten war. Dies ist nicht nur in Nordamerika der Fall, sondern auch in Yunnan (China), in Indien (bei den sogenannten »scheduled castes« oder Stämmen und bei den Naga und anderen Gruppen in Assam) und bei vielen anderen Volksgruppen. Unglücklicherweise haben jedoch viele Kräfte dazu beigetragen, die Frauen nach unten zu drücken, darunter vor allem die Ausbreitung des »imperialen Christentums«, die Konsolidierung des von Priestern kontrollierten Judentums, die Ausbreitung des ultra-orthodoxen Islams (vor allem nach dem Verlust der arabischen Kontrolle an die Türken und andere spätere regionale Dynastien), die Entwicklung des von Priestern kontrollierten Hinduismus und ganz allgemein das Auftreten und die Ausbreitung militaristischer und imperialistischer Kulturen.

Einheimische Kulturen waren bis in die Neuzeit hinein tendenziell am frauenfreundlichsten. Vielleicht liegt das daran, dass »Reiche« und hegemoniale Strukturen (immer größere Organisationen, Staaten, Kirchen, Sekten) fast immer von Männern oder Kulturen geschaffen werden, die von einem männlichen Drang nach Macht, Expansion, Dominanz und Exklusivität beherrscht werden. (Und die ultimative Exklusivität ist der blasphemische Anspruch einer Gruppe von Männern, den exklusiven Weg zum Kontakt mit der Gottheit zu besitzen, etwa Gott, Allah, Jehova und so weiter.)

Die Ausbreitung des Christentums und des Islams haben auffallend ähnliche Auswirkungen auf einheimische und indigene Kulturen. Ein Großteil des »Lokalkolorits« und des Reichtums lokaler Kulturen verschwindet, wenn die Mehrheit zugunsten einer missionierenden Religion kippt. Missionare und ihre Konvertiten (vor allem, wenn ein König, ein Herrscher oder ein mächtiger Mann bekehrt wird) neigen dazu, dramatische Veränderungen bei Festen, Tänzen, Volkstrachten, Sexualverhalten, Heiratspraktiken und der

Teilnahme von Frauen an der Öffentlichkeit zu erzwingen, indem sie eine neue, einheitliche Kleidung fördern (die den Körper, vor allem von Frauen, aber auch von Männern, verhüllt), Frauen, wo immer es möglich ist, in geschlossenen Räumen unterbringen und nur eine von den Missionaren genehmigte öffentliche Kultur überleben lassen. Die Beispiele des puritanischen Neuenglands und des talibanischen Afghanistans oder des wahabitischen Saudi-Arabiens kommen einem sofort in den Sinn.

Das Ergebnis war der Verlust eines unglaublichen Reichtums und der kulturellen Vielfalt unter den Menschen und, was noch wichtiger ist, der Verlust von Freiheit. Dieser Freiheitsverlust wird vor allem von Frauen empfunden, aber natürlich verlieren auch Männer, weil sie hegemoniale Glaubenssätze akzeptieren und sich den von Sekten auferlegten Verhaltensnormen anpassen müssen (wie im Iran nach dem Schah unter den schiitischen Mullahs). Möglicherweise müssen Männer auch gewalttätiger und dominanter werden, da dieses Verhalten vom Staat gefördert und mit Aufstieg, Ehrungen und höherem Status belohnt wird.

Historisch gesehen ist in einer Gesellschaft, die von orthodoxen jüdischen Rabbinern, muslimischen Mullahs oder christlichen Priestern und Predigern beherrscht wird, Konformität oft die Regel für alle, sowohl für Männer als auch für Frauen. Oft kann Freiheit nur durch die Ausreise in ein anderes Land gefunden werden, aber die Suche nach Freiheit wird durch die Indoktrination erschwert, durch die die offizielle Religion verinnerlicht werden soll. Wenn Minderheitsreligionen toleriert werden (wie etwa im römisch-katholischen Spanien unter der Franco), ist es ihnen oft nicht gestattet, öffentliche Prozessionen zu veranstalten, öffentliche Symbole an Gebetsstätten anzubringen oder öffentlich zu predigen, zu lehren oder über ihre Überzeugungen zu diskutieren. Konversionen von der vorherrschenden Sekte sind nicht erlaubt. Niemand hat tatsächlich »Gewissensfreiheit«, es sei denn in absoluter Privatsphäre, und selbst dann muss er sich nach außen hin anpassen oder riskiert Tod, Strafe oder schwere Diskriminierung. Soweit ich weiß, wurde der Bahai-Glaube im Iran auf diese Weise verfolgt, so wie es auch den Zoroastriern (Parsen) vor ihnen erging.

Die Ausbreitung großer Reiche und hegemonialer Religionen wurde oft als »Fortschritt« in der kulturellen Entwicklung der Menschheit betrachtet, insbesondere in den Augen europäischer, chinesischer und arabischsprachiger Kreise. In Wirklichkeit war dies jedoch oft nicht der Fall. Sicherlich hat die Stellung der Frau von den meisten hegemonialen Expansionen nicht profitiert, da die Stellung der Frau in hohem Maße mit der allgemeinen Freiheit, dem Respekt und der Kooperationsbereitschaft in egalitären indigenen Gesellschaften zu korrelieren scheint. Ironischerweise sind es oft die Kulturen der sogenannten »rückständigen« Völker (die »Stammesangehörige« oder schlimmer genannt werden), in denen sowohl Männer als auch Frauen die größte Freiheit genossen, obwohl einige kleine Nationen oder Stämme durch die Ideen und den Druck der hegemonialen Nachbarn beeinflusst wurden, sich in eine patriarchalische oder konformistische Richtung zu bewegen. So ignorierten beispielsweise die weißen Imperien in Amerika häufig die weiblichen Führungspersönlichkeiten und hielten sich stattdessen als Vermittler, Anführer oder Sprecher an die indigenen Männer.

In den Vereinigten Staaten versuchten weiße Beamte und Missionare häufig gemeinsam, die Frauen der Ureinwohner ins Haus zu zwingen, indem sie sie dazu brachten, die Kontrolle über den Gartenbau und das Sammeln wilder Nahrungsmittel sowie ihre Bedeutung als Nahrungsmittellieferanten zugunsten einer »zivilisierteren« häuslichen Rolle aufzugeben. In den staatlichen Schulen wurde offenbar schon immer der Schwerpunkt auf die häusliche Arbeit junger Frauen gelegt, und sie wurden zu Hausfrauen und Hausangestellten erzogen, statt zu Eigentümerinnen von Grundbesitz und Managerinnen der Landwirtschaft. Dieser Wandel, der die Abhängigkeit der Frauen von den Männern verstärkte, führte wahrscheinlich auch zu einer geringeren körperlichen Fitness der Frauen. Wahrscheinlich wurde auch die Bewegung der einheimischen Frauen systematisch eingeschränkt, was zu einem entsprechenden Abbau der Muskulatur führte.

Welch ein verblüffender Kontrast zwischen den geehrten, mächtigen Frauen des minoischen Kretas und den »versteckten Frauen« der späteren christlichen und muslimischen Reiche!

Ganz allgemein möchte ich behaupten, dass Imperialismus, Raubbau und Kannibalismus als Krankheiten der Kultur darauf abzielen, Gesellschaften zu militarisieren. Aber wenn das so ist, warum werden dann nicht sowohl Männer als auch Frauen in den Methoden des Krieges, in der Tradition der Gewalt, in den Werten des »harten« Wettbewerbs und des Statusstrebens ausgebildet? Der Grund, warum imperialistische Traditionen meist keine Frauen für gewalttätige Rollen ausbilden, ist vielleicht ein zweifacher: Erstens waren es die Männer, die die Gewaltsysteme zu *ihrem eigenen* Vorteil eingeführt haben, um diesen Vorteil nicht mit anderen zu teilen, nicht einmal mit ihren eigenen Frauen; und zweitens neigt die Natur der Frauen viel weniger zu Gewalt und Aggression.

In Systemen, die Frauen unterdrücken, finden sich sicherlich Elemente der Wétiko-Krankheit. In vielen Gesellschaften, in denen Ausbeutung herrscht, gibt es in der Regel ein hierarchisches Klassensystem, und auf jeder Ebene werden Frauen, wenn auch auf unterschiedliche Weise, kontrolliert und daran gehindert, ihr volles Potential zu entfalten. Selbst in den höheren Schichten, wo Frauen scheinbar gut versorgt und privilegiert sind, können sie sich oft nicht voll und ganz als menschliche Wesen entfalten. In der Tat ist ihnen das Glück verwehrt, und sie können sogar wider ihre Natur zu grausamen oder bösartigen Unterdrückern anderer Frauen (und Männer mit niedrigerem Status) werden.

Auf jeder Ebene werden Frauen, wenn auch auf unterschiedliche Weise, kontrolliert und daran gehindert, ihr volles Potential zu entfalten.

»Imperiale« Formen des Christentums, wie die römisch-katholische und die östlich-orthodoxe, die in den letzten Jahrhunderten des Römischen Reiches entstanden, bieten »Mutter Maria« und verschiedene weibliche Halbgötter (Heilige), aber wenn man diese Figuren untersucht, sieht man meiner Meinung nach, dass sie machtlose Wesen sind (vor allem im Vergleich zu Isis und anderen weiblichen

Geisteskräften, die abgeschafft wurden, oder zur Mutter Erde). Maria ist so etwas wie eine Mutter in einer patriarchalischen Familie. Sie kann Bitten erhören und im Gegenzug den dominierenden Mann um einen Gefallen bitten, aber sie besitzt keine unabhängige Macht. Nur die männliche Gottheit hat die eigentliche Macht.

Die kaiserlich-christliche Führung scheint ihre Anhänger zu ermutigen, zu den Heiligen zu beten (und sie um Gunst zu bitten), vielleicht weil der »Vater« in seinen verschiedenen Formen weniger ansprechbar erscheint. Letztlich hat aber nur der »Vater« Befugnisse (außer vielleicht in kleineren Angelegenheiten wie dem Auffinden verlorener Gegenstände). Im Judentum und im Islam scheint nur die Gottheit anbetungswürdig zu sein, obwohl es im letzteren Fall lokale, verstorbene Heilige (wie Sufi-Mystiker oder andere) geben kann, die zur Errichtung von Schreinen inspiriert haben und deren Anhänger sich deren Beistand sichern wollen.

Vor allem aber müssen wir die allgemeine Bildung und Emanzipation der Frauen anstreben und ihnen in allen säkularen und religiösen Institutionen Instrumente für ihre politische Gleichstellung mit den Männern an die Hand geben.

In jedem Fall haben die von Männern kontrollierten Religionen sehr dafür gesorgt, weibliche Stimmen auszuschließen, und sind dabei so weit gegangen, dass sie Frauen daran hinderten, Priester, Prediger, Rabbiner, Imame oder Mullahs zu werden, und ihnen wird meist nur gestattet, Lehrerinnen zu sein (normalerweise nur für Kinder oder andere Frauen in getrennten Bereichen). Ich glaube, dies könnte die idiotische Bereitschaft männlicher religiöser Hierarchen erklären, Kriege zu befürworten, Waffen und Kriegspläne zu »segnen« und sogar zu Kreuzzügen oder heiligen Kriegen aufzurufen. Die Absurdität dessen wird besonders deutlich, wenn Katholiken gesegnet werden, um andere Katholiken zu töten (wie in den Kriegen zwischen Italien und Österreich-Ungarn), wenn Orthodoxe gesegnet werden, um andere Orthodoxe zu töten (wie in den Kriegen auf dem Balkan), oder wenn Muslime aufgerufen werden, andere Muslime zu töten (wie in vielen Kriegen in Nordafrika und im Nahen Osten, ganz zu schweigen von Afghanistan).

Kann man sich – vor den jüngsten Erklärungen des Papstes – an größere Anstrengungen christlicher oder muslimischer religiöser Führer zur Beendigung von Kriegen erinnern? Vielleicht wurde im Mittelalter in Europa gelegentlich versucht, durch kirchliches Eingreifen einen Streit beizulegen, aber im allgemeinen waren es die politischen Ambitionen der Kirche, die zu Kriegen führten, insbesondere wenn nichtkatholische Christen der Feind waren (oder Muslime oder andere Nichtkatholiken).

Aber all dieses Böse, und ich nenne es böse, ist das Böse der Männer, der Männer, die sich zusammentun, um sich in ihrem Machtstreben oder ihrer persönlichen Gier zu unterstützen; auch wenn gelegentlich eine Königin oder Kaiserin das titelgebende oder sogar aktive Oberhaupt eines von Männern dominierten Systems sein mag.

Wir können uns vorstellen, wie Horden türkisch-muslimischer Männer, oft zusammen mit besiegten christlichen Männern, die als militärisches Futter dienen mussten (Janitscharen und andere), auf den Balkan oder über den Kaukasus oder über das Schwarze Meer in die Ukraine strömten, wo sie wiederum auf serbische, bulgarische, rumänische, ungarische, österreichische und russisch-ukrainische Männer trafen, die den Türken in einer blutigen Schlacht nach der anderen entgegenstürmten, Jahrhundert für Jahrhundert, von den 1200er Jahren bis zu den frühen 1900er Jahren. Aber eines ist wahr: Die Aggressionen der Türken, Russen, Österreicher und anderer Männer gegeneinander und gegen kleinere Nationen waren kein weibliches Projekt. Und bei diesen Aggressionen können wir sicher sein, dass katholische und orthodoxe Priester und muslimische Geistliche (vielleicht mit einigen wenigen Ausnahmen) mit den bewaffneten Männern unterwegs waren, mit ihnen beteten und ihre mörderischen Unternehmungen segneten (ob zur Verteidigung oder zum Angriff machte wahrscheinlich keinen Unterschied).

Wie können wir dieses Zusammenspiel von männlichen Klerikern mit männlichen weltlichen Aggressoren und Eroberern ändern? Erstens, indem wir die Wétiko-Psychose als eine Krankheit begreifen, die beide Geschlechter betrifft, aber in erster Linie die Männer.

Zweitens, indem wir verstehen, dass Raubtiere unter vielen Deckmänteln lauern können, wie »Patriotismus«, Gewinnstreben, »Schutz unserer Lebensweise« und »Investitionsrendite«. Drittens müssen Frauen verstehen, dass ein luxuriöser Lebensstil, der auf den Früchten männlicher Aggression beruht, frauenfeindlich ist. Vor allem aber müssen wir die allgemeine Bildung und Emanzipation der Frauen anstreben und ihnen in allen säkularen und religiösen Institutionen Instrumente für ihre politische Gleichstellung mit den Männern an die Hand geben. Dies gilt auch für Frauen, die direkt oder indirekt anderen Frauen dienen.

zwölf

Organisierte Kriminalität

Geplante Aggression, geplanter Raubbau

Im zwanzigsten und einundzwanzigsten Jahrhundert hat die Besorgnis über das Phänomen der »organisierten Kriminalität« zugenommen, vor allem wegen der Aktivitäten internationaler oder nationaler Organisationen, die sich zum Teil der Erpressung, der Ausbeutung von Prostituierten, dem Drogenhandel, dem Glücksspiel, der Pornographie und anderen Formen des Raubes widmen.

Es ist jedoch grob irreführend, das organisierte Verbrechen mit der sizilianischen Mafia oder ähnlichen Gruppierungen von »Gangstern« oder »Drug Lords« gleichzusetzen.

Zu Beginn unserer Analyse müssen wir zunächst zwischen drei Arten der organisierten Kriminalität unterscheiden:

1. staatlich genehmigte oder staatlich veranlasste organisierte Kriminalität;
2. staatlich geduldete organisierte Kriminalität;
3. staatlich verbotene organisierte Kriminalität.

Wir müssen bedenken, dass illegale Handlungen und Verbrechen nicht dasselbe sind, zumindest nicht so, wie wir diese Begriffe in der Regel verwenden. Einige Verbrechen können je nach Zeit oder Ort völlig legal sein, und einige Nicht-Verbrechen können Handlungen sein, für die Menschen vom Staat bestraft werden können.

Historisch gesehen sind viele sehr lobenswerte Aktivitäten (wie die Verehrung des Schöpfers auf eigene Weise) durch ein Gesetz verboten worden. Ein Verbrechen ist jedoch eine aggressive Handlung, die einer anderen Person, Gruppe oder Einrichtung Schaden zufügt.

Bis vor kurzem waren es in der Regel die Staaten (das heißt die Regierungen), die sich am organisierten Verbrechen beteiligten, entweder direkt oder indem sie ihre Untertanen zu kriminellen Handlungen ermächtigten (oder ihnen eine Lizenz erteilten). Einige Staaten (wie etwa bestimmte »Piraten«-Königreiche) wurden ausdrücklich zu dem Zweck gegründet, zu stehlen, zu plündern, zu erpressen, zu versklaven und so weiter. Aber auch viele größere Staaten haben umfangreiche Aktivitäten ähnlicher Art betrieben, Aktivitäten von solch wirtschaftlicher Bedeutung, dass man annehmen kann, dass »bewaffneter Raub« tatsächlich die Hauptaktivität des Staates war (zumindest in Übersee).

Einige Verbrechen können je nach Zeit oder Ort völlig legal sein, und einige Nicht-Verbrechen können Handlungen sein, für die Menschen vom Staat bestraft werden können.

Das britische, das portugiesische, das spanische und das holländische Imperium beispielsweise waren zu verschiedenen Zeiten in großem Umfang mit dem Verbrechen beschäftigt, Menschen zu entführen und sie als Sklaven zu verkaufen oder einzusetzen. Dieser Handel mit Gefangenen unterscheidet sich ethisch gesehen in keiner Weise von Entführungen, Morden oder Erpressungen der Mafia, außer dass er unendlich viel blutrünstiger, profitabler und bösartiger war.

Die Anführer der sizilianischen Mafia müssen im Vergleich zu den Menschenfleischhändlern von Liverpool, London, Boston, Lissabon und Cádiz, die ganze Völker abschlachten, als sanftmütige, fast anständige Menschen erscheinen.

Das wahre organisierte Verbrechen beginnt also mit dem Staat oder mit staatlich gebilligter Aggression. In den 1880er Jahren verabschiedeten die Vereinigten Staaten das »Dawes-Gesetz« und ermöglichten es damit entsprechend positionierten weißen Bürgern, systematisch Land und Öl von amerikanischen Ureinwohnern zu stehlen, die angeblich unter der Vormundschaft der Vereinigten Staaten standen. Dieser organisierte Diebstahl, der von Drohungen und Morden begleitet war, wurde nie korrigiert und nie gestoppt, bis praktisch alle wertvollen Parzellen von Weißen in Besitz genommen waren, wie in weiten Teilen von Oklahoma.

Ähnliche Beispiele für staatlich initiierte oder gebilligte organisierte Kriminalität sind die Kriege der USA mit Mexiko, um Kalifornien und Neu-Mexiko zu stehlen, die Beschlagnahmung der philippinischen Republik durch die USA und die Aneignung des Wassers von Ostkalifornien (Owens Valley und Mono Lake Basin) durch die Stadt Los Angeles, um Landspekulanten durch die Aufteilung des San Fernando Valley reich zu machen.

Zur staatlich sanktionierten organisierten Kriminalität gehört auch die Verabschiedung von Gesetzen, die den Reichen im Vergleich zu den Armen höchst ungerechte Vorteile verschaffen, wie etwa die Anerkennung von Kapitalgesellschaften als Personen im Sinne des Gesetzes und die Nichthaftung der Eigentümer einer Kapitalgesellschaft für Schulden und Verluste oder die Gewährung von Einkommenssteuerabzügen für fiktive Verluste (etwa beschleunigte Abschreibung von Wohnhäusern oder Abschreibungsmöglichkeiten für Erdölvorkommen).

Zur staatlich sanktionierten organisierten Kriminalität gehört auch die Verabschiedung von Gesetzen, die den Reichen im Vergleich zu den Armen höchst ungerechte Vorteile verschaffen.

Es ist also klar, dass wir in einer Welt leben, in der viele Staaten, vor allem die größeren imperialen Mächte, gewaltige Kräfte im Bereich der Kriminalität waren oder sind. Es ist bezeichnend, dass die staatlich initiierte organisierte Kriminalität sicherlich ein Verhaltensmuster vorgibt, das auf verschiedenen Ebenen von Privatpersonen nachgeahmt wird. Historisch gesehen ist der Staat selbst, und insbesondere der expansionistische Staat europäischer Prägung, einer der größten Verderber der menschlichen Moral (obwohl er selbst ein Geschöpf von *Wétiko* ist, das die Kontrolle über seinen Machtapparat übernommen hat).

Viele Staaten dulden auch eine große Vielfalt an organisierter Kriminalität, die zwar nicht direkt sanktioniert wird, aber in gewisser Weise für die herrschenden Klassen profitabel ist. So haben viele große Konzerne (wie die Standard Oil Company vor 1910 oder die Southern Pacific-Central Pacific Railroad) oft auf kriminelle Weise gearbeitet. Das heißt, der Zweck solcher Banditenkonzerne bestand darin, den größtmöglichen Profit (oder die Ressourcen für die Profitgewinnung) zu sichern, selbst wenn dazu illegale oder unethische Aktivitäten angewendet werden mussten. Der Staat hat solche groß angelegten Diebstähle in der Regel mit einem Augenzwinkern hingenommen, weil es bequem war (die Eisenbahn wird dem Staat nützlich sein, was macht es also, wenn ein paar Leute reich werden, indem sie staatliche Zuschüsse abzweigen oder Farmer in den Ruin treiben?); oder weil die führenden Politiker des Staates (zum Beispiel Kongressabgeordnete) direkt an der Beute beteiligt sind.

Der Bundesstaat Nevada duldet Spielkasinos, von denen man sagt, dass sie größtenteils von der Mafia oder von Unternehmenssyndikaten kontrolliert werden, weil es für in Nevada ansässige Grundstücksspekulanten, Bauunternehmer, Geschäftsleute im allgemeinen und Beamte profitabel ist, solche Unternehmen in einer ansonsten sehr armen und dünn besiedelten Region zu haben. (Und viele andere Staaten und sogar Stämme treiben einträgliche, aber gefährliche Spiele.)

Ein aktuelles Beispiel für organisierte Kriminalität ereignete sich während der Ölkrise in den 1970er Jahren, als die US-Ölgesellschaften ihre Gewinne unter dem Vorwand des arabischen Ölembargos enorm steigerten. Diese Aktivität, über die viele Autoren schreiben, ist ein Beispiel dafür, wie bestimmte Arten des organisierten Verbrechens sowohl legal (da eine Verschwörung zur Festsetzung hoher Preise so schwer zu beweisen ist) als auch profitabel sein können. Aller Wahrscheinlichkeit nach wird die Erdölindustrie aufgrund von Ereignissen wie der Bedrohung des Irans und der US-Invasion im Irak auch weiterhin überschüssige Gewinne einfahren. Ein weiteres Beispiel für ein legales Verbrechen ist die Übernahme vermögender Unternehmen durch bankfinanzierte Spekulanten, um durch den Verkauf von Vermögenswerten (wie zum Bespiel das Holz alter Waldbestände) schnell Gewinne abzuschöpfen. Während der Energiekrise in Kalifornien im Jahr 2002 haben sich mehrere Unternehmen verschworen, die Menschen und Unternehmen in Kalifornien zu bestehlen, und die Liste der Unternehmensverbrechen lässt sich beliebig fortsetzen.

Schließlich gibt es noch das organisierte Verbrechen, das in den meisten Staaten angeblich illegal ist, wie etwa der Drogenhandel in den USA. Tatsächlich können wir jedoch ernsthaft bezweifeln, dass ein Großteil dieser Aktivitäten von den Strafverfolgungsbehörden tatsächlich rigoros unterbunden wird. Die Tatsache, dass das FBI mit all seinem Personal, seinen Ressourcen und seiner Bereitschaft zum Einsatz von Spionen, Informanten, Infiltratoren und elektronischer Überwachung die Mafia noch nicht unter Kontrolle gebracht hat, deutet darauf hin, dass Letztere eine relativ geringere Priorität hat als die sehr kleine Sozialistische Arbeiterpartei, die ebenso kleine amerikanische Indianerbewegung in den 1970er Jahren oder die mittelamerikanische Friedensbewegung der 1980er Jahre.

Es wird berichtet, dass der Drogenhandel in New York City während eines Polizeistreiks vor ein paar Jahren tatsächlich zurückgegangen ist. Aber was können wir in einer Wétiko-Welt erwarten, in der der Staat selbst ein Beispiel für aggressive, kriminelle, unmoralische und sogar brutale Handlungen gibt (wie der Vietnamkrieg oder die unverhohlene Unterstützung des Terrorismus gegen Maya und andere indigene Völker in Mittelamerika durch die Regierungen Reagan und Bush I)? Und was können wir erwarten, wenn Beweise darauf hinzudeuten scheinen, dass die CIA und die US-Präsidentschaft mit Drogenhändlern oder mit Mittelsmännern wie Manuel Noriega von Panamá, einem Mann indianischen Blutes, aber wahrscheinlich mit Wétiko-Charakter, zusammengearbeitet haben? Und was ist mit den Bankern, die Milliarden von Drogengeldern waschen?

Auf jeden Fall scheint klar zu sein, dass wir unseren Begriff des organisierten Verbrechens erweitern müssen, um Aggression, Raub,

Plünderung und Diebstahl, die von Regierungen und großen Unternehmen verübt werden, einzubeziehen. Und wir müssen auch anerkennen, dass staatlich initiierte oder staatlich geduldete Aggression die gefährlichste Art von Verbrechen ist, weil sie in der Regel ein gewisses Maß an gesellschaftlicher Zustimmung unter den Bürgern des aggressiven Landes erfährt. Das organisierte Verbrechen ist darauf ausgerichtet, Gewinne zu erzielen, und obwohl der größte Teil davon an den herrschenden *Wétiko* geht, wird zumindest ein gewisser Anteil an die Mittelschichten weitergegeben.

So *können ausbeuterische und imperialistische Programme in Ländern, in denen ein verbesserter materieller Lebensstandard von Aggression abhängig gemacht wird, sehr populär werden.* In ähnlicher Weise versuchen die meisten Staaten, das Ausmaß der internen Ausbeutung durch das organisierte Verbrechen zu kontrollieren oder zu regulieren, da sie nicht wollen, dass einflussreiche Teile der Bevölkerung so wütend werden, dass sie rebellieren oder die amtierenden politischen Führer stürzen.

In den Vereinigten Staaten wird ein hohes Maß an interner Unterdrückung, Gewalt und Ausbeutung toleriert, solange Indianer, Afrikaner, Chicanos und andere die Hauptopfer sind. Diese Menschen werden im allgemeinen als unfähig angesehen, soviel Unruhe zu stiften, dass der Status quo gefährdet wäre. So ist es offenbar in Ordnung, eine große Zahl armer indianischer, schwarzer und Chicano-Frauen ohne ihr Wissen oder ihre Zustimmung illegal zu sterilisieren, weil weiße Frauen der Mittelschicht sich nicht mit ihnen identifizieren oder für sie aufstehen werden. Tatsächlich unterstützen einige weiße Frauen (und Männer) der Mittelschicht die Sterilisation von Nicht-Weißen als Mittel, um die Entstehung einer nicht-weißen Mehrheit in den Vereinigten Staaten zu verhindern.

Gewalt und Kriminalität geraten gelegentlich »außer Kontrolle«. Aber Regierungen und Strafverfolgungsbehörden konzentrieren sich in der Regel auf einzelne Kriminelle oder solche mit geringem Einkommen, um den Eindruck zu erwecken, dass sie »das Verbrechen bekämpfen«. Legalisiertes oder geduldetes organisiertes Verbrechen wird davon nicht sonderlich betroffen sein, da die Struktur der Wirtschaft in vielen Staaten oder Regionen von geplanter Aggression, Ausbeutung oder heimlicher Preisabsprache und Abzocke abhängig ist.

Das Tragische an all dem ist, dass die meisten normalen Bürger in solchen Gesellschaften letztlich darunter zu leiden haben, ungeachtet ihrer vorübergehenden Vorteile. So kam die Sklaverei der Schwarzen und die Vertreibung der Indianer im Süden der USA letztlich nicht der weißen Arbeiterklasse zugute. Stattdessen führten sie zur Schaffung einer oligarchischen herrschenden Klasse, die bis heute oft die Löhne und Lebensbedingungen sowohl für arme Weiße als auch für arme Schwarze drückt.

In ähnlicher Weise bedeutet der durch das britische Empire geschaffene Reichtum heute dem durchschnittlichen Briten sehr wenig, der sich mit einem stagnierenden oder sinkenden Lebensstandard abfinden muss, der durch die Überbevölkerung der britischen Inseln noch verschlimmert wird. Diese Überbevölkerung und die Erschöpfung vieler ursprünglicher natürlicher Ressourcen sind zum Teil das Ergebnis der frühen Industrialisierung, die von »Raubrittern« kontrolliert wurde, und des überseeischen Imperialismus, der von der gleichen Klasse von Menschen kontrolliert wurde.

Auch die Vereinigten Staaten werden in nicht allzu ferner Zukunft den gleichen Niedergang erleben. Eine aggressive Außenpolitik wird dafür sorgen, dass Öl, Aluminium, Uran und andere wichtige Rohstoffe noch ein paar Jahre lang verfügbar sein werden, aber die Kontrolle der Wirtschaft durch die Konzerne und die Ungleichheit werden dafür sorgen, dass die Gewinne in erster Linie der herrschenden Klasse zugutekommen. In der Zwischenzeit wird der künstliche Lebensstandard, der durch Auslandsinvestitionen, Rohstoffe und die Ausbeutung von Niedriglohnarbeitern in Indonesien, Vietnam, Mittelamerika, China, Mexiko, Südafrika und so weiter geschaffen wurde, allmählich von innen heraus ausgehöhlt werden.

Der Imperialismus erzeugt bei den Massen die Illusion von Reichtum. Er dient in der Regel dazu, die Tatsache zu verschleiern, dass die herrschenden Klassen die natürlichen Ressourcen des Heimatgebiets in unbedachter Weise verschlingen und den nationalen Reichtum ansonsten weitgehend für ihre eigenen Zwecke nutzen. Letztendlich wird die Allgemeinheit zur Kasse gebeten, häufig nachdem der Militärapparat die Aggression nach außen nicht mehr aufrechterhalten kann.

Ein gutes Beispiel dafür, wie dies im Kleinen funktioniert, ereignete sich nach dem Zweiten Weltkrieg, als eine Scheinfirma, die angeblich von General Motors, Standard Oil und einem Reifenhersteller kontrolliert wurde, viele der elektrischen Straßenbahnen in den Vereinigten Staaten aufkaufte. Dieses Unternehmen ließ den Straßenbahnbetrieb verkommen, riss dann die Gleise ab und verkaufte den Verkehrsbetrieben seine Busse, Gummireifen und Dieselkraftstoff. Die neuen Buslinien trugen erheblich zur Luftverschmutzung und zu Verkehrsproblemen bei, und als die Zahl der Fahrgäste zurückging, wurden die reinen Bussysteme an die Öffentlichkeit verkauft. Der »Sozialismus« wurde also genutzt, um unrentable Unternehmen auf die Allgemeinheit abzuwälzen, während der kontinuierliche Absatz von Bussen, Reifen und Dieselkraftstoff gewährleistet war. Es gab keine nennenswerten strafrechtlichen Verfolgungen für das, was anscheinend eine organisierte Verschwörung zur Zerstörung des schienengebundenen Nahverkehrs war. Jetzt werden natürlich die Steuerzahler aufgefordert, neue Bahnstrecken zu enormen Kosten zu bauen.

Dies veranschaulicht in kleinem Maßstab, was mit ganzen Volkswirtschaften im Imperialismus geschieht. Die reichen Klassen akkumulieren ihren Reichtum, während die Massen unter den Folgen des Verlusts grundlegender Ressourcen, der Überbevölkerung, der Luftverschmutzung, der Umweltverschmutzung und, was noch wichtiger ist, einer Gesellschaft und Kultur leiden, in der die Werte durch Jahrzehnte oder sogar Jahrhunderte staatlich gebilligter Gewalt und Aggression verzerrt sind.

In den Vereinigten Staaten sind es heute die Massen, insbesondere die Armen und die Arbeiterklasse, die für den Vietnamkrieg und andere militärische Abenteuer und Verschwendungen bezahlen. Der Vietnamkrieg verschlang viele Dutzend Milliarden Dollar (was zu einer Inflation führte, die das Einkommen der Armen schmälerte), unglaubliche Mengen an Erdöl und anderen grundlegenden Ressourcen, die zu Engpässen in den USA, einer schlechten Zahlungsbilanz und vielem mehr führten. Die Reichen litten jedoch nicht unter den Folgen von Vietnam, da sie über Möglichkeiten verfügten, ihre Einkommen zu erhöhen, um der Inflation zu trotzen, und weil sie Eigentümer multinationaler Konzerne waren, konnten sie Einkünfte von vielen Seiten beziehen.

Das organisierte Verbrechen in seinen vielen Formen ist die wichtigste Art, wie die Wétiko-Krankheit ihren konkreten Ausdruck findet. Es stimmt, dass einzelne *Wétikos*, die auf eigene Faust handeln, manchmal großes Elend verursachen, aber es ist viel häufiger, dass die brutalsten Aggressionen Teil eines organisierten, systematischen Vorgehens sind. Auf dem amerikanischen Kontinent beispielsweise fanden die schrecklichen portugiesischen Angriffe auf die Ureinwohner Brasiliens, die Aktionen der spanischen Konquistadoren, die Expansionsbestrebungen der angelsächsischen Pioniere und die Operationen aller möglichen Ausbeuter – von Pelzhändlern über Rumverkäufer bis hin zu Sklavenjägern – im Rahmen imperialistischer Systeme statt, deren eigentliches Ziel die Aneignung von Land, Ressourcen und Leben der Ureinwohner für ihr Profitsystem war.

Auch heute noch ist das Leben eines Ureinwohners in Amerika sehr wenig wert, denn die organisierten Verbrechersyndikate, die sich in vielen Gebieten als Regierungen ausgeben, betrachten die Ausbeutung der Indianer und ihrer Ressourcen immer noch als legitimes Vorgehen. Die Aché-Indianer hätten in Paraguay nicht als Sklaven verkauft werden können, wenn es nicht eine pro-nazistische Regierung gegeben hätte, die buchstäblich von Gangstern kontrolliert wurde. In den 1970er Jahren hätten in South Dakota keine Indianer ermordet werden können, ohne dass es zu gründlichen Ermittlungen und Strafverfolgungen gekommen wäre, es sei denn, die Terrorisierung von Indianern war tatsächlich fortgesetzt ein staatlich genehmigtes Ziel. Mayas hätten in Guatemala in den 1970er bis 1990er Jahren nicht systematisch ermordet und terrorisiert werden können, wenn der guatemaltekische Staat (das Militär) und die Vereinigten Staaten nicht zugestimmt hätten (weil die USA die Kosten und die Ausbildung des terroristischen Offizierskorps übernahmen).

In den Vereinigten Staaten bemühen sich viele Weiße und Regierungsstellen immer noch aktiv um den Besitz von Land und Ressourcen der Ureinwohner. Wäre dies Teil einer allgemeinen Kampagne, die darauf abzielt, Großgrundbesitz aufzulösen, kleine Farmen zu gründen und Ressourcen für die Entwicklung zu erschließen, könnten wir dies zumindest als eine nicht rassistische, nicht imperialistische Angelegenheit betrachten. Aber wenn einkommensschwache, arme Indianer die einzige Zielscheibe sind und große landbesitzende Unternehmen (wie die Southern Pacific Railroad) und Regierungsbehörden (das Bureau of Land Management) Druck ausüben, können wir sicher sein, dass die amerikanischen Ureinwohner offiziell und gesellschaftlich immer noch als legitimes Opfer wahrgenommen werden.

Auch heute noch ist das Leben eines Ureinwohners in Amerika sehr wenig wert, denn die organisierten Verbrechersyndikate, die sich in vielen Gebieten als Regierungen ausgeben, betrachten die Ausbeutung der Indianer und ihrer Ressourcen immer noch als legitimes Vorgehen.

Die US-Bundesregierung geht sehr aggressiv vor, wenn es darum geht, indianisches Land für den Bau von Staudämmen zu enteignen, und gibt selbst zugegebenermaßen gestohlenes Land nur äußerst widerwillig zurück. Andererseits hat dieselbe Regierung der Southern Pacific- und der Central Pacific-Eisenbahn fantastische Mengen an indianischem Land zur Verfügung gestellt, dessen Verkauf die Kosten für den Bau der Eisenbahnlinien decken sollte. Ein Großteil des Landes befindet sich noch immer im Besitz der Southern Pacific oder ihrer Nachfolgeunternehmen (11 % von Kalifornien). Ein Teil dieses Landes wurde offenbar durch Betrug erlangt (zum Beispiel durch die Behauptung, die Sierra Nevadas würden sich bis nach Utah erstrecken, um eine größere Landzuweisung zu erhalten), aber die Bundesregierung hat der S. P. Railroad mit rechtlichen Schritten nie Land weggenommen.

Die ehemalige S. P. Railroad wurde von den europäischen Amerikanern aus irgendeinem Grund nicht als geeignetes Ziel für ihre Feindseligkeit angesehen, aber die Indianer von Wisconsin und Washington State (die in den meisten Fällen praktisch keine Landbasis mehr haben) sind es. Das gleiche gilt für die Sioux, die Yavapai, die Pit-River-Indianer und so weiter. Man ist versucht, die Worte von Black Hawk in Bezug auf die Weißen zu wiederholen, die in den 1820er und 1830er Jahren in den Nordwesten von Illinois eingedrungen waren: »Ich hatte nicht einen guten Charakterzug an den Amerikanern entdeckt, die in dieses Land gekommen waren! Sie machten große Versprechungen, hielten sie aber nie!«[1]

Eine weitere Facette organisierter Aggressionssysteme besteht darin, dass die Regierungen, Syndikate, Unternehmen oder Gruppen, die ein solches Verhalten kontrollieren oder davon profitieren, auch den größten Einfluss auf die öffentliche Meinung haben. In der Vergangenheit haben sich der Staat, die christlichen Kirchen, mächtige Zeitungen und viele andere häufig verschworen, um Patriotismus, sektiererische Inbrunst, Nachrichten und Propaganda zu nutzen, um Aggression, Völkermord, Sklaverei und Folter nicht nur zu rechtfertigen, sondern auch um die Massen zu willigen (oder sogar gezwungenen) Mitwirkenden zu machen. Noch wichtiger ist, dass, wie bereits erwähnt, die gesamte nationale Kultur von Mythen, Werten und Handlungs- und Denkgewohnheiten durchdrungen ist, die der Aufrechterhaltung einer Wétiko-Gesellschaft förderlich sind.

In weiten Teilen der euro-mediterranen Welt, in europäisch geprägten Gebieten in Übersee und in bestimmten anderen Massengesellschaften *ist die allgemeine Ausbildung einer großen Anzahl von Menschen die zu einem Abzocker*. Der Einzelne mag in der Wirtschaft, in der Schule, in der wissenschaftlichen Forschung oder in der Politik lernen, ein Abzocker zu sein, aber seine Grundeinstellung ist die eines erbitterten Wettbewerbs, um anderen Menschen »voraus zu sein«. Die Hollywood-Filmindustrie verherrlicht häufig den Gauner (wie in dem populären Film *Paper Moon*), ebenso wie Trickbetrüger, Gangster, »Auftragskiller«, gewalttätige Geheimagenten (à la James Bond), gewalttätige Polizisten und so weiter. Filme mögen sich gelegentlich gegen ein solches Verhalten aussprechen, aber in der Regel erst, nachdem sie deutlich gemacht haben, dass Geld und die »guten Dinge des Lebens« häufig in enger Verbindung mit Verbrechen, krummen Geschäften, großer Politik, Glücksspiel in Las Vegas und so weiter zu finden sind. In jedem Fall baut die Wétiko-Welt einen intensiven Propagandaapparat auf, der so beschaffen ist, die Werte eines solchen Systems aufrechtzuerhalten. Und ich sage »beschaffen«, weil es *Wétikos* und diejenigen, die die Ethik einer Wétiko-Welt akzeptieren, schwerfallen würden, die Spiegelung dieser Werte in ihrer Welt zu vermeiden.

Die Welt von *Wétiko* ist von dramatischen Gegensätzen geprägt: der Reichtum der Unterdrücker und die Armut der Unterdrückten.

Der materielle Wohlstand in imperialistischen Gesellschaften, insbesondere für die Bürger der Mittel- und Oberschicht, dient leider nicht nur dazu, den inneren Verfall zu verdecken, sondern auch dazu, das Verlangen der Menschen nach Wahrheit, Gerechtigkeit und persönlicher Wahrhaftigkeit abzustumpfen. Selbst wenn offensichtliche Beispiele für Unrecht oder Beweise für unaussprechliche Greueltaten auftauchen, weigert sich der Großteil der Bürger, etwas zu unternehmen, in einigen Fällen aus Angst vor Repressalien, aber meistens aus dem Wunsch heraus, den eigenen Wohlstand weiterhin ungestört zu genießen. So hat das deutsche Volk den Nationalsozialismus akzeptiert, die südafrikanischen Weißen haben die Ausbeutung der nicht-weißen Mehrheit geduldet, haben die Menschen Rassismus, Diskriminierung und Ungerechtigkeit in den Vereinigten Staaten toleriert und den Völkermord an den amerikanischen Ureinwohnern in Mittelamerika unterstützt.

Die Welt von *Wétiko* ist von dramatischen Gegensätzen geprägt: der Reichtum der Unterdrücker und die Armut der Unterdrückten, die modernen Gebäude von Brasilia und die Leichen von Indianern, die in den Fluss geworfen wurden, um die neue Hauptstadt bauen zu können, die großen Museen und Kunstsammlungen in europäischen Städten und leere Gräber oder geplünderte archäologische Stätten in nicht-weißen Regionen.

Das organisierte Verbrechen ist in der Tat profitabel. Aber es ist auch hässlich, korrumpierend und brutal. Wir alle sollten uns daran erinnern, dass der Terror und das Leid, die hinter dem Vorhang des Reichtums lauern, letztlich sogar in die Gärten der Wohlhabenden vordringen; und, was noch wichtiger ist, dass materieller Reichtum und Macht ihren Besitzern selten die geistige und seelische Nahrung zu geben scheinen, die der Mensch wirklich braucht. Das organisierte Verbrechen beraubt die Unterdrückten, aber es beraubt letztendlich auch den Unterdrücker. Wie Thich Nhat Hanh schrieb:

> Wenn es Liebe gibt, gibt es auch andere Dinge. Es gibt Unwissenheit, es gibt Gewalt, es gibt Begierde. Die Menschheit leidet, weil viele von uns andere Menschen leiden lassen. Wir haben überall ein bisschen Krieg geschaffen. Wir wollen so viel konsumieren, und deshalb haben wir uns gegenseitig viel Leid zugefügt.[2]

dreizehn

Wenn Jesus wiederkommen würde

Ich habe gelesen, dass zum Beginn des 20. Jahrhunderts die Welt voller »Optimisten« war, die glaubten, dass Wissenschaft und Technik, repräsentative Regierungsformen und politische Reformbewegungen einen neuen, helleren Tag für alle Menschen einläuten würden. Natürlich bin ich mir sicher, dass es sich bei diesen Optimisten um Weiße handelte und nicht um amerikanische Ureinwohner, Afrikaner oder Asiaten, für die es eher abwärts als aufwärts ging. Aber auf jeden Fall konnten zumindest die weißen herrschenden Klassen optimistisch sein. Jetzt jedoch, nach einem weiteren Jahrhundert des Abschlachtens, der Diktaturen und der Umweltzerstörung, ist klar, dass die Welt entweder der Zerstörung oder einer Ära von Super-Polizeistaaten (ganz im Sinne von Orwells *1984*) entgegengeht. Vor ein paar Jahren habe ich geschrieben:

> Eine »machiavellistische« Massengesellschaft, in der der Erwerb von Reichtum im Vordergrund steht und die sich durch ausbeuterische Beziehungen auszeichnet, muss zwangsläufig eine gewalttätige Gesellschaft sein, die die »Besitzenden« und die »Aufstrebenden« mit Gewalt vor den »Habenichtsen« und den Außenseitern schützt. Eine solche Gesellschaft wird sich selbst zerstören, denn ihre Gier wird sie dazu bringen, ihre Ressourcen und sogar ihre Menschen zu verbrauchen. Es können keine Selbstbeschränkungen auferlegt werden, denn das Wesen der Gesellschaft, ihre innere

> Dynamik, besteht darin, zu konsumieren. Ihr unersättlicher Appetit wird dazu führen, dass sie sich buchstäblich selbst auffrisst. Wenn sie hinreichend geschwächt ist, werden andere, ähnliche soziale Ungeheuer ihr den Garaus machen – wenn überhaupt etwas übrigbleibt.[1]

Und so ist es auch. *Wétiko* hat Ägypten und Babylon und Athen und Rom und Tenochtitlan zerstört, und vielleicht wird er jetzt die ganze Erde zerstören. Aber weder der »Junkie«, der nach Geld für einen Schuss Heroin sucht, noch die Kapitalisten, die die Wälder des Amazonas für große Gewinne zerstören, sind in der Lage, ihr eigenes zerstörerisches Verhalten zu stoppen. Sie sind kranke Menschen, die einen kleine Diebe oder Mörder aufgrund eines chemischen Wahns und die anderen verrückt durch die Wétiko-Psychose – die Kanibalen.

Kann die Wétiko-Krankheit gestoppt werden? Es entstehen Gewerkschaften, die vielfach korrupt werden, es entstehen Reformbewegungen, die zerschlagen oder unterwandert werden, es entstehen radikale Parteien, die Diktaturen errichten, und so weiter. Und die Gesellschaft um uns herum neigt dazu, so geldgierig und oberflächlich zu sein, dass fast jede »Gegenkultur« nur ein neuer Weg für die Medien oder die Bekleidungshersteller ist, um Profite zu machen. Und wenn Yehoshu'a ben Yosef wiederkommen würde? Wäre er irgendwann zwischen 300 n.Chr. und vielleicht 1800 n.Chr. nach Europa zurückgekehrt, wäre er sehr wahrscheinlich auf dem Scheiterhaufen verbrannt worden. Vielleicht ist das sogar geschehen. Wie Bonita Calachaw sagte: »Die Amerikaner sind manchmal so eng, dass ich fürchte, wenn Jesus auftauchen würde, wäre es ihm unmöglich, die Straße entlangzugehen …«[2]

Wie viele Male haben Christen Jesus getötet? Jedes Mal, wenn sie einen »Ketzer« oder einen Heiden ermordet haben, jedes Mal, wenn sie ein Opfer ihres unterdrückerischen Kolonialismus zu Tode arbeiten oder verhungern lassen haben. In diesem Zusammenhang sind die Worte von Pater George Zabelka, des katholischen Seelsorgers der US-Atombombenbesatzungen während der Angriffe auf Hiroshima und Nagasaki im Jahr 1945, zitierenswert:

> Kalvarienberg, der Ort, an dem Christus unter den Händen der zivilen und religiösen Politiker seiner Zeit gelitten hat und gestorben ist, ist das heiligste Heiligtum des Christentums. Hiroshima und Nagasaki sind Kalvarienberge. Denn hier wurde Christus in den Körpern der »Geringsten« erneut gefoltert und hunderttausendfach zu Tode gebracht, und zwar von genau demselben dunklen und betrügerischen Geist organisierter Lieblosigkeit, der vor zweitausend Jahren in Jerusalem umging … Christus leidet und stirbt in Hiroshima und Nagasaki. Deshalb bedeutet die Billigung oder Unterstützung des Krieges die Billigung oder Unterstützung der Aufforderung: »Kreuziget ihn!«

Pater Zabelka gesteht seine eigene Schuld im Zusammenhang mit den Bombenanschlägen ein:

> Meine ausdrückliche und stillschweigende Zustimmung zu dem, was getan wurde … war für alle deutlich sichtbar … Ich war der offiziell ernannte katholische Priester, der durch sein Schweigen seine priesterlich-patriotische Pflicht erfüllte und den Nationalismus über den Katholizismus, den Cäsar über Christus stellte … Aber genau dieses Versagen von Priestern, Pfarrern und Bischöfen in den letzten 1700 Jahren ist meiner Meinung nach maßgeblich für Hiroshima und Nagasaki und für den scheinbar unaufhörlichen »christlichen« Aderlass rund um den Globus verantwortlich …[3]

Die christlichen Kirchen haben, wie bereits erwähnt, überwiegend schon vor langer Zeit den wahren Yeshu'a abgelehnt. Lame Deer drückte es kurz und bündig aus, als er sagte:

> Sie haben aus Jesus einen Blondschopf gemacht. Ich mache mir nichts aus diesen blonden, blauäugigen Bildern eines desinfizierten,

> gechlorten, weißgescheuerten Christus … Jesus war Jude. Er war kein gelbhaariger Engländer. Ich bin sicher, er hatte schwarzes Haar und eine dunkle Haut wie ein Indianer. Die weißen Rancher hier hätten ihn nicht mit ihren Töchtern ausgehen lassen … Seine Religion kam aus der Wüste, in der er lebte, aus seinen Bergen, von seiner Art Tiere, seiner Art Pflanzen. Sie haben versucht, aus ihm einen Meister Proper-Verkäufer zu machen, einen langhaarigen Billy Graham in einem schicken Nachthemd, und deshalb arbeitet er nicht mehr für euch. Er war ein guter Medizinmann, schätze ich.[4]

Die christlichen Kirchen stiften größtenteils Verwirrung in Bezug auf die Werte der Menschen und machen es dem Materialismus, dem Konformismus und der Wétiko-Psychose leicht, die Menschen zu kontrollieren:

> In einem unserer Sioux-Reservate wird derzeit eine große katholische Kirche für Indianer gebaut. Sie sieht aus wie ein gewaltiges Tipi. Über dem Altar hängt eine riesige Friedenspfeife zusammen mit dem Kreuz … Mir gefällt das nicht und vielen anderen auch nicht. Es ist unredlich. Denn es gibt einen Unterschied, und es wird immer einen Unterschied geben, solange noch ein Indianer am Leben ist. Unser Glaube ist tief in unserer Erde verwurzelt … und wenn man den ganzen Beton ein oder zwei Jahre lang unbeaufsichtigt lässt, werden unsere Pflanzen, die einheimischen indianischen Pflanzen, den Beton durchstoßen und durch ihn hindurchwachsen.[5]

Wie Sie sehen, suchen einige Teile der katholischen Kirche, genau wie die PepsiCola-Werber und die Bekleidungshersteller, immer nach neuen Wegen, um »einen Markt zu erobern«, etwas zu verkaufen, indem sie ihr Produkt so tarnen, dass die Leute getäuscht werden. Auf die gleiche Weise sponsern die Mormonen indianische Tanzgruppen, die als »die Laminat-Generation« herumreisen. Aber für sie ist das nur ein Aufhänger, denn der geistige Hintergrund ist dahin.

Es ist nur ein Nebenschauplatz, um verwirrte Indianer anzulocken. Der »harte Verkauf« kommt dann später. Weder der Mormonismus noch der Katholizismus haben viel mit der Philosophie der amerikanischen Ureinwohner gemein. Die große katholische »Tipi«-Kathedrale und die riesigen, reich verzierten Tempel der Mormonen sind allesamt Monumente materieller Pracht, und sie gehören Religionen, die die natürliche Welt – die Erde, die Pflanzen, die Sonne, die Kälte, die Hitze, ja sogar die Fliegen und Ameisen, die für die Indianer alle heilig (wakan) sind – absichtlich außen vor lassen.

> Bei uns gab es keine Tempel oder Heiligtümer außer denen der Natur ... Wir würden es als Sakrileg betrachten, ein Haus für Ihn zu bauen, dem man von Angesicht zu Angesicht in den geheimnisvollen, schattigen Pfaden des Urwalds oder auf dem sonnenbeschienenen Schoß jungfräulicher Prärien, auf schwindelerregenden Türmen und Zinnen nackter Felsen und dort drüben im juwelenbesetzten Gewölbe des Nachthimmels begegnen kann! Er, der sich in Wolkenschleier hüllt, dort am Rande der sichtbaren Welt, wo unser Urgroßvater Sonne sein abendliches Lagerfeuer entzündet. Er, der auf dem strengen Wind des Nordens reitet oder seinen Geist in den aromatischen Lüften des Südens aushaucht, dessen Kriegskanu auf majestätischen Flüssen und Binnenmeeren zu Wasser gelassen wird – er braucht keine mindere Kathedrale![6]

Sogar die von einigen Eingeborenen errichteten Pyramiden und Tempelhügel dienten nicht dazu, die Menschen vom sichtbaren Weltenall abzuschotten, sondern vielmehr dazu, einen Berggipfel zu imitieren, um die Gläubigen den Elementen der Welt näherzubringen. Und in der Tat könnte es sein, dass die Entwicklung massiver, geschlossener Tempel und Kirchen jeglicher Größe in Asien und Europa sehr gut mit dem Aufkommen der Wétiko-Krankheit korreliert. Und warum? Vielleicht, weil der Tempel oder die Kathedrale eindeutig dazu dient, das Heilige vom Profanen zu trennen, das Religiöse vom Weltlichen, den Bereich der Anbetung vom Bereich der Arbeit, des Geldmachens und des Tötens. *Wétiko* will, dass die Menschen ihre Religion in Gebäuden einschließen, wo sie vom übrigen Leben isoliert werden kann. Dann entsteht die Religion als ein vom Leben getrenntes Konzept, die Anbetung kann weitgehend auf einen Ort konzentriert werden, und Priester und Prediger können ihren Lebensunterhalt verdienen und große Macht erlangen, indem sie die Nutzung der kleinen Kisten kontrollieren, in denen das »Heilige« aufbewahrt wird. Der Glaube der amerikanischen Ureinwohner ist jedoch ganz anders.

Denn der Tempel oder die Kathedrale dient eindeutig dazu, das Heilige vom Profanen zu trennen, das Religiöse vom Weltlichen, den Bereich der Anbetung vom Bereich der Arbeit, des Geldmachens und des Tötens.

> Aber in unserer indianischen Religion ist alles Religion, der Große Geist. Wir sind dankbar, dass wir auf dieser Mutter Erde sind. Wenn wir morgens aufwachen, ist das erste, was wir tun, dem Großen Geist für Mutter Erde zu danken: wie wir leben, was sie hervorbringt, was alles am Leben erhält … Dieses Land, wir schätzen es. Wenn sich das Auge des Großen Geistes am Morgen erhebt, stehen wir auf und beten ihn an und danken ihm für dieses wunderbare Land, in dem wir leben.[7]

Wie Yehoshu'a und Buddha suchen die Ureinwohner Amerikas Weisheit in der Natur. Igjugarjuk, ein Arzt der Karibu-Inuit (Eskimo), sagt: »Als ich ein [*angatkut* oder Arzt] werden sollte, wählte ich das Leiden durch die beiden Dinge, die für uns Menschen am gefährlichsten sind, das Leiden durch Hunger und das Leiden durch Kälte…«.

Wahre Weisheit ist nur fernab von Menschen in der großen Einsamkeit zu finden, und sie wird nicht im Spiel, sondern nur durch Leiden gefunden. Einsamkeit und Leiden öffnen den menschlichen Geist, und deshalb muss ein *Angatkut* seine Weisheit dort suchen.[8]

Wie Yehoshu'a und Buddha suchen die Ureinwohner Amerikas Weisheit in der Natur.

Vielleicht ist das der Grund, warum Schwarze in den Vereinigten Staaten manchmal die authentischsten Formen des Christentums entwickelt haben, denn obwohl sie durch das Sektierertum und die Formen des Kirchenbaus und dergleichen, die aus Europa kamen, eingeschränkt waren, ist es ihnen gelungen, einen »Geist des Lebens« zu entwickeln, der auf Leiden, Teilen und Demut beruht und ihren Glauben durchdringt. Wenn Sie jemals ein Lied gehört haben, das in einer schwarzen Kirche gesungen wurde, wie »If I Can Help Somebody«, oder wenn Sie jemals den verstorbenen Martin Luther King, Jr. sprechen gehört haben, wissen Sie, dass Sie das wahre Potential des Christentums in den Vereinigten Staaten erleben. Und vielleicht wurde Martin Luther King Jr. deshalb vom FBI verfolgt und schließlich ermordet, weil Religion für ihn ein Durst nach Gerechtigkeit war, der sich nicht auf das Predigen beschränkte. Solche Männer sind in einer Wétiko-Welt gefährlich. Die fundamentalistischen Prediger unterstützen in der Regel den Status quo, sie verkaufen Religion statt Gebrauchtwagen, aber ihre Welt besteht aus den Nixons, Reagans, Bushs und dem Militärimperium, und sie gedeihen darin.

Die Kirchen bieten keine Antwort auf die Wétiko-Psychose. Ja, sogar die schwarze Kirche, denn die Schönheit und Kraft des schwarzen Christentums hat sich *trotz der* schwarzen Kirchen entwickelt – sie wird von den schwarzen Menschen in ihrer Gemeinschaft getragen und weniger von ihren Predigern. Organisierte schwarze Sekten neigen leicht zu Dogmatismus, Engstirnigkeit und der Beschäftigung mit Belanglosigkeiten und Oberflächlichkeiten. Schwarze Christen täten gut daran, sich auf ihre afrikanischen und indianischen Ursprünge zu besinnen, anstatt sich ausschließlich von der Theologie ihrer europäischen Unterdrücker beherrschen zu lassen.

Bezeichnenderweise haben die »Sanctuary-Bewegung« (die Flüchtlingen vor dem nordamerikanischen Angriff auf Mittelamerika Zuflucht gewährt) und die »Friedensbewegung« viele protestantische und katholische Kirchen in den Vereinigten Staaten wiederbelebt. Zusammen mit der »Befreiungstheologie« stellen sie Kräfte dar, die das Christentum wieder in die Gemeinschaft mit dem wahren Yehoshu'a bringen können.

Graf Zinzendorf, ein Führer der Mährischen Kirche, versuchte 1742, Kakowatchiky, einen Shawnee-Mann aus Pennsylvania, zum Christentum zu bekehren. Kakowatchiky dankte dem Grafen für sein Bemühen und sagte:

> Er selbst sei ein von Gott erschaffener Indianer, der mit seinem Zustand zufrieden sei und kein Europäer sein wolle … Ihm gefalle die indianische Lebensweise. Gott sei auch im Alter noch sehr gütig zu ihm gewesen und werde weiterhin gut für ihn sorgen. Gott war mit den Indianern zufriedener als mit den Europäern. Es war wunderbar, wie sehr er ihnen half.[9]

Ein Jahrhundert später erzählt uns Luther Standing Bear,

> Der Indianer liebte es, zu verehren … Es gab nichts zwischen ihm und dem Großen Heiligen. Der Kontakt war unmittelbar und persönlich, und der Segen von Wakan Tanka ergoss sich über den Indianer wie ein Regenschauer vom Himmel.
>
> Wakan Tanka stand nicht abseits und versuchte, böse Kräfte zu unterdrücken. Er hat die Tiere und Vögel nicht bestraft, und er hat auch die Menschen nicht bestraft. Er war kein strafender Gott. Denn es war nie die Rede von der Vorherrschaft einer bösen Macht über die Macht des Guten. Es gab nur eine herrschende Macht, und das war das *Gute*.[10]

vierzehn

Auf der Suche nach Vernunft

Den Prozess der Brutalisierung umkehren

Die Wétiko-Psychose und die Probleme, die sie verursacht, haben viele Widerstandsbewegungen und Bemühungen um Reformen oder Revolutionen inspiriert. Leider sind die meisten dieser Bemühungen gescheitert, weil sie die von *Wétiko* Befallenen nie als Geisteskranke erkannt haben, deren Krankheit sehr ansteckend ist. Auch haben sie selten verstanden, dass die *Nicht-Wétikos*, ob Lakaien, Zuhälter oder die am meisten Unterdrückten, oft »heimliche Träger« der Krankheit sind. Solche Menschen werden nur dann zu aktiven *Wétikos*, wenn die Bedingungen dafür günstig sind (etwa wenn sie durch eine Revolution an die Macht kommen).

Es gibt ganz klar viele »Fronten«, an denen man sich engagieren kann, wenn man das Ziel verfolgt, eine gerechte Welt zu schaffen. In seiner *Pädagogik der Unterdrückten* hat Paulo Freire eine Methode der revolutionären Erziehung beschrieben, die den Unterdrückten helfen soll, ein »kritisches Bewusstsein« zu entwikkeln, eine Fähigkeit, ihre objektiven Bedingungen wahrzunehmen, zu analysieren, warum sie unterdrückt werden, und zu begreifen, dass die Entmenschlichung die Wurzel aller Unterdrückung ist. Freires Methode hilft den Unterdrückten zu erkennen, dass Liebe und Vermenschlichung die eigentlichen

Liebe und Vermenschlichung sind die eigentlichen Ziele des sozialen Wandels. Und jede Übernahme der Werte der Unterdrücker stellt lediglich die Fortdauer der Entmenschlichung sicher.

Ziele des sozialen Wandels sind und dass jede Übernahme der Werte der Unterdrücker lediglich die Fortdauer der Entmenschlichung sicherstellt.

Die Entwicklung eines »kritischen Bewusstseins« auf Seiten der Unterdrückten ist sicherlich eine Notwendigkeit, und natürlich ist dies kein neuer Ansatz. Tecumseh und sein Bruder Tenskatawita (»der Prophet der Shawnee«) unternahmen in der Zeit von 1802 bis 1814 genau solche Anstrengungen. Tecumseh und andere Lehrer reisten von Kanada bis nach Alabama und ins untere Mississippi-Tal und versuchten, den Ureinwohnern die Folgen des US-Imperialismus begreiflich zu machen.

Tecumsehs Bewegung unterschied sich jedoch in mehreren wichtigen Punkten von Freires Ideen. Erstens hoffte Tecumseh nicht, die Unterdrücker zu »humanisieren«, weil er offenbar glaubte, dass dies die Fähigkeiten der Ureinwohner überstieg. Zweitens versuchte Tecumseh, die Indianer von den Weißen getrennt zu halten, indem er die Unabhängigkeit der Ureinwohner bewahrte und die Weißen aus ihrem Gebiet fernhielt. (Dies wäre in einer Situation, in der die Unterdrücker eine herrschende Klasse bilden, die in demselben Gebiet wie die Unterdrückten lebt, unmöglich.)

Und schließlich, und das ist das Wichtigste, hatte Tecumsehs Bewegung eine »spirituelle« Grundlage. Die indianischen Lehrer erkannten, dass die Menschen von ihrer geistigen Krankheit »geheilt« werden müssen, *bevor* sie eine gerechte Gesellschaft aufbauen können. So versammelten sich die Indianer im Dorf Tippecanoe, um sich zu läutern, sich von Alkoholismus und fremden Gewohnheiten zu befreien und zu lernen, wieder als verantwortungsbewusste, wahrhaftige Menschen zu leben.

Freires Methodik – den Menschen zu helfen, die sozialpolitische Welt um sie herum zu verstehen – ist wichtig, und doch fehlt etwas. Der Geschmack ist europäisch, und wenn es ein »religiöses« Element gibt, so besteht es in einer Art Humanismus. Der Humanismus stellt fraglos eine bewundernswerte Philosophie im Rahmen des europäischen Materialismus und Agnostizismus dar. Andererseits wird eine kritische Methode, die sich auf den Bereich des sozio-politischen menschlichen Verhaltens *beschränkt*, wie es durch den Materialismus wahrgenommen wird, das Problem des *Wétikoismus* niemals lösen. Warum? Weil man das »kritische Bewusstsein« über die Grenzen rein menschlicher Situationen hinausführen muss, um das Milieu, in dem wir Menschen tatsächlich existieren, vollständig zu erfassen.

Ich glaube, dass die Bemühungen um Gerechtigkeit in der sozio-politischen Arena des Lebens wesentlich sind. Aber die Grundlage für diese Bemühungen, wenn sie erfolgreich sein sollen, muss auf der geistigen Erneuerung eines jeden von uns beruhen, der sich an solchen Kämpfen beteiligt.

Die indianischen Lehrer erkannten, dass die Menschen von ihrer geistigen Krankheit »geheilt« werden müssen, bevor sie eine gerechte Gesellschaft aufbauen können.

Wenn die Wétiko-Psychose überwunden und wir von der Krankheit geheilt werden sollen, liegt die Antwort in dem, was ich Religion nenne, nämlich jeden Tag unseres Lebens dem »guten, roten Weg« oder dem »Pollenpfad« zu weihen. Das soll nicht heißen, dass man Indianer werden oder die Bräuche der amerikanischen Ureinwohner übernehmen muss. Nein, denn wenn wir die Wétiko-Krankheit von unseren Augen abstreifen und die Dinge in Ehrlichkeit und Demut betrachten, stellen wir fest, dass die Lehren der großen Medizinmänner, der großen heiligen Männer der Welt tatsächlich ähnlich sind – sie weisen in dieselbe Richtung. Sie mögen nicht identisch sein, aber das ist in Ordnung, denn sie alle geben uns nur Beispiele. Ich glaube nicht, dass sie jemals wollten, dass wir zu Robotern werden, die jede *ihrer* Handlungen nachahmen, oder zu Phonographen, die jedes Wort ihrer Gebete wiederholen, oder zu Schwachsinnigen, die sich weigern, das Wunder ihres eigenen Verstandes zu nutzen, oder zu Dummköpfen, die nicht in der Lage sind, ihre eigenen Träume zu träumen, oder zu Niemanden, die nie nach ihren eigenen Visionen suchen. Die Visionen anderer Leute sind die ihren, nicht unsere, und es ist falsch, sie als Entschuldigung dafür zu benutzen, dass wir unsere eigenen nicht finden, wenn wir es können.

Die meisten der großen Lehrer der Erde haben Dinge gelehrt oder Beispiele gegeben, die uns helfen können, die Wétiko-Psychose zu überwinden. »Psychose« bedeutet »Krankheit der Seele oder des Geistes«. Und so müssen wir auf die Dinge schauen, die mit dem Geist oder der Seele zu tun haben, wenn wir ein Heilmittel finden wollen. Pragmatismus und Opportunismus bieten keine Antworten, auch nicht die Psychiatrie oder Psychotherapie der üblichen Art. *Wétiko* kann manchmal sehr pragmatisch sein, und Menschen, die von Psychologen oder Psychiatern behandelt werden, können lernen, sich anzupassen oder »sich selbst zu akzeptieren«.

Anpassung und Selbstakzeptanz sind aber nicht, was wir brauchen. Sich an eine Wétiko-Gesellschaft anzupassen, bedeutet, verrückt zu werden. Sich selbst zu akzeptieren ist schlecht, wenn es bedeutet, ein persönliches Verhalten zu akzeptieren, das hässlich oder ausbeuterisch ist, oder es ein Aufgeben des Bedürfnisses nach Freiheit, Veränderung oder Wachstum darstellt. Juan Matus lehrt uns durch Carlos Castaneda, dass wir die Macht *haben*, uns zu verändern, und dass wir, egal wie sehr wir unterdrückt oder missbraucht wurden, irgendwann die Verantwortung für unser eigenes Handeln übernehmen müssen.

> Wir haben die Macht, uns zu verändern, und, egal wie sehr wir unterdrückt oder missbraucht wurden, müssen wir irgendwann die Verantwortung für unser eigenes Handeln übernehmen.

Siddartha Gautama (der Buddha) lehrte vor mehr als 2500 Jahren, dass die Menschen sich von der Wétiko-Krankheit und anderen Hindernissen für ein befriedigendes Leben befreien können, indem sie einen individuellen Weg einschlagen, auf dem sie sich von Dogmatismus, Sektierertum, Habgier und organisierter Religion im üblichen Sinne fernhalten.

> Das religiöse Leben, Malunkyaputta, hängt nicht von dem Dogma ab, dass die Welt ewig ist; noch hängt das religiöse Leben … von dem Dogma ab, dass die Welt nicht ewig ist. Ob das Dogma gilt, Malunkyaputta, dass die Welt ewig ist, es bleiben immer noch Geburt, Alter, Tod, Kummer, Klage, Elend, Trauer und Verzweif-

> lung, für deren Auslöschung im gegenwärtigen Leben ich die Unterweisungen gebe …[1]

Vor allem sollte man sich die Frage, »wie man in diesem Leben leben soll«, in einer Welt vor Augen halten, in der christliche Missionare miteinander über »vollständiges Untertauchen« oder »teilweises Untertauchen« bei der Taufe streiten, in der muslimische Sekten sich gegenseitig bekriegen, in der Wissenschaftler riesige Geldsummen ausgeben, um künstlich Leben zu erschaffen oder den Weltraum zu erforschen oder Waffen zu erfinden, und in der einige Akademiker ihr Leben mit dem Streit über abstrakte theoretische Konzepte verbringen, die das Leiden der Menschheit nicht lindern. All diese Dinge helfen uns nicht, die grundlegenden Fragen eines jeden menschlichen Lebens zu lösen, sondern sie dienen dazu, Millionen von Menschen zu einem hässlichen oder unglücklichen Leben zu verdammen, indem sie unsere Energien oder unsere Ressourcen verschwenden oder indem sie Hass und Angst erzeugen.

»Hass wird nicht durch Hass besänftigt. Der Hass wird allein durch Nicht-Hass besänftigt.«

Es ist auffallend, dass sowohl der traditionelle Buddhismus als auch die Religionen der amerikanischen Ureinwohner der Theologie abhold sind, vielleicht unter anderem deswegen, weil das »Studium Gottes« unmöglich oder zumindest anmaßend ist, aber auch, weil ein solches Studium die Probleme dieses Lebens für den Einzelnen nicht löst. Die Lakota zum Beispiel stellen sich Wakan Tanka (das Große Heilige oder Mysterium) nicht als eine einzelne individuelle Macht vor, sondern als eine mysteriöse, sich entfaltende, kollektive Einheit, die der alten mexikanischen Vorstellung von der Entfaltung von Ometeotl, die im ersten Kapitel beschrieben wurde, sehr ähnlich ist.[2] Gautama sagte [zu dem Mönch Malunkyaputta, Anm. d. Übers.] weiter:

> Und was, Malunkyaputta, habe ich erklärt? Das Elend, Malunkyaputta, habe ich erklärt; den Ursprung des Elends habe ich erklärt; die Beendigung des Elends habe ich erklärt …

> Dies nun, Mönche, ist die edle Wahrheit über die Ursache des Schmerzes: das Verlangen, das zur Wiedergeburt neigt, verbunden mit Vergnügen und Lust, die hier und dort Befriedigung finden; nämlich das Verlangen nach Leidenschaft, das Verlangen nach Existenz, das Verlangen nach Nicht-Existenz.
>
> Dies nun, ihr Mönche, ist die edle Wahrheit der Beendigung des Schmerzes, der Beendigung ohne einen Rest von Verlangen, der Aufgabe, des Verzichts, der Befreiung, des Nicht-Anhaftens.

Ein ganz bestimmter Teil von Gautamas Lehren hatte mit der Beseitigung von Hass und Selbstsucht und der Kultivierung von Liebe und Teilen zu tun. Denn: »Hass wird nicht durch Hass besänftigt. Der Hass wird allein durch Nicht-Hass besänftigt.«

> Mögen alle Geschöpfe in Wohlstand und Frieden leben;
> mögen alle immer mit Frieden gesegnet sein;
> alle schwachen und starken Geschöpfe,
> alle großen und kleinen Geschöpfe,
> unsichtbare und sichtbare Geschöpfe,
> die in der Ferne oder in der Nähe wohnen,
> geboren oder in Erwartung der Geburt,
> – Mögen alle mit Frieden gesegnet sein! …
> – einer allumfassenden Liebe für das gesamte Weltenall
> in all seinen Höhen und Tiefen
> und Weiten, ungetrübte Liebe,
> ungetrübt von innerem Hass,
> keine Feindschaft erregend …

Gautama bestand darauf, dass jeder Mensch seinen eigenen Weg gehen muss, denn die Erleuchtung ist eine persönliche Erfahrung, die für jeden Menschen einzigartig ist. »Deshalb … seid Leuchten für euch selbst. Verlasst euch auf euch selbst, und verlasst euch nicht auf äußere Hilfe.«[3]

Ich habe keinen Zweifel daran, dass die meisten indianischen Gesellschaften so organisiert waren, dass sie die Menschen ermutigten, Gier und übermäßiges Verlangen zu meiden und Besitzlosigkeit und Demut anzustreben. Positiv zu vermerken ist, dass die Ureinwohner Amerikas die gegenseitige Abhängigkeit aller Lebewesen und die tägliche Praxis des offenen Ausdrucks von Dankbarkeit und Verwandtschaft betonten. »Die Vierbeiner und die Flügel der Luft und die Mutter Erde müssen verwandt sein ... Das erste, was ein Indianer lernt, ist, sich gegenseitig zu lieben und dass sie verwandt sein sollten mit den Vierbeinern.«[4]

Die Ureinwohner Amerikas betonten die gegenseitige Abhängigkeit aller Lebewesen und die tägliche Praxis des offenen Ausdrucks von Dankbarkeit und Verwandtschaft.

Und Ruby Modesto sagt uns, wir sollten mit den Pflanzen und der Erde sprechen:

> Danke, Mutter Erde,
> dass du mich an deiner Brust hältst.
> Du liebst mich immerdar,
> ganz gleich, wie alt ich werde.[5]

Eine solche Einstellung führt zu einer Wechselseitigkeit in der Natur und bei den Tieren, wodurch das »Elend« erheblich verringert wird.

Es gibt Beispiele, dass Indianer Klapperschlangen über weite Strekken tragen, um sie von den von Weißen befahrenen Straßen fernzuhalten und so die Klapperschlange vor einem unfreiwilligen Tod zu schützen. Vielleicht ist diese Haltung der Grund, warum laut Ruby Modesto eine alte unterirdische Zeremonienkammer der Cahuilla »von einer Klapperschlange bewacht wurde. Einer großen Klapperschlange. Aber irgendwie kannte sie die Medizinmänner. Wenn ein Fremder versuchte, die *Kiva zu* betreten, wurde er von der Schlange vertrieben. Aber wenn die *puls* [Medizinmänner] eintraten, schlich sich die Schlange einfach in eine unbenutzte Ecke der *Kiva*. Sie hat sie nie belästigt.«[6]

Es ist von entscheidender Bedeutung, dass man die Freiheit des Individuums und einen Weg ohne Zwang betont, da selbst die Lehren Gautamas manchmal pervertiert werden, wenn sie vom »Buddhismus« als Sekte übernommen werden. Warum geschieht so etwas mit der »organisierten Religion«?

Wétikos konnten die Vorstellung von Gesellschaften, die aus freien Menschen bestanden, die ihre Erfüllung in Schönheit und Liebe suchten, nicht tolerieren.

Im Fall des Buddhismus lag es vielleicht daran, dass die *Wétikos,* die Indien, China und Japan oft beherrschten, die Vorstellung von Gesellschaften, die aus freien Menschen bestanden, die ihre Erfüllung in Schönheit und Liebe suchten, nicht tolerieren konnten. Stattdessen wollten zum Beispiel die herrschenden Klassen Japans Samurai, die bereit waren, für ihre Herren zu sterben, Bauern, die folgsam waren und ausgebeutet werden konnten, und ein starres System der Ausbeutung, das es den »Herren« ermöglichte, in Pracht zu leben.

In Japan und anderswo wurde der Buddhismus oft zu einer oberflächlichen Ausführung von gut geregelten Ritualen korrumpiert. Diese Art von »Konservenreligion« gibt den Massen ein gewisses Gefühl der Teilhabe am religiösen Leben, während sie gleichzeitig in ihrer Rolle als Bauern, Diener, Soldaten und Funktionäre gehalten werden. Eine Wétiko-Gesellschaft versucht, so scheint es, die Menschen (bis auf einige wenige Auserwählte) daran zu hindern, ihrer eigenen spirituellen Erfüllung nachzugehen, da die Wirtschaft und die Politik einer solchen Gesellschaft Massen von Arbeitern benötigt, die ein geregeltes, vorhersehbares und konformes Leben führen. »Gehorsam« ist das Ziel, nicht wahre »Erlösung«.

Eine Wétiko-Gesellschaft versucht, die Menschen (bis auf einige wenige Auserwählte) daran zu hindern, ihrer eigenen spirituellen Erfüllung nachzugehen, da die Wirtschaft und die Politik einer solchen Gesellschaft Massen von Arbeitern benötigt, die ein geregeltes, vorhersehbares und konformes Leben führen.

Es erübrigt sich zu erwähnen, dass die Entwicklung des römischen Katholizismus, der griechischen Orthodoxie und der meisten Formen des Protestantismus praktisch identisch mit der oben beschriebenen ist, und zwar offensichtlich aus denselben Gründen.

> Bruder, du sagst, es gibt nur einen Weg, den Großen Geist zu verehren und ihm zu dienen; wenn es nur eine Religion gibt, warum seid ihr Weißen dann so uneins darüber? Warum sind sich nicht alle einig, da ihr alle das Buch lesen könnt? …
>
> Bruder, wir wollen eure Religion nicht zerstören oder sie euch wegnehmen. Wir wollen nur unsere eigene pflegen …
>
> Bruder, man hat uns gesagt, dass du an diesem Ort zu den Weißen gepredigt hast; diese Leute sind unsere Nachbarn, wir sind mit ihnen vertraut; wir werden eine Weile warten und sehen, welche Wirkung deine Predigt auf sie hat. Wenn wir feststellen, dass es ihnen guttut, sie ehrlich macht und sie weniger geneigt sind, die Indianer zu betrügen, dann werden wir noch einmal über das nachdenken, was du gesagt hast.[7]

Der wahre Test für einen spirituellen Weg ist also nicht, wie viele Denkmäler entstehen, wie viele Bekehrte man gewinnt oder wie viele Gebete immer wieder von nachplappernden Stimmen wiederholt werden, sondern der Test ist vielmehr: *Wie verhalten sich die Menschen, die diesem Weg folgen?* Wie verhalten sie sich gegenüber anderen Menschen? Wie verhalten sie sich gegenüber der Erde? Wie verhalten sie sich gegenüber anderen Lebewesen? Tun sie Böses? Sind sie freie Männer und Frauen, die sich dem Bösen entgegenstellen? Oder sind sie passive Fußsoldaten, die darauf trainiert sind, ihren Verstand und ihr Herz ihren Herren zu überlassen?

Aber wie schwierig das ist! Wir werden aufgefordert: »Winke, wenn du Jesus liebst.« Wir sollen »wiedergeboren« werden, und doch sind gerade in den Gegenden mit den meisten »wiedergeborenen« Menschen (Texas, Oklahoma und der übrige »Bible Belt«) Rassismus, Bigotterie, Ausbeutung, korrupte Politik, Militarismus und protziger Superkonsum häufig anzutreffen.

Aber einen Baum erkennt man an seinen Früchten, und an seinen Früchten erkennt man, dass die *Wétiko*-Welt verdammt ist.

»Animismus« ist der etwas abfällige Begriff, den europäische Gelehrte seit Jahrzehnten für die einheimischen, volksreligiösen Überzeugungen in Afrika, Asien und Amerika verwenden. Animismus ist eine nette Umschreibung für »heidnisch« oder »primitiv«. Aber vielleicht ist Animismus ja gar kein so schlechtes Wort, denn es hat mit Leben zu tun; es bedeutet »Lebenismus«.

Vielleicht ist es das, was wir brauchen, »Lebenismus«, mehr Respekt für das Leben, mehr Respekt für die Lebenden, mehr Respekt für *alle* Formen des Lebens. Das ist ein Baum, der gute Früchte getragen hat. Das ist ein Baum, der immer noch gute Früchte trägt.

Vielleicht ist es das, was wir brauchen, »Lebenismus«, mehr Respekt für das Leben, mehr Respekt für die Lebenden, mehr Respekt für *alle* Formen des Lebens.

Aber Animismus ist keine Religion, keine Kirche, keine Sekte, keine Bewegung. Er ist eine Richtung, eine Neigung, ein Hinweisen, ein Gefühl – und das ist gut so, denn wenn eine Religion einen Namen, eine Struktur und ein festes Glaubensbekenntnis hat, ist sie wahrscheinlich gar keine Religion mehr.

Das folgende Frühlingsgebet der Lenápe vermittelt ein Gefühl der Verwandtschaft und der Liebe zu allen Lebewesen, in Verbindung mit tiefer Dankbarkeit und Glück:

> Meine Verwandten, ich bin dankbar, dass wir heute daran denken, wie segensreich es ist, wenn unser Vater Großer Geist sich an uns erinnert und wir sehen können, dass wir gelebt haben, um gemeinsam den Frühling zu erleben. Deshalb sind wir dankbar, wenn wir sehen, wie alles aufgeht und unsere Großvaterbäume Knospen treiben. Jetzt sieht es im ganzen Weltenall gut aus … Auch wir spüren es, wenn unser älterer Bruder, die Sonne, Wärme ausstrahlt. Er hat Mitleid mit uns, und außerdem geben uns unsere Großväter, die Donner, reichlich Wasser. Alles ist so erschaffen von unserem

> Vater, dem Schöpfer. Es heißt sogar, dass jede *mánitu* [Geisteskraft] betet, denn manchmal hören wir unsere Großvaterbäume, dass sie inständig beten, wenn der Wind vorüberzieht. Das genügt, um jeden zum Nachdenken zu bringen und glücklich zu machen, wenn man die wunderbaren Werke unseres Vaters sieht, wie gut es uns das ganze Jahr über geht.[8]

Ich traf einen Medizinmann, einen meiner Onkel. »Erzähle mir vom Großen Geist«, bat ich ihn.

»Er ist nicht wie ein menschliches Wesen, wie der Weiße Gott. Er ist eine Kraft. Diese Kraft könnte in einer Tasse Kaffee sein. Der Große Geist ist kein alter Mann mit einem Bart.«[9]

fünfzehn

Einen guten Weg finden, einen Weg mit Herz

Wie kommt man auf einen guten Weg? Gautama versuchte in seinen Lehren, seinen Zuhörern zu helfen, ihren Pfad zu entdecken, indem er verstand, dass Schmerz und Elend aus egozentrischem Verlangen entstehen. Die Lehrer der amerikanischen Ureinwohner beginnen oft damit, anderen zu helfen, ihre Beziehung zur gesamten Welt zu verstehen. Es ist interessant, dass die Methoden sowohl von Gautama als auch von den indianischen Lehrern im wesentlichen empirisch sind, also auf Beobachtung oder direkter Wahrnehmung beruhen (entweder in Form direkter Erfahrung mit dem »gesunden Menschenverstand« durch die Sinne oder durch Träume, Visionen und andere nicht-alltägliche Erfahrungen).

Wir sind mit dem vermischt und Teil dessen, was die Europäer als Umwelt bezeichnen. *Für uns gibt es in der Tat keine »Umgebung«.*

So wird zum Beispiel die Tatsache unserer absoluten, völligen Abhängigkeit von der Erde von den Lehrern der Eingeborenen als Teil des Selbstverständnisses angesehen. Es ist empirisch offensichtlich, dass wir nicht nur Kinder sind, die ihr ganzes Leben lang an der Brust unserer Erdmutter saugen, sondern dass wir auch mit dem vermischt und Teil dessen sind, was die Europäer als Umwelt bezeichnen. *Für uns gibt es in der Tat keine »Umgebung«.*

Ich kann meine Hände verlieren und trotzdem leben. Ich kann meine Beine verlieren und trotzdem leben. Ich kann meine Augen verlieren und trotzdem leben. Ich kann mein Haar, meine Augenbrauen, meine Nase, meine Arme und viele andere Dinge verlieren und trotzdem leben. Aber wenn ich die Luft verliere, sterbe ich. Wenn ich die Sonne verliere, sterbe ich. Wenn ich die Erde verliere, sterbe ich. Wenn ich das Wasser verliere, sterbe ich. Wenn ich die Pflanzen und Tiere verliere, sterbe ich. All diese Dinge sind mehr ein Teil von mir, wesentlicher für jeden Atemzug, als mein sogenannter Körper. *Was ist mein wirklicher Körper?*

Wir sind keine autonomen, uns selbst genügenden Wesen, wie der europäische Mythos lehrt. Wir sind verwurzelt, genau wie die Bäume.

Wir sind keine autonomen, uns selbst genügenden Wesen, wie der europäische Mythos lehrt. Solche Vorstellungen beruhen auf einer deduktiven Logik, die auf falschen Annahmen fußt. Wir sind verwurzelt, genau wie die Bäume. Aber unsere Wurzeln kommen aus unserer Nase und unserem Mund, wie eine Nabelschnur, die für immer mit der übrigen Welt verbunden ist. Unsere Wurzeln erstrecken sich auch aus unserer Haut und aus unseren anderen Körperöffnungen.

Nichts von dem, was wir tun, tun wir von uns aus. Wir sehen nicht von selbst. Wir hören nicht von selbst. Wir atmen, essen, trinken, scheiden aus, pissen oder furzen nicht von selbst. Wir denken, träumen, erfinden oder pflanzen uns nicht von selbst fort. Wir sterben nicht von selbst.

Das, was der Baum ausatmet, atme ich ein. Das, was ich ausatme, atmen die Bäume ein. Zusammen bilden wir einen Kreis. Wenn ich atme, atme ich den Atem von Milliarden von jetzt verstorbenen Bäumen und Pflanzen. Wenn Bäume und Pflanzen atmen, atmen sie den Atem von Milliarden von jetzt verstorbenen Menschen, Tieren und anderen Völkern. Wie Lame Deer sagte: »Auch ein Mensch ist vieles. Was auch immer die Luft, die Erde, die Kräuter und die Steine ausmacht, ist auch ein Teil unseres Körpers …«[1]

Wer war meine Mutter? Ein Ei? Wer war mein Vater, ein kleines Tier namens Sperma? Aber woher kamen diese Eizelle und dieses Spermium? Sie wuchsen in einer Frau und in einem Mann, aber sie hatten ihre eigenen Lebenswege, die sich von denen des Mannes und der Frau unterschieden. Ihre Körper, dieses Fleisch, mein Vorfahre, wuchs in ihnen und was war es? Es war die Erde, es war der Himmel, es war die Sonne, es waren die Pflanzen und Tiere. Wir haben großes Glück, so viele wunderbare Mütter und Väter zu haben!

Ich lebe in einem Weltenall. Ich bin ein Punkt des Bewusstseins, ein Kreis des Bewusstseins, inmitten einer Reihe von Kreisen. Ein Kreis ist der, den wir den Körper nennen. Er ist selbst ein Weltenall, voll von Millionen kleiner Lebewesen, die ihr eigenes, getrenntes, aber voneinander abhängiges Leben führen. Sie leben, kämpfen, lieben, teilen sich und sterben unabhängig von meinem Bewusstsein, die meiste Zeit über. Wenn einige von ihnen gestört werden oder sich verletzen, erzählen sie mir vielleicht davon, damit ich ihnen helfen kann, damit ich ihnen etwas zu essen besorge, sie kratze oder ihre Überreste loswerde.

Ich lebe in einem Weltenall. Ich bin ein Punkt des Bewusstseins, ein Kreis des Bewusstseins, inmitten einer Reihe von Kreisen.

Ein weiterer Kreis sind all die anderen Dinge, von denen ich völlig abhängig bin – Gishux, die Sonne, die Luft, das Wasser und so weiter. Ein weiterer Kreis sind all die Dinge, die mein Bewusstsein erfüllen – die Dinge, die ich sehe, rieche, höre und so weiter. Ein weiterer Kreis ist die Quelle meiner Träume, meines Bewusstseins, meiner Einsichten, Gaben oder Kräfte, Ideen und »Eingebungen«.[2]

Aber all diese »Kreise« sind nicht wirklich getrennt – sie sind alle voneinander abhängig, sie sind alle miteinander vermischt, sie überschneiden sich und bewegen sich ineinander und voneinander weg.

Und diese gegenseitige Abhängigkeit verschmilzt mit dem Kreis der Liebe, dem Geheimnis, dem Klebstoff, der all dies zusammenhält. Die Wissenschaftler mögen es Anziehung, Affinität, Magnetismus oder Schwerkraft nennen, ebenso wie Zuneigung, Symbiose, Verwandtschaft, Gemeinschaft, Familie, Mitgefühl oder was auch immer. Aber es gibt diesen Kreis, diesen geheimnisvollen Kreis, der das Leben möglich macht.

Doch die Europäer der Neuzeit und andere Materialisten oder Dogmatiker nehmen diese Art von Analyse, die auf empirischer

Offenheit und ehrlichem *Lernwillen* beruht, nur selten vor. Stattdessen lassen sie zu, dass Mythen und Dogmen ihre Vorstellungen verzerren oder vorbestimmen. (Ich gebe nicht vor, dass meine Gedanken als solche »wahr« sind, sondern lediglich, dass sie meine Gefühle ausdrücken und vielleicht in eine Richtung weisen, die andere hilfreich finden könnten.)

Vielleicht liegt es daran, dass viele Europäer Geheimnisse nicht ertragen können, insbesondere keine Geheimnisse in der »realen Welt«. Die Ureinwohner hingegen geben zu, dass es Geheimnisse gibt, und akzeptieren freudig die Aufgabe, in einer solch wunderbaren Welt zu leben.

»Liebe« ist etwas anderes. Viele heutige Völker und *Wétikos* überall lieben die Erde nicht. Die Erde ist tot, sagen sie, nur eine Art großer Felsen, und außerdem, selbst wenn sie lebendig wäre, hat sie keine Seele, keinen Verstand und keinen Geist. Warum sollte man sie also lieben? Warum jemanden oder etwas lieben? Warum liebst du deine Frau? Liebst du sie, weil sie lebendig ist? Liebst du sie, weil sie eine Seele hat? Liebst du sie, weil sie eine Vagina hat, die deinen Penis glücklich macht?

Die Liebe ist ein Geheimnis. In gewissem Sinne spielt es also keine Rolle, ob die Erde lebt oder nicht. Unsere Liebe zu ihr ist etwas, das wir geben. Und im Gegenzug schenkt sie uns ihre Liebe. Fragt sie, ob wir lebendig sind oder eine Seele haben? Woher wissen wir, dass wir lebendig sind? Wir bewegen uns, aber alles bewegt sich. Wir verändern uns, aber alles verändert sich. Wir atmen, aber alles atmet, jedes auf seine Weise. Wir pflanzen uns fort, aber das tut auch alles andere, ob anorganisch oder organisch. (Was ist Fortpflanzung? Der Prozess der Erzeugung von »Nachwuchs«? Dann sind die Planeten, Monde und so weiter vielleicht Kinder einer verstorbenen Sonne, die ihr Leben im Kindbett gegeben hat. Dann sind wir die Jungen der Erde. Ah, aber die Erde kann uns nicht allein hervorbringen. Aber wer kann von sich aus Kinder zeugen? Nicht der Mensch! Ohne Nahrung, Luft, Wasser und Wärme wird es keinen Geschlechtsverkehr und keine neuen kleinen Babys geben. *Wir können uns nicht selbst fortpflanzen.* Nichts kann das.) Und der Tod: Der Tod ist ein weiterer Kreislauf, der alle Dinge betrifft. Wie kann eine Sonne sterben, wenn sie nie gelebt hat? Alle Dinge nehmen am Kreislauf des Todes teil, aber wie bereits erwähnt, ist der Tod das Leben. Das Ei starb (oder veränderte sich), um uns Leben zu geben. Das Spermium starb, um uns Leben zu schenken. Wir alle sterben, um Leben zu schaffen.

Und so lernen wir, wenn wir bereit sind, einen Weg der Erkenntnis zu beschreiten, etwas über uns selbst, das heißt, wenn wir uns erkunden, erforschen wir das Weltenall und erkunden wir einen Teil der großen schöpferischen Kraft, und wenn wir die Welt studieren, erforschen wir auch uns selbst. Aber auf diesem Weg studiert man nicht wie ein Dogmatiker.[3]

Und so lernen wir, wenn wir bereit sind, einen Weg der Erkenntnis zu beschreiten.

> Ein Mann geht zum Wissen, wie er in den Krieg zieht, hellwach, mit Angst, mit Respekt und mit absoluter Gewissheit … Für mich gibt es nur das Wandern auf Wegen, die Herz haben, auf jedem Weg, der Herz haben kann. Dort wandere ich, und die einzige lohnende Herausforderung ist es, ihn in seiner ganzen Länge zu gehen. Und dort gehe ich um mich blickend, schauend, atemlos … Versuche es so oft, wie du es für nötig hältst. Dann stelle dir, und nur dir, eine Frage: Hat dieser Weg Herz? Wenn ja, ist der Weg gut, wenn nicht, ist er sinnlos. Beide Wege führen nirgendwo hin; aber der eine hat Herz, der andere nicht.[4]

Einem Weg des Wissens zu folgen, sollte weder etwas mit Dogmatismus zu tun haben, noch sollte es darum gehen, sein Leben jemand anderem zu überlassen, oder eine Sache des Ehrgeizes oder der bloßen Befriedigung sein. Es gibt viele Arten von Wegen, wie zum Beispiel die Wege von Carlos Castaneda, die sich auf ein immer tieferes Verständnis anderer Ebenen der Wirklichkeit konzentrieren, Ebenen, die normalerweise nur durch Träume, Visionen oder eine konzentrierte spirituelle Suche erreicht werden. Wie uns Juan Matus (durch Carlos) sagt, ist ein Weg nur ein Weg und man sollte ihm nicht folgen, wenn er den eigenen inneren Gefühlen oder Überzeugungen widerspricht. Aber die Entscheidung, den Weg weiterzugehen oder ihn zu verlassen, sollte nicht auf Angst oder Ehrgeiz beruhen. Nach Castanedas Lehrern unterscheidet sich ein »Krieger« vom Durchschnittsmenschen durch die konsequente Wahl eines »Weges mit Herz«. Der Krieger weiß, dass der Weg ein Herz hat, wenn er oder sie auf ihm »großen Frieden und Freude« findet.[5] Der Weg mit Herz führt einen auf eine »freudige Reise«, während Wege ohne Herz zu Unglück und Schwächung führen.

Auch die Lehrer der amerikanischen Ureinwohner sehen in der Universalität des Todes und der Vergänglichkeit aller materiellen Dinge eine Quelle der Orientierung für die eigene Lebensführung und die Suche nach einem guten Weg, dem man folgen kann.

Ist es vielleicht wahr, dass man auf der Erde lebt?
Nicht für immer auf der Erde:
nur ein wenig hier.
Obwohl es Jade ist, zerbricht es;
Obwohl es Gold ist, zerbricht es;
Obwohl es Quetzal-Gefieder ist, reißt es,
nicht für immer auf der Erde:
hier nur ein wenig.[6]

*

Lasst uns sehen, ist das wirklich,
Lasst uns sehen, ist das wirklich,
dieses Leben, das ich lebe?
Geister, die überall wohnen,
Lasst uns sehen, ist dies wirklich,
Dieses Leben, das ich lebe?[7]

Juan Matus sagt uns, dass »der Tod der einzige weise Berater ist, den wir haben. Wann immer du das Gefühl hast … dass alles schiefläuft und du kurz vor der Vernichtung stehst, wende dich an deinen Tod und frage ihn, ob das so ist. Dein Tod wird dir sagen, dass du dich irrst … Dein Tod wird dir sagen: ›Ich habe dich noch nicht berührt.‹«[8] Aber während dein Tod dich beruhigen und stark machen kann, indem er dir hilft zu erkennen, dass du in dieser wunderbaren Welt noch am Leben bist, lehrt uns der eigene Tod auch, die Kontrolle über unser Leben zu gewinnen. Wir haben keine Zeit, um als Zuhälter für *Wétikos* zu leben. Wir haben keine Zeit, uns in kleinliche Eifersüchteleien oder hässliche Handlungen zu verstricken. »Was immer du jetzt tust, könnte deine letzte Tat auf Erden sein. Es kann sehr wohl dein letzter Kampf sein.«[9] Das Wissen um den Tod hilft uns, einen guten Weg zu finden, weil es uns zu tiefen Überlegungen über unseren Platz in der Natur bringen kann. Black Elk sagte:

Das Wissen um den Tod hilft uns, einen guten Weg zu finden, weil es uns zu tiefen Überlegungen über unseren Platz in der Natur bringen kann.

> Es ist gut, den Tod vor Augen zu haben, denn er hilft uns, die Vergänglichkeit des Lebens auf dieser Erde zu verstehen, und dieses Verständnis kann uns bei der Vorbereitung auf unseren eigenen Tod helfen. Gut vorbereitet ist derjenige, der weiß, dass er nichts ist im Vergleich zu Wakan Tanka, der alles ist; dann kennt er die Welt, die wirklich ist.[10]

Eine Hinwendung zum Tod allein, ohne andere Erkenntnisse, könnte jedoch schädlich sein. Ein Sucher nach Weisheit wird sich der Unausweichlichkeit des Todes sehr bewusst sein.

> Aber die Beschäftigung mit dem Tod würde uns alle dazu zwingen, sich auf das Selbst zu konzentrieren, und das wäre lähmend. Der Gedanke an den bevorstehenden Tod wird nicht zu einer Leidenschaft, sondern führt zu Gleichgültigkeit.[11]

Die grundlegende Botschaft des bevorstehenden eigenen Todes besteht darin, ein Leben zu führen, das sich lohnt, ein Leben, das gefüllt ist mit klaren Handlungen, schönen Handlungen, sinnvollen Handlungen, die dazu beitragen, den Pollenweg zu gehen, den Weg, den nur ein Weisheitssucher gehen kann.

Und was ist ein Weisheitssucher? Ein Mann oder eine Frau, die furchtlos danach strebt, wirklich wahrhaftig zu sein, während sie in Schönheit und Demut auf der Suche nach Wissen voranschreitet.

Der Weg mit Herz führt einen auf eine »freudige Reise«, während Wege ohne Herz zu Unglück und Schwächung führen.

> Eine Stimme sagte [zu Lame Deer]: »Du opferst dich hier auf, um Medizinmann zu werden. Mit der Zeit wirst du einer sein … Du wirst etwas über Kräuter und Wurzeln lernen, und du wirst Menschen heilen. Du wirst nichts als Gegenleistung verlangen. Das Leben eines Menschen ist kurz. Mach deines zu einem würdigen Leben.«[12]

Leider neigt die Welt von *Wétiko* dazu, uns von unserer Authentizität abzulenken, sie versucht, uns kleinzuhalten, sie versucht, uns mit den falschen Masken von Anmaßung, Kultiviertheit und Hedonismus zu täuschen, sie versucht, uns mit den Versuchungen der Gier und des Materialismus von unserem Weg abzubringen, und sie lehrt uns, nach Siegen zu streben, die hohl oder bedeutungslos sind.

> Dein Freund [ein alter, reicher Mann] ist einsam, weil er sterben wird, ohne zu sehen … Er hat das Gefühl, vierzig Jahre weggeworfen zu haben, weil er nach Siegen suchte und nur Niederlagen fand. Er wird nie erfahren, dass Sieg und Niederlage gleichwertig sind …
>
> Unser Los als Menschen ist es, zu lernen, und man geht zum Wissen, wie man in den Krieg zieht … Und so fürchtest du dich vor der Leere im Leben deines Freundes. Aber es gibt keine Leere im Leben eines Mannes des Wissens, sage ich dir. Alles ist bis

> zum Rand gefüllt ... Ich bin nicht wie dein Freund, der gerade alt geworden ist ... Für ihn hat sich sein Kampf nicht gelohnt, denn er wurde besiegt; für mich gibt es keinen Sieg, keine Niederlage und keine Leere ...[13]

Es sind nicht die konkreten, materiellen Ergebnisse des Lebens, die wichtig sind, denn all diese Dinge können zerstört werden, verlorengehen oder sich schnell verflüchtigen. Es ist vielmehr die Qualität unserer Handlungen, unseres Kampfes, unserer Motive, unserer Liebe und unserer Beharrlichkeit, die wirklich wichtig sind. Wie Black Elk sagte: »Die Kraft einer Sache oder einer Handlung liegt im Sinn und im Verständnis.«

Die Wétiko-Psychose ist eine Geisteskrankheit, die die Menschen auf einen hässlichen Weg ohne Herz führt. Sie mögen töten, aber sie sind keine Krieger. Sie mögen Fertigkeiten erlernen, aber sie erwerben keine Weisheit. Sie mögen vom Tod umgeben sein, aber sie lernen seine Botschaft nicht oder können sie nicht lernen. Sie jagen den Reichtümern oder Belohnungen einer vergänglichen Welt nach und machen sich vor, dass große Gräber und Monumente ihnen Dauer verleihen. Vor allem aber verwandelt die Wétiko-Krankheit diese Menschen in Werwölfe und Vampire, in Kreaturen aus der Alptraumwelt der Europäer und in Kreaturen aus *der* Realität von *Wétiko.*

Sie haben ihren Satan in alle vier Ecken der Welt gebracht und ihn zu ihrem Gott gemacht.

Aber diese unsere Erde ist nicht hässlich. Auch nicht dieser Himmel, diese Sonne und dieser Mond. Auch die Tiere und Pflanzen sind nicht hässlich. Wir leben in einem geheimnisvollen, wunderbaren Weltenall, und es bietet uns die Möglichkeit, in seiner liebevollen Umarmung geheilt zu werden.

> Frieden ... gelangt in die Seelen der Menschen, wenn sie ihre Beziehung, ihr Einssein mit dem Weltenall und all seinen Kräften erkennen, und wenn sie erkennen, dass im Zentrum des Weltenalls

> Wakan Tanka wohnt, und dass dieses Zentrum überall ist; es ist in jedem von uns.[14]

Die Idee, einem guten Weg, einem Weg der Schönheit, zu folgen, ist ein zentraler Bestandteil der Philosophie der amerikanischen Ureinwohner. Die jährliche »Big House«-Zeremonie des Lenápe-Volkes war in der Tat eine Darstellung der Aufgabe der Menschen, dem »Weißen Pfad« (Pfad des Lichts) des Schöpfers zu folgen und dabei Hindernisse zu überwinden, die durch Gier und andere negative Eigenschaften dargestellt wurden.

> Ich bin wahrlich dankbar, meine Verwandten, ich bin glücklich, dass ich auf diesem Pfad unseres Vaters stehe, dem schönen Weißen Pfad des Großen Geistes … Wenn wir einander also ernsthaft helfen, könnten wir vielleicht ganz unerwartet einen geistigen Sieg erringen, wenn er, der Schöpfer, unseren Appell erhört.[15]

Ein Weg, den die Ureinwohner häufig beschreiten, besteht darin, direkt von den Tieren und von der Erde zu lernen:

> Ich habe in meinem Leben festgestellt, dass alle Menschen eine Vorliebe für ein bestimmtes Tier, einen Baum, eine Pflanze oder einen Flecken Erde haben. Wenn die Menschen diesen Vorlieben mehr Aufmerksamkeit schenkten und danach suchten, was sie am besten können, um sich dessen würdig zu erweisen, dem sie so zugetan sind, könnten sie Träume haben, die ihr Leben läuterten. Lasst einen Menschen sich für sein Lieblingstier entscheiden und es studieren, um seine unschuldigen Verhaltensweisen zu lernen. Er soll lernen, seine Laute und Bewegungen zu verstehen. Die Tiere wollen mit dem Menschen kommunizieren, aber Wakan Tanka [der Große Geist] erwartet nicht, dass sie dies direkt tun – der Mensch muss mehr für ein Verständnis tun.[16]

Die Liebe zur Mutter Erde war für viele amerikanische Ureinwohner nicht nur eine abstrakte Vorstellung. Luther Standing Bear erzählt uns, wie das Volk der Lakota die Erde liebte:

> Die alten Menschen liebten die Erde buchstäblich und saßen oder lagen auf dem Boden mit dem Gefühl, einer mütterlichen Kraft nahe zu sein. Es war gut für die Haut, die Erde zu berühren, und die alten Leute zogen gerne ihre Mokassins aus und liefen mit nackten Füßen auf der heiligen Erde … Der Boden war beruhigend, stärkend, reinigend und heilend …
>
> Wo immer der Lakota hinging, war er bei Mutter Erde. Egal, wo er tagsüber umherwanderte oder nachts schlief, bei ihr war er geborgen.[17]

So darf das Lernen von der Erde, den Tieren und der »Natur« nicht nur kalt und »wissenschaftlich« sein, sondern muss die Liebe einschließen, den magischen Stoff des Weltenalls. Juan Matus erzählt uns von der »Geliebten« Genaros, einer Mazateco-Wissenssucherin, die in diesem Moment zu einer leuchtenden Kugel wurde, die auf der Erde schwamm:

> »Genaros Liebe ist die Welt … Gerade hat er diese riesige Erde umarmt, aber da er so klein ist, kann er nur in ihr schwimmen. Aber die Erde weiß, dass Genaro sie liebt, und sie schenkt ihm ihre Fürsorge …
>
> Genaro wandert auf den Pfaden seiner Liebe, und wo immer er ist, ist er vollständig … »Das ist die Vorliebe zweier Krieger«, sagte er. »Diese Erde, diese Welt. Für einen Krieger kann es keine größere Liebe geben … Dieses liebliche Wesen, das bis in die letzten Winkel lebendig ist und jedes Gefühl versteht, hat mich besänftigt, es hat mich von meinen Schmerzen geheilt, und schließlich, als ich meine Liebe zu ihm völlig verstanden hatte, hat es mich Freiheit gelehrt.«[18]

Für die einen bedeutet der Gute Rote Weg die Notwendigkeit des Leidens oder der Opferung von etwas, das eigentlich uns allein gehört, wie etwa unseres eigenen Fleisches, oder für die anderen unser Leben, das wir im Dienst für andere leben.

> So wie ich das sehe, ist unser Körper das einzige, was uns wirklich gehört…
>
> Der Unterschied zwischen dem Weißen Mann und uns ist dieser: Ihr glaubt an die erlösende Kraft des Leidens, auch wenn dieses Leid von jemand anderem weit weg, vor zweitausend Jahren, verursacht wurde. Wir glauben, dass es an uns allen ist, einander zu helfen, auch durch den Schmerz unseres Körpers hindurch … Wir legen diese Last nicht auf unseren Gott, noch wollen wir es versäumen, der geistigen Macht von Angesicht zu Angesicht gegenüberzustehen. Wenn wir auf dem Berggipfel fasten oder uns bei der Sonnentanzfeier das Fleisch zerreißen, erleben wir plötzliche Einsicht, kommen wir dem Geist des Großen Geistes am nächsten. Einsicht ist nicht billig zu haben, und wir wollen nicht, dass ein Engel oder ein Heiliger sie für uns gewinnt und uns aus zweiter Hand gibt.[19]

Was eine solche Perspektive in Bezug auf die Gabe des eigenen Lebens bedeuten kann, hat Cesar Chavez, der große indianisch-chicanische Organisator, zum Ausdruck gebracht:

> Wenn wir wirklich ehrlich zu uns sind, müssen wir zugeben, dass unser Leben das einzige ist, was uns wirklich gehört. Es ist also die Art und Weise, wie wir unser Leben nutzen, die bestimmt, was für Menschen wir sind. Ich bin zutiefst davon überzeugt, dass wir nur dann Leben finden, wenn wir unser Leben geben. Ich bin davon überzeugt, dass der wahrhaftigste Akt des Mutes, der stärkste Akt der Männlichkeit darin besteht, sich für andere in einem völlig gewaltlosen Kampf für Gerechtigkeit aufzuopfern.

> Ein Mann zu sein bedeutet, für andere zu leiden. Gott helfe uns, Männer zu sein.[20]

Für viele liegt die wahre Weisheit und Schönheit darin, das eigene Leben so zu leben, dass »gute Taten«, Taten der Schönheit, allmählich und schrittweise zu einer Tiefe des spirituellen Verständnisses führen, die ebenso tief ist, wenn auch anders als bei der direkten persönlichen spirituellen Suche, die ja durch übermäßige Selbstbezogenheit getrübt werden kann. Wie eine Navajo-Frau, Mary Morez, sagte: »Wenn ich alt werde, möchte ich wissen, dass ich etwas hinterlassen habe. Nicht als Künstlerin, sondern als Mensch, der andere Menschen liebt, sich um sie kümmert, sie pflegt und ihnen hilft. Das bedeutet, in Schönheit zu wandeln.«[20]

Und schließlich, wenn der Tod uns berührt, wird sich ein neuer Weg für uns öffnen, ein Weg, dem die meisten traditionellen amerikanischen Ureinwohner mit Zuversicht und schönen Gedanken begegnen, wie in diesem alten Wintu-Lied von Jim Thomas:

> Darüber sollen gehen
> die Geister der Menschen
> sich rhythmisch wiegend,
> Sie wiegen sich mit Pusteblumen in ihren Händen.[21]

Das Weltenall ist unser heiliges Buch

Das Weltenall ist unser heiliges Buch
Die Erde unsere Genesis
Der Himmel unsere heilige Schriftrolle
Die Tiere sind unsere Lehrer
Die Berge unsere Propheten
Die Winde unsere Gleichungen
Die Vögel unsere Gebete
Die Blumen unser Wunder
Die Sonne ist unsere Quelle
Der Mond unser Bote
Das Wasser unser Testament
Die Welt unsere Lehre
Das große Geheimnis unseres Großvaters und unserer Großmutter, in der Tat
unser Anfang und unser Ende.
Und es wird gesagt, unser Garten Eden
Elami hakimik
das ist die ganze Welt,
und wir sind niemals
aus ihr ausgeschlossen,
denn
im Zaubergarten
des Schöpfers
leben wir noch
mit all unseren Verwandten,
wie die Alten sagen,
die Vierbeiner

die Geflügelten der Lüfte
und die Geschöpfe des Wassers.

Die Philosophen der amerikanischen Ureinwohner,
sie sagen uns,
vor allem anderen, sagen sie,
müssen verwandtschaftlich
mit dem Weltenall sein
und mit all den anderen
Geschöpfen
die zusammen
unsere Heilige Familie sind.
Und unsere Mutter und Großmutter ist die Erde,
auf der wir uns nähren,
an deren Brust,
so heißt es,
wir unser ganzes Leben lang säugen
und werden nie entwöhnt

Und unser Vater ist die männliche Kraft,
die von der Großvaterseite
des Großen Geheimnisses kommt
und uns mit der kolossalen
Unermesslichkeit des Himmels, der Sonne,
aber auch des männlichen Regens nährt,
ohne die die Erde
uns nicht ernähren könnte
und alle würden sterben.

Und die Alten sagen:
Schaut ernsthaft nach außen
schaut aufmerksam nach innen
schaut sorgfältig nach außen
schaut fleißig nach innen

schaut respektvoll nach außen
schaut demütig nach innen

Die Alten sagen,
das Äußere ist das Innere für das Herz
und das Innere ist das Äußere für die Mitte,
denn
für uns
gibt es keine absoluten Grenzen
keine Schranken
keine Umgebungen
keine Außenbereiche
kein Innen,
keinen Zwiespalt
keinen einzelnen Körper
keinen Nicht-Körper

Wir hören nicht bei unseren Augen auf
Wir fangen nicht bei unserer Haut an
Wir hören nicht bei unserem Geruch auf
Wir fangen nicht bei unseren Geräuschen an

Ich kann meine Beine verlieren
und trotzdem weiterleben
Ich kann meine Augen verlieren
und trotzdem weiterleben
Ich kann meine Ohren verlieren
und trotzdem weiterleben
Ich kann meine Haare verlieren
meine Nase
meine Hände
meine Arme
und weiterleben,
aber wenn ich das Wasser verliere

sterbe ich
Wenn ich die Luft verliere,
sterbe ich
Wenn ich die Sonne verliere,
sterbe ich
Wenn ich die Pflanzen und Tiere verliere,
sterbe ich
Denn all diese Dinge
sind mehr ein Teil von mir
wesentlicher für mein Sein
als das, was
ich »meinen Körper« nenne.

Ein Berg, um Visionen zu suchen,
ein Ozean, um Träume zu empfangen,
Ein See von Spiegeln, die uns Namen geben,
Heilige Kreise, die uns umgeben.

Black Elk hat uns gesagt, dass
im Zentrum des Weltenalls
Wakan Tanka wohnt
das Große Heilige,
und ja, dieses Heilige Zentrum
ist in jedem von uns, wie bei
Huehuetéotl, dem Heiligen Feuer,
in der Mitte der Schwitzhütte.
Und wir wissen, dass unsere Augen
keine Fenster sind,
dass wir in der Tat nicht
die Welt aus der Ferne »sehen«,
dass unser »Sehen« in unserem Kopf,
in unserem Verstand stattfindet.

Denn wenn die Augen Fenster wären

wir könnten das Auge einer toten Kreatur
in die Hand nehmen und direkt hindurchschauen
wie durch klares Glas
aber jeder Jäger weiß,
dass das nicht möglich ist.

Die Visionen, die wir auf dem Berggipfel finden,
innerlich suchen sie in Träumen,
äußerlich suchen sie nach Zeichen.
doch sowohl das Innen
als auch das Außen
verlassen uns nicht
denn wir sind nicht getrennt
wir sind wie die Atomkerne,
die nur in Bewegung untersucht werden können
weil Bewegung ihr Wesen ist
und wir nicht untersucht werden können
allein
denn wir existieren nicht allein.

Mein Sehen ist schließlich
ein gewöhnliches Sehen,
Teil einer durchgehenden hellen Bahn,
die von der Sonne ausgeht
die uns Licht durch all die Objekte
(das Kommen und Gehen)
gibt, die die Form
von Farben annehmen
und Formen
und Bilder
in meinem Geist, ja,
und alle diese Punkte sind
Teil eines Regenbogenpfades.
ein fortwährender Strom

leuchtender Bilder
die mein Bewusstsein erreichen,
im Sehen.

Aber es gibt keinen Bruch,
es gibt keine Mauer
die Augen sind nur *ein weiterer Schritt*
von Sonne zu mir
und die Augen selbst
und die Nase vorne
und das Gehirn, wenn man es sieht,
sind auch Teil desselben
Austauschs, den wir
den Wechselstrom des Wissens nennen,
den zweibahningen Weg der Wahrnehmung.

Ist das Leben wirklich,
das ich lebe?
Ist dieses Leben real?
Geister überall
Sage mir!
Ist dieses Leben real?
so sagt ein altes Indianerlied,
ein Lied direkt in unser Herz der Verwunderung,
des Nichtwissens, was das alles bedeutet
da alles Sehen
nach innen gerichtet ist
ins Gehirn
in den Verstand.

Aber diese Bilder im Gehirn
sind nicht »unsere« allein
wir sind nicht ihre Erfinder
denn die Wahrnehmungsvorgänge

des Objektstroms,
der Regenbogenpfad
fließt, ob *wir* es wollen oder nicht,
er *trifft* auf uns
er *heult* in uns
er überwältigt uns mit seiner Kraft
er *umschmeichelt* uns mit seiner Süße
er überrascht uns immer wieder
er ist unser Weltenall
und wir sind nicht durch ihn begrenzt,
wir sind vielmehr seine vibrierenden,
leuchtenden Rezeptoren.

Einige Wissenschaftler sagen
die Welt begann mit einem »Urknall«,
aber es gibt keinen »Knall«
ohne ein »Ohr«
ohne einen »Hörer«
denn der Klang ist ein Jetstream,
der ohne einen Empfänger unvollständig ist.

Einige Wissenschaftler glauben,
sie könnten eine Welt der
Materie getrennt von sich selbst untersuchen,
aber es gibt kein
Unbeobachtetes Weltenall
(zumindest für uns erkennbar)
nichts kann erkannt werden,
ohne übermittelt zu werden
durch die Sinne eines Lebewesens,
das unbeobachtete Weltenall
kann nicht diskutiert werden
denn wir, die Beobachter,
sind seine Augen und Ohren,

die seine Beschreibung sind
seine Entstehung ist
unsere Sicht auf es
unser Empfinden für es.

Gibt es Licht ohne Sehen?
Wärme ohne Gefühl?
Explosion ohne Druck?
Bewegung ohne die Zwei
die Mehrzahl?
ohne einen Punkt des Andersseins?

Wir und alle Tiere
und Lebewesen
Wir vervollständigen die Welt
Wir sind ihre Haut
ihre Membranen
Wir sind ihre Oberseiten
ihre Unterseiten
Wir sind ihre Flöten
ihre Trommelfelle
Wir sind ihre Maracas
ihre Stimmen
Wir sind nicht allein,
nicht getrennt.

Wenn die Welt eine Trommel ist,
sind wir ihre gespannte Haut
in Schwingung versetzt
von ihren Nachrichten
Wenn die Welt ein riesiger Film ist,
sind wir seine Leinwand
mit bunten Farben,
Klängen und sogar Berührungen

im Theater
unseres Geistes
Wenn das Weltenall wie ein großer Ozean ist,
sind wir sein Gezeitenstrom
sein Wechsel
von Ebbe und Flut,
denn wir empfangen
Nachrichten
und übermitteln auch welche,
die zu Botschaften
für andere werden.

Wahrnehmung ist kein einseitiger Strom,
sondern eine Transaktion
ein Wurf, der in beide Richtungen geht,
wie ich es nenne
ein Kommen und Gehen
ein Sund
ein Gezeitenmündungsgebiet
hin und her.
Und wir sind am Ausgang des Sundes
wie Muscheln
und Seepocken
und Seeigel
und Strandkrabben,
die darauf warten,
dass die Flut abläuft,
die darauf warten,
dass die Flut zurückkehrt
aber für uns ist der Fluss fortwährend
und gleichzeitig
in beide Richtungen
transaktional wahrnehmend
eine echte Trans-Projektion

ein ständiges Auf und Ab.
Das Abendmahl ist für uns
eine dauerhafte Gemeinschaft
mit dem stärksten aller Kleber
mit allem verbunden,
was ist
wir haben einen enganliegenden Körper,
der sich ständig verändert
Wachsen
Altern
Sterben
Ersetzen
Wiederherstellung der Einheit
Ein Weltenall der nahen Umgebung
eine Welt der Zellen
von Molekülen
der mit uns verbundenen Lebewesen,
die mit uns verflochten sind
Leben, Sterben und Geborenwerden
unabhängig von unserem Bewusstsein.

Und in diesem Weltenall der engen Nachbarschaft
gibt es auch
eine ganze Welt von kleinen Käfern,
Bakterien und anderen Stämmen,
die mit uns leben
in gegenseitiger Abhängigkeit
unsere Interaktion ist so groß,
dass sie unsere Nahrung verdauen
und uns nähren
denn ohne sie
könnten wir nicht existieren,
noch sie ohne uns.
Wir sind also eine Vielzahl von Kreisen,

wir leben in einer endlosen
Abfolge von Kreisen
von Umgängen
unser Bewusstsein ist eins,
unser Körper der nahen Umgebung
eine andere
unser Weltenall des nahen Umfelds,
das mehr umfasst
unser Körper der nahen Umgebung
ist die Luft, die wir atmen
das Salzwasser, aus dem wir gemacht sind
die Pflanzen und Tiere in uns
alles, was unser Fleisch ist
und was in unser Fleisch
hinein und aus ihm heraus geht
denn die Erde ist auch unser Körper
und die Luft um sie herum
und die Sonne

Was für eine Menge von wunderbaren
Körpern wir haben
von Kreisen
Kreise um Kreise
bis an den äußersten Rand
über den schwachen Stand
unseres Wissens
da draußen
wo sich das Licht biegt
und Galaxien rasen
voneinander weg
vielleicht auf der Suche nach den Rändern des großen Geheimnisses?

Existenziell
ist unser Kern

das Zentrum *unseres Apfels*
Gewahrsein,
denn wir sind
nach all
dem bewussten
Empfangen
von Bildgebung
Einsichtnahme,
Selbstbewusst sind wir
I, ich, yo, je, ni
My, mich, ich, moi, ni

Und was ist diese Ni-heit,
diese Ich-heit?
Ego
Id
Super-Ego?
Ich glaube nicht
denn wir können uns nicht teilen in das,
was wir nicht
wahrnehmen, nicht wissen können
Wir sind
ein Bewusstsein des Selbstbewusstseins
der Zweiheit
von Ich und anderen
Von einem Punkt der Selbsterkenntnis
in einem Meer von Dingen
ein Meer von Bildern
ein Meeresarm aus fließend
wechselnden Empfindungen

Aber es gibt eine stabile Mitte,
der wir glauben,
eine Geschichte, einen Namen zuordnen zu können

Bilder, die mir Licht und Berührung vermitteln, nennen mich »Jack«
Ich nenne mich »Ni«
auf Lenápe und Renápe
auf Englisch
bin ich Ich-mich
auf Castellano
yo-me
auf Niederländisch
ik-mij
Manchmal bin ich »Forbes«
oder »Vati«
oder »Papa«
oder »Schatz«.

Ich bin benannt
und das ist ein Wunder,
das zum Nachdenken anregt,
dass wir benannt sind!
Denn Benennung
ist so grundlegend,
benannt zu werden
heißt, wahrgenommen zu werden!
Ich bin benannt,
also bin ich?

Das Volk der Mbyá in Paraguay
in der Geschichte der Schöpfung
erzählen uns, dass der Schöpfer
Namandui
den Ursprung der menschlichen Sprache erdachte
die Grundlage der Liebe erdachte
vor dem Dasein der Erde,
vor dem Dasein der Menschen,
eine kurze heilige Hymne aus Worten

wurde erdacht
und wir wurden geschaffen, um zu sprechen,
um den Dingen Namen zu geben,
zu beten
um heilige Worte der Liebe zu singen,
nicht wahr?
von den Anfängen an
Namen des Wahrgenommenen,
der Welt?

Ein Berg, um Visionen zu suchen,
ein Ozean, um Träume zu empfangen,
Ein See von Spiegeln, die uns Namen geben,
Heilige Kreise um uns herum.

Den Dingen Namen geben
Den Dingen Zahlen geben
mit Zahlen und Namen
organisieren wir,
strukturieren wir, ja, gestalten wir
unsere besondere Welt
Namen kommen ganz am Anfang
kann sich jeder eine Welt erträumen
ohne Namen, ohne Worte,
ohne Markierungen, ohne Hinweise
keine Kategorien, keine Unterscheidungen
Alle Tiere haben Namen
Geruch #1, Geruch #2
Geruch #3

Was ist meine Zahl,
die Zahl von mir?
Bin ich einer oder 50 Milliarden?
Mein Körper der nahen Umgebung, nun ja,

er besteht aus 50 Milliarden Lebewesen,
das Einzige, was ich habe,
das »Eins« ist, ist mein
Bewusstsein,
Alles andere kann geteilt,
multipliziert, erweitert werden,
also ist meine Zahl,
auf dem Maya-Weg,
Ein Bewusstsein.

Aber das kleine Kind
oder der große Erwachsene
erschrickt
wenn der eng umgebende Körper blutet
oder eine bösartige Wucherung aufweist
aber keiner von beiden ist beunruhigt,
wenn es keine Luft gibt.
Ist das wahr?

Sollen wir einem
anmaßenden
selbsternannten unabhängigen Menschen
seiner Art,
Mund und Nase zuhalten,
und sollen wir zusehen, wie er tritt
und schreit
wie ein verzweifeltes Baby?

Die Luft und das Wasser
und die Pflanzen und Tiere
sind alle Teil
des einen selben Kreises von Körpern, die wir schützen müssen,
denn sie sind alle ein Teil von uns
der Sauerstoff

muss in uns
für immer
ständig erneuert werden
und das H_2O
ebenso

So zeigt sich, dass unsere Körper nicht einer ist,
sondern viele sind
und alle miteinander verbunden
wie siamesische Zwillinge.

Das Bewusstsein ruht wie ein
gut gefasster Edelstein
in einem goldenen Ring aus Zellen
in einem silbernen Ring aus Nerven
in einem Ring aus Knochen
in einem Ring aus Blut
in einem Ring aus Licht
in einem Ring aus Klang
in einem Ring aus Geschmack
in einem Ring aus Geruch
in einem Ring aus Berührung
in einem Ring aus Essen
in einem Ring aus Fleisch
in einem Ring aus Luft
in einem Ring aus Wasser
in einem Ring aus Bewegung

Und es ist Bewegung,
es ist Entwicklung,
Uli auf Nahuatl,
die unser ursprünglicher Mutter-Vater ist,
der von
Ometéotl

der zwiefältige Geist
von Männern und Frauen
von dem, was die Maya als
Herz des Himmels, Herz der Erde,
Wirbelsturm, Erzeuger, Schöpferin,
Großmutter, Großvater,
und was wir auch
Kishelemokong nennen,
Schöpfer von uns allen, und
Getanitowit
die große schöpferische Kraft,
das Große Geheimnis
das nicht eine ist
das jenseits der Zahl ist,
das fähig ist,
sagen die Alten,
zu denken und sich dadurch zu bewegen,
zu denken und eine Welt zu schaffen.

Vielleicht,
weil das große Geheimnis
wie ein riesiges Atom ist,
bereits in Bewegung ist,
Bewegung ist seine Natur
männlich und weiblich
sein Geschlecht wie Huracán
Bewegung und Kraft
sind seine Gedanke.

Vielleicht sind wir Ideen im Geiste
unserer Großväter und Großmütter
denn, wie viele Nationen erklären,
das Weltenall
wurde durch geistiges Wirken

geschaffen
wurde durch Gedanken
bewegt
und in der Tat wissen wir
nur Bewusstsein
für alles andere
ist *im* Bewusstsein
genauso wie die Suppe
nicht Suppe sein kann
ohne in einem Behältnis zu ruhen.

So sei es gut verkündet!
unsere Grenze ist der Rand des Weltenalls
und darüber hinaus,
dorthin, wohin die Gedanken des Schöpfers
strömen.

Das Weltenall ist unser heiliges Buch
Die Erde unsere Genesis
Der Himmel unsere heilige Schriftrolle
Die Tiere sind unsere Lehrer
Die Berge unsere Propheten
Die Winde unsere Gleichungen
Die Vögel unsere Gebete
Die Blumen unser Wunder
Die Sonne ist unsere Quelle
Der Mond unser Bote
Das Wasser unser Testament
Die Welt unser Erkunden
Das große Mysterium unser Großvater und unsere Großmutter, in der Tat
unser Anfang und unser Ende.

Anmerkungen

Inschrift Epigramm

1 Speech by Black Hawk, 1832, in Forbes, *The Indian in America's Past*, 64.
2 Rev. Hugh Jones, Church of England, *The Present State of Virginia*, 1724, 99.

Einführung

1 Angel M. Garibay K., *La Literatura de los Aztecas*, 107-108, 110.

Kapitel eins

1 Miguel León-Portilla, *Aztec Thought and Culture*, 90-103.
2 Konrad T. Preuss, *Die Religion und Mythologie der Uitoto*, 166, übersetzt in Astrov, *American Indian Prose and Poetry*, 20, 325–326.
3 León Cadogan and Alfredo López Austin, *La Literatura de los Guaraníes*, 29, 41–43, 51.
4 Cadogan and López Austin, *La Literatura de los Guaraníes*, 51–56.
5 Nichidatsu Fujii, *Sarvodaya*, 25:1, January 1985, 69.

Kapitel zwei

1 Interviews with Black Elk and Standing Bear by John G. Neihardt, 1931 and 1944, DeMallie, *The Sixth Grandfather*, 286, 288, 312.
2 Pete Catches, in *Lame Deer: Seeker of Visions*, 137–139.
3 Carlos Castaneda, *Journey to Ixtlan*, 87–88.
4 Juan Matus, in Castaneda, *A Separate Reality*, 226.
5 Juan Matus, in Castaneda, *Journey to Ixtlan*, 53.
6 Modesto and Mount, *Not for Innocent Ears*, 38.
7 Standing Bear, *Land of the Spotted Eagle*, 193.
8 Grinnell, *Pawnee Hero Stories*, 116–118.
9 Speech by Sitting Bull, in Stanley Vestal, *Sitting Bull, Champion of the Sioux*, 107.
10 Kate Luckie, in Cora DuBois, *Wintu Ethnography*, 75–76.
11 Castaneda, *Journey to Ixtlan*, 94–95.
12 Dyk, ed., *Son of Old Man Hat*, 75–81.
13 Charles Eastman, *Soul of the Indian*, 47.
14 Petrullo, ed., *The Diabolic Root*, 64–65.
15 Witapanóxwe, in Frank G. Speck, ed., *A Study of the Delaware Indian Big House Ceremony*, vol. 2.
16 Bunzel, *Introduction to Zuñi Ceremonialism*, p. 483–486.
17 Linderman, ed., *Pretty Shield*, 9, 118–120.
18 Tatanka-ohitika, in Densmore, *Teton Sioux Music*, 207–208.
19 Black Hawk, *Autobiography*, 106.

20 Black Elk, *Sacred Pipe*, 7.
21 Lame Deer, *Seeker of Visions*, 168.
22 Jones, *Sanapia, Comanche Medicine Woman*, 29.
23 Letter from Columbus in Forbes, *The Indian in America's Past*, 9.
24 Luther Standing Bear, *Land of the Spotted Eagle*, xxvii.
25 Forbes, »Self-Determination and Captive Nations«, in Reghaby, ed., *Philosophy of the Third World*.

Kapitel drei

1 Jack D. Forbes, *The American Discovery of Europe*, 112–120.
2 Jack D. Forbes, *Black Africans and Native Americans*, 14–17.
3 Jane, *Voyages of Christopher Columbus*, 151, 174, 186, 203, 261, 264.
4 Silvio Zavala, *Estudios Indianos*, 56, 98, 100; Bartolomé de las Casas, *Historia de las Indias*, vol. 1, p. 446–448, vol. 11, 71–72, 88–89; José Antonio Saco, *Historia de la Esclavitud de los Indios en el Nuevo Mundo*, xvi–xvii, 99–110, 123; Martin Fernandez de Navarrete, *Colección de los Viages y Descubrimientos*, I, 173, 232–233; Tzvetan Todorov, *The Conquest of America: The Question of the Other*, tr. by Richard Howard, 47.
5 Todorov, 47–49.
6 Saco, *Esclavitud de los Indios*, 1, 99–111, 123; Las Casas, *Historia*, 1, 366, 397–398; 405, 408–410, 423–432, 4–39, 465, 467; 11, 74, 87, 93; Zavala, *Estudios Indianos*, 100n, 101n, 104; Carolyn Thomas Foreman, *Indians Abroad*, 1493–1938, 3–7; Jane, 104–108.
7 Forbes, *Africans and Native Americans*, Chapters 1 and 2 especially; Antonio Muro Orejón, *La Primera Capitulación con Vincente Yañez Pinzón*, 746–747; and Saco, *Esclavitud de los Indios*, 126.
8 Todorov, 5, 133.

Kapitel vier

1 Freire, *Pedagogy of the Oppressed*, 27–28.
2 Jonathan Edwards, *Memoirs of the Rev. David Brainerd*, 342–344.
3 Black Hawk, *Autobiography*, 115.
4 Okute, in Densmore, *Teton Sioux Music*, 173.
5 Freire, *Pedagogy of the Oppressed*, 32.

Kapitel fünf

1. From James Mooney, *The Ghost Dance Religion*, as quoted in Astrov, ed., *American Indian Prose and Poetry*, 143–144.
2 Forbes, *The Indian in Anerica's Past*, 65.
3 Interview with Black Elk, 1931, in DeMallie, *The Sixth Grandfather*, 247.
4 Lame Deer, *Lame Deer, Seeker of Visions*, 252.

5 Miguel León Portilla, *La Filosofia Nahuatl—Estudiada en sus Fuentes*, 237–238, transl. by Forbes.
6 *Akwesasne Notes*, Early Winter, 1976, 29; and Katz, *The Fire of Time*, 169.
7 Chiyesa, *Soul of the Indian*, 88.
8 Lame Deer, *Lame Deer, Seeker of Visions*, 137–130.
9 Matus, in Castaneda, *Journey to Ixtlan*, 35, 42, 45.
10 Carlos Castaneda, *Tales of Power*, 16, 27.
11 Freire, *Pedagogy of the Oppressed*, 30, 31.
12 *Lame Deer, Seeker of Visions*, 149, 156–157.
13 Okute in Densmore, *Teton Sioux Music*, 172–173.
13 Black Elk, *Sacred Pipe*, 31–32.
14 Black Hawk, *Autobiography*, 99.
15 Witapanoxwe, in Speck, *Delaware Indian Big House Ceremony*, vol. 2, 161.
16 Lurie, ed., *Mountain Wolf Woman*, 91–92.
17 Castaneda, *Journey to Ixtlan*, 61, italics added.
19 »Hatred and Wars Pay Off for LA Mercenary«, United Press International, *Sacramento Bee*, December 31, 1975, 132.
20 Freire, *Pedagogy of the Oppressed*, 31.

Kapitel sechs

1 B. Traven, *Regierung*, 7, 11, 12, 22, meine Übersetzung; siehe auch B. Traven, *Government*, 3–15.
2 Jack D. Forbes. »Colonialism and American Education«, in Miguel Trujillo, ed., *Perspectives on Contemporary Native American and Chicano Educational Thought*, 20–21.
3 B. Traven, *Regierung*, 237–239, my translation; see also B. Traven, *Government*, 178–181.
4 B. Traven, *Caoba: Roman aus Mexiko*,1953 and 1950, 247–248, my translation; and B. Traven, *March to Caobaland*, 1961, 149–150.
5 B. Traven, *Caoba*, 124, my translation; and B. Traven, *March to Caobaland*, 61–62.
6 B. Traven, *Caoba*, 125–126, my translation; and B. Traven, *March to Cdobaland*, 62–63.
7 B. Traven, *Caoba*, 243, my translation; B. Traven, *March to Caobaland*, 146–147.

Kapitel sieben

1 Johnathan Edwards, *Memoirs of the Rev. David Brainerd*, 354–356.
2 Johnathan Edwards, *Memoirs of the Rev. David Brainerd*, 350.
3 Black Elk, in *The Sixth Grandfather*, 289.
4 DeMallie, *The Sixth Grandfather*, 14.
5 Walters, *Ghostsinger*.
6 Black Hawk, *Autobiography*, 101.

7 Ruby Modesto, in *Modesto and Mount, Not for Innocent Ears*, 30.
8 Standing Bear, *Land of the Spotted Eagle*, 193, 197.

Kapitel acht

1 Wilson, *Crazy February*, 165–166.
2 Booker T. Washington, *Up From Slavery*, 68.
3 Reverend Henry Spence, in Colin M. Turnbull, *The Lonely African*, 73–83.
4 In Jack D. Forbes, *Warriors of the Colorado*, 131.
5 Turnbull, *The Lonely African*, 87–89.
6 Gregory G. Reck, *In the Shadow of Tlaloc: Life in a Mexican Village*, 15, 17.
7 Jack Mendelsohn, *The Forest Calls Back*, 103, 175.
8 Mendelsohn, *The Forest Calls Back*, 175–177.
9 Bodard, *Green Hell*, 58.
10 Fanon, *Black Skin, White Masks*, 60, 211.
11 Mendelsohn, *The Forest Calls Back*, 77, 114, 143–144.
12 Dr. Theodore Binder in Mendelsohn, *The Forest Calls Back*, 140.
13 Bodard, *Green Hell*, 59, 70–71, 107.
14 Testimony of Lt. James D. Connor, in Forbes, *The Indian in America's Past*, 46–47.
15 Quoted in Forbes, *The Indian in America's Past*, 113.
16 General Philip Sheridan, United States Army, January 1869, in Moquin and Van Doren, eds., *Great Documents in American Indian History*, 106.
17 Bodard, *Green Hell*, 89–117.
18 Lamb, *Wizard of the Upper Amazon*, 154.
19 Howard H. Peckham, *Pontiac and the Indian Uprising*, 226–227.
20 Barbara Cavalier, *Sacramento Bee*, January 14, 1986, A7.
21 Zu näheren Informationen zum »Holocaust« an den Ureinwohnern Amerikas siehe MariJo Moore, ed., *Eating Fire, Tasting Blood, an American Anthology of the American Indian Holocaust.*

Kapitel neun

1 Huxley, *Affable Savages*, 12–13.
2 Huxley, *Affable Savages*, 103–104.
3 Huxley, *Affable Savages*, 119.
4 Hittell, *History of California*, 728, 723.
5 Bancroft, *History of California*, 1890, 474–477.
6 *Werner Encyclopedia*, v.1, 602, 604, as cited in Forbes, *The Indian in America's Past*, 17.
7 Hebe Clementi, »National Identity and the Frontier«, *American Studies International*, 18(3–4), 1981, 39–40. Italics added.
8 Standing Bear, *Land of the Spotted Eagle*, 227.
9 Interview with Rose Mary Barstow, March 1976, in Katz, *The Fire of Time*, 118.

10 Steiner, ed., *Spirit Woman*, 216–217.
11 Levi-Strauss, *Tristes Tropiques*, 38, 149–150.
12 Levi-Strauss, *Tristes Tropiques*, 282.
13 Moquin and Van Doren, *Great Documents in American Indian History*, 209, from Gene Weltfish, *The Lost Universe*, 6–8.
14 Bartram, *Travels*, 488–491.
15 Lee, *Freedom and Culture*, 6, 8.
16 Black Hawk, *Autobiography*, 105.
17 Steiner, ed., *Spirit Woman*, 178, 182–185.
18 Juan Matus, in Castaneda, *Tales of Power*, 40.

Kapitel zehn

1 *See Atta! And Other Poems on 9/11, War, and Peace* (Bandon: Kahonkok Press, 2002) für meine Reaktion auf den Anschlag vom 11. September.
2 *Webster's New Collegiate Dictionary*, 1981.
3 Jack D. Forbes, *Apache, Navajo und Spanier*, 87-94.
4 Siehe *Navajo Stories of the Long Walk Period* für Erinnerungen an die Zwangsumsiedlung vieler Navajos in das Pecos River Valley, insbesondere die Seiten 23–42.

Kapitel zwölf

1 Black Hawk, *Autobiography*, 78.
2 Thich Nhat Hanh, *Going Home: Jesus and Buddha as Brothers*, 186–187.

Kapitel dreizehn

1 Jack D. Forbes, »Why DQU?« in *Aztecas del Norte: The Chicanos of Aztlan*, 255–258.
2 Bonita Calachaw in Steiner, ed. *Spirit Woman*, 202
3 »Pilgrimaging East«, Charles McCarty, Fr. George Zabelka, *Sarvodaya*, 25 (1), January 1985, 54–57.
4 Lame Deer, *Lame Deer, Seeker of Visions*, 162.
5 Lame Deer, *Lame Deer, Seeker of Visions*, 163.
6 Ohiyesa, *Soul of the Indian*, 5–6.
7 Joshua Wetsit, in Morey, *Can the Red Man Help the White Man*, 15, 47–48.
8 Igjugarjuk, from Knud Rasmussen, »Observations on the Intellectual Culture of the Caribou Eskimos«, 52–54, quoted in Astrov, *American Indian Prose and Poetry*, 297, 300.
9 Paul A.W. Wallace, Conrad Weiser, 144, zitiert in Paul A.W. Wallace, *Indians in Pennsylvania*, 123.
10 Standing Bear, *Land of the Spotted Eagle*, 256.

Kapitel vierzehn

1 Buntt, *The Teachings of the Compassionate Buddha*, 30–49.
2 See also DeMallie, *The Sixth Grandfather*, 91.
3 Burtt, *The Teachings of the Compassionate Buddha*, 30–49. Black Hawk also said that he believed »that every man must make his own path«. (Black Hawk, *Autobiography*, 105.)
4 Black Elk, 1931, in DeMallie, *The Sixth Grandfather*, 188–189.
5 Modesto, *Not for Innocent Ears*, 72.
6 Modesto, *Not for Innocent Ears*, 38.
7 Red Jacket's reply to Missionary Cram, 1805, in Forbes, *The Indian in America's Past*, 58–59.
8 Speck, *Oklahoma Delaware Ceremonies*, 77.
9 Lame Deer, *Lame Deer, Seeker of Visions*, 39–40.

Kapitel fünfzehn

1 Lame Deer, *Lame Deer, Seeker of Visions*, 149.
2 See Forbes, *What is Space?* And Forbes, *What is Time?*
3 See Forbes, »Kinship is the Basic Principle of Philosophy«.
4 Carlos Castaneda, *The Teachings of Don Juan*, 43, 106–107, 194–195.
5 Castaneda, A Separate Reality, 217–218 and *The Teachings of Don Juan*, 105–106.
6 Miguel León-Portilla, *La Filosofia Nahuatl*, 60, my translation.
7 Pawnee song, in Astrov, *American Indian Prose and Poetry*, 109.
8 Castaneda, *Journey to Ixtlan*, 55.
9 Castaneda, *Journey to Ixtlan*, 109.
10 Black Elk, *Sacred Pipe*, 6.
11 Castaneda, *A Separate Reality*, 180.
12 Lame Deer, *Lame Deer, Seeker of Visions*, 15–16.
13 Castaneda, *A Separate Reality*, 88.
14 Black Elk, in John Epes Brown, »The Spiritual Legacy of the American Indian«, *Tomorrow*, Autumn 1964, 302.
15 Witápanoxwe, in Speck, Delaware Indian Big House Ceremony, 131.
16 Brave Buffalo, in Densmore, *Teton Sioux Music*, 172.
17 Standing Bear, *Land of the Spotted Eagle*, 192–193.
18 Juan Matus, in Castaneda, *Tales of Power*, 284–285.
19 Lame Deer, *Lame Deer, Seeker of Visions*, 198, 208.
20 *Ahora!*, vol. 3, no. 3, January 28, 1972, 1.
21 Mary Morez, *Arizona Republic*, November 22, 1974, as quoted in Katz, *I Am the Fire of Time*, 164.
22 Jim Thomas, in D. Demetracopoulou (Dorothy Lee), »Wintu Songs«, *Anthropos*, vol. 30, 1935, 485.

Literaturverzeichnis

Ahora! Vol.3, no. 3. January 28, 1972.

Astrov, Margot, ed. *American Indian Prose and Poetry*. New York: Capricorn Books, 1962.

Azuela, Mariano. *The Underdogs*. New York: Signet Books, 1962.

Bancroft, Hubert Howe. *History of California*. San Francisco: The History Company, 1890.

Bartram, William. *Travels Through North and South Carolina*. Savannah: Beehive Press, 1973.

Bierhorst, John, ed. *In the Trail of the Wind: American Indian Poems and Ritual Orations*. New York: Farrar, Straus, and Giroux, 1971.

Black Elk. *The Sacred Pipe*. ed. by John Epes Brown. Baltimore: Penguin Books, 1971. Copyright 1953, 1989 by the University of Oklahoma Press.
dt: Schwarzer Hirsch. *Die heilige Pfeife*. Lamuv, 2000.

Black Hawk (Ma-ka-tai-me-she-kia-kiak). *Autobiography*. Urbana: University of Illinois Press, 1955.

Bodard, Lucien. *Green Hell*. New York: Ballantine, 1971.

Brown, John Epes. »The Spiritual Legacy of the American Indian.« *Tomorrow*. 12(4) (Autumn 1964), p. 297–307.

Bunzel, Ruth. »Introduction to Zuhi Ceremonialism.« *Forty-Seventh Annual Report*. Bureau of American Ethnology, Washington, Government Printing Office, 1932.

Burtt, E. A. *The Teachings of the Composionate Buddha*. New York: Mentor Books, 1955.

Cadogan, Leó and Alfredo López Austin. *Lia Literatura de los Guaraníes*. Mexico: Mortiz, 1965.

Calachaw Nunez, Bonita WaWa. *Spirit Woman*, ed. by Stan Steiner. San Francisco: Harper and Row, 1980.

Casas, Bartolomé de las. *Historia de las Indias*, ed. by Agustin Millares Carlo. Mexico: Fondo de Cultura Economica, 1951.

Castaneda, Carlos. *A Separate Reality*. New York: Simon and Schuster, 1971.
dt. *Eine andere Wirklichkeit*, Fischer, 1976.

Castaneda, Carlos. *Journey to Ixtlan*. New York: Simon and Schuster, 1972.
dt.: *Reise nach Ixtlan*, Fischer, 1976.

Castaneda, Carlos. *Tales of Power*. New York: Simon and Schuster, 1974.
dt.: *Der Ring der Kraft*, Fischer 1978.

Castaneda, Carlos. *The Teachings of Don Juan*. New York: Ballantine, 1969.
dt.: *Die Lehren des Don Juan*. Fischer, 1988.

Chavez, Cesar. *Ahora!* 3(3), January 28, 1972.

Clementi, Hebe. »National Identity and the Frontier«. *American Studies International*. 18 (3–4), 1981.

DeMallie, Raymond J. *The Sixth Grandfather: Black Elk's Teachings Given to John G. Neihardt*. Lincoln: University of Nebraska Press, 1984.

Demetracopoulou, D., »Wintu Songs«. *Anthropos*. 30(1935).

Densmore, Frances. *Teton Sioux Music*. Bulletin 61. Bureau of American Ethnology, 1918.

DuBois,Cora. »Wintu Ethnography«. *University of California Publications in American Archaeology and Ethnology*, 36, 1935–1938.

Dyk, Walter, ed. *Son of Old Man Hat*. Lincoln: University of Nebraska Press, 1969.

Edwards, Jonathan. *Memoirs of Rev. David Brainerd, Missionary to the Indians*. New Haven: S. Converse, 1822.

Erdoes, Richard, ed. *Lame Deer, Seeker of Visions*. New York: Simon and Schuster, 1972.

Fanon, Frantz. *Black Skin, White Mask*. New York: Grove Press, 1967. Fernandez de Navarrete, Martin. *Colección de los Viages y Descubrimientos*. Madrid: Imprenta Real, 1829.
dt.: *Schwarze Haut, weiße Masken*, Turia+Kant 2020

Forbes, Jack D. *Africans and Native Americans*. Urbana: University of Illinois Press.

Forbes, Jack D. *Aztecas del Norte: The Chicanos of Aztlan*. New York: Fawcett, 1973.

Forbes, Jack D. *Black Africans and Native Americans*. Oxford: Blackwell, 1988.

Forbes, Jack D. *The American Discovery of Europe*. Urbana: University of Illinois Press, 2007.

Forbes, Jack D. *Apache, Navaho and Spaniard*. Norman: University of Oklahoma Press, 1994.

Forbes, Jack D. *Atta! And other Poems on 9/11, War, and Peace*. Bandon: Wahonkok Press, 2002.

Forbes, Jack D. *The Indian in America's Past*. Englewood Cliffs, New Jersey: PrenticeHall, 1964.

Forbes, Jack D. »Colonialism and Native American Literature: Analysis.« *Wicazo Sa Review*. 3(2) pp. 17–23, Fall, 1987.

Forbes, Jack D. »Kinship is the Basic Principle of Philosophy«. *Gatherings*. Vol. 1, Fall 1995, 144–150.

Forbes, Jack D. »The Humanities Without Humanity: or Native American Literature and Humanistic Education«. *Native American Literatures*. University of Pisa, Italy, Forum 1, p. 113–122, 1989.

Forbes, Jack D. »The Manipulation of Race, Caste and Identity«. *The Journal of Ethnic Studies*. 17(4), p. 1–51, Winter, 1990.

Forbes, Jack D. »Middle Continent People«. *The Blue Cloud Quarterly*. 32(4), 1986.

Forbes, Jack D. *Native Americans of California and Nevada*. Happy Camp: Naturegraph, 1982.

Forbes, Jack D. *Native Americans and Nixon: Presidential Politics and Minority Self-Determination*. Los Angeles: UCLA American Indian Studies Center, 1981.

Forbes, Jack D. »Teaching Native American Values and Cultures«, *News from Native California*, 4(1) pp. 35–39, Fall, 1989.

Forbes, Jack D. *Tribes and Masses*. Davis: D-Q University Press, 1978.

Forbes, Jack D. *Warriors of the Colorado*. Norman: University of Oklahoma Press, 1965.

Forbes, Jack D. *What is Space? Consciousness, Voids, and Universes*. Bandon: Kahonkok Press, 2001.

Forbes, Jack D. *What is Time?* Bandon: Kahonkok Press, 1997.

Foreman, Carolyn Thomas. *Indians Abroad*, 1493–1938. Norman, University of Oklahoma Press, 1943.

Fox, Hugh, ed. *First Fire: Central and South American Indian Poetry*. New York: Anchor Press, 1978.

Freire, Paulo. *Pedagogy of the Oppressed*. New York: Herder and Herder, 1971. dt.: *Pädagogik der Unterdrückten*, Rowohlt 1998

Garibay K., Angel M. *La Literatura de los Aztecas*. Mexico: Mortiz, 1964.

Grinnell, George Bird, ed. *Pawnee Hero Stories and Folk Tales*. Lincoln: University of Nebraska Press, 1961.

Hittell, Theodore H. *History of California*. San Francisco: Pacific Press, 1885.

Huxley, Francis. *Affable Savages*. NewYork: Capricorn Books, 1966.

Jane, Cecil. *The Voyages of Christopher Columbus*. London, Argonaut, 1930. Jones, David E. *Sanapia, Comanche Medicine Woman*. New York: Holt, Rinehart and Winston, 1972.

Jones, Hugh. *The Present State of Virginia*, ed. by Richard L. Morton. Chapel Hill: University of North Carolina Press, 1956.

Katz, Jane B., ed. *I Am the Fire of Time*. New York: E.P. Dutton, 1977.

Lamb, F. Bruce, ed. *Wizard of the Upper Amazon*. Boston: Houghton Mifflin, 1975.

Lee, Dorothy. *Freedom and Culture*. Englewood Cliffs: Prentice-Hall, 1959. León-Portilla, Miguel. *Aztec Thought and Culture*. Norman: University of Oklahoma Press, 1963.

León-Portilla, Miguel. *La Filosoflia Nahuatl*. Estudiada en sus Fuentes. Mexico: Universidad Nacional, 1966.

Levi-Strauss, Claude. *Tristes Tropiques*. New York: Atheneum, 1973. dt.: *Traurige Tropen*. Suhrkamp, 2012.

Linderman, Frank B., ed. Pretty Shield, *Medicine Woman of the Crows*. Lincoln: University of Nebraska Press, 19711.

Lurie, Nancy Oestreich, ed. *Mountain Wolf Woman: Sister of Crashing Thunder*. Ann Arbor: University of Michigan Press, 1961.

Maclaren, Charles. »America« in *Werner Encyclopedia*. Akron: The Werner Company, vol. 1, p. 602, 604, 1909.

McCarty, Charles and Fr. George Zabelka. »Pilgrimaging East«. *Sarvodaya*. 25(l), January, 1985.

McLuhan, T. C. *Touch the Earth*. New York: Outerbridge and Dienstfrey, 1971.

Mendelsohn, Jack. *The Forest Calls Back*. Boston: Little, Brown, 1965.

Modesto, Ruby (with Guy Mount). *Not for Innocent Ears*. Angelus Oaks: Sweetlight Books, 1980.

Moore, JariJo, ed. *Eating Fire, Tasting Blood, an Anthology of the American Indian Holocaust*. New York: Thunder's Mouth Press, 2006.

Moquin, Wayne and Charles Van Doren, eds. *Great Documents in American Indian History*. New York: Praeger, 1973.

Morey, Silvester M., ed. *Can the Red Man Help the White Man*. New York: Gilbert Church, 1970.

Muro Orejón, Antonio. »La Primera Capitullación Con …Pinzón«. *Anuario de Estudios Americanos*. 4, (1947).

Neihardt, John, ed. *Black Elk Speaks*. Lincoln: University of Nebraska Press, 1961. dt.: *Ich rufe mein Volk*

Navajo Stories of the Long Walk Period. Tsaile: Navajo Community College Press, 1973.

Ohiyesa (Charles Eastman). *Soul of the Indian*. Fenwyn, 1970.

Peckham, Howard H. *Pontiac and the Indian Uprising*. Chicago: University of Chicago Press, 1947.

Petrullo, Vincenzo. *The Diabolic Root: A Study of Peyotism*. Philadelphia: University of Pennsylvania Press, 1934.

Reck, Gregory G. *In the Shadow of Tlaloc, Life in a Mexican Village*. Hammondsworth, England: Penguin Books, 1978.

Reghaby, Heydar, ed. *Philosophy of the Third World*. Davis: D-Q University Press, 1973.

Saco, Jose Antonio. *Historia de la Esclavitud de los Indios en el Nuevo Mundo*. Habana: Cultural, 1932.

Sacramento Bee. December 31, 1975 and January 14, 1986.

Speck, Frank G. *A Study of the Delaware Indian Big House Ceremony*. Publications of the Pennsylvania Historical Commission, vol. 2, Harrisburg, 1931.

Speck, Frank G. *Oklahoma Delaware Ceremonies, Feasts and Dances*. Philadelphia: American Philosophical Society, 11937.

Standing Bear, Luther. *Land of the Spotted Eagle*. Lincoln: University of Nebraska Press, 1978.

Thich Nhat Hanh. *Going Home: Jesus and Buddha as Brothers*. New York: Riverhead, 1999.

Todorov, Tzvetan. *The Conquest of America—the Question of the Other*. Trans. by Richard Howard. New York: Harper and Row, 1984.

Traven, B. *Caoba: Roman aus Mexiko*. Hamburg: Kruger, 1950.

Traven, B. *Government*. New York: Hill and Wang, 1971.
dt.: *Regierung*. Berlin: Buchmeister, 1931.
Traven, B. *March to Caobaland*. Penguin Books: 1971.
dt.: *Marsch ins Reich der Caoba*. Diogenes, 2023.
Trujillo, Miguel, ed. *Perspectives on Contemporary Native American and Chicano Educational Thought*. Davis: D-Q University Press, 1974.
Turnbull, Colin. *The Lonely African*. New York: Doubleday, 1963.
Vestal, Stanley. *Sitting Bull, Champion of the Sioux*. Norman: University of Oklahoma Press, 1957.
Wallace, Paul A. W. *Indians in Pennsylvania*. Harrisburg: Pennsylvania History and Museum Commission, 1964.
Walters, Anna Lee. *Ghostsinger*. Northland, 1988.
Washington, Booker T. *Up From Slavery*. New York: Bantam, 1959.
Weltfish, Gene. *The Lost Universe*. New York: Ballantine, 1965.
Wilson, Carter. *Crazy February*. Berkeley: University of California Press, 1974.
Zavala, Silvio. *Estudios Indianos*. Mexico: Colegio Nacional, 1948.

Quellennachweise und Abdruckgenehmigungen

Lucien Bodard, *Green Hell*, translated by Jennifer Monaghan (New York: Ballantine Books, 1971). Reprinted by permission. Translation copyright 1971, by Outerbridge and Dienstfrey of E.P. Dutton. Original text, *Le Massacre des Indians*, copyright 1969 by Editions Gallimard. Permission also granted by Editions Gallimard.

Black Elk, *The Sacred Pipe: Black Elk's Account of the Seven Rites of the Oglala Sioux*, recorded and edited by Joseph Epes Brown. Copyright 1953, 1989 by the University of Oklahoma Press.

Carlos Castaneda, *The Teachings of Don Juan: A Yaqui Way of Knowledge* (New York: Ballantine Books, 1969). Reprinted by permission of the University of California Press.

Paulo Freire, *Pedagogy of the Oppressed* (New York: Herder and Herder, 1971). Copyright 1970 by Paulo Freire. Used by permission of the Seabury Press, Inc.

John (Fire) Lame Deer and Richard Erdoes, *Lame Deer, Seeker of Visions* (New York: Simon and Schuster, 1972). Copyright 1972 by John Fire Lame Deer and Richard Erdoes. Reprinted by permission of Richard Erdoes.

Francis Hukley, *Affable Savages, an Anthropologist among the Urubu Indians of Brazil* (New York: Capricorn Books, 1966). Published by arrangement with the Viking Press, Inc. Reprinted by permission of The Viking Press, Inc.

Claude Levi-Strauss, *Tristes Tropiques* (New York: Atheneum, 1973). Reprinted by permission of Atheneum Publishers and Johnathan Cape Ltd.

Jack Mendelsohn, *The Forest Calls Back* (Boston: Little, Brown, 1965). Permission granted by Jack Mendelsohn.

Ruby Modesto (with Guy Mount), *Not for Innocent Ears* (Angeles Oaks: Sweetlight Books, 1980). Permission granted by Guy Mount.

Calachaw Nuntez, Bonita WaWa. *Spirit Woman*. Edited by Stan Steiner (San Francisco: Harper and Row, 1980). Permission granted by Vera John Steiner.

Gregor, G. Reck, *In the Shadow of Tlaloc: Life in a Mexican Village* (New York: Penguin Books, 1978). Permission granted by Gregory Reck.

Colin M. Turnbull, *The Lonely African* (New York: Doubleday-Anchor, 1963). Copyright 1962 by Colin M. Turnbull. Permission granted by Colin M. Turnbull.

Carter Wilson, *Crazy February* (Berkeley: University of California Press, 1974). Copyright 1974 by Carter Wilson. Permission granted by Candida Donadio, literary agent for Carter Wilson.

Über den Autor

Jack Douglas Forbes war ein indigener amerikanischer Historiker, Schriftsteller, Wissenschaftler und politischer Aktivist, der sich auf die Situation der amerikanischen Ureinwohner spezialisiert hatte. Am bekanntesten ist er für seine Rolle als früher Wegbereiter und Organisatoren der US-amerikanischen Indianerbewegung sowie als Mitbegründer eines der ersten Studienprogramme für Indianer.

Forbes wurde am 7. Januar 1934 in Long Beach, Kalifornien, als Sohn einer Familie von Powhatan-Renape- und Lenape-Indianern geboren (Algonkin und Delaware, beide zu den nordöstlichen Waldlandstämmen gehörig). Bereits in der Schülerzeitung seiner High School veröffentlichte er Artikel über die (fehlenden) Rechte der Indianer. Er erwarb 1953 einen Bachelor-Abschluss in Philosophie an der University of Southern California und 1959 einen Doktortitel in Geschichte und Anthropologie. Seine Doktorarbeit *The Apache, Navaho and Spaniard* wurde auch als sein erstes Buch veröffentlicht.

Forbes lehrte zunächst am San Fernando Valley State College und an der University of Nevada in Reno. 1969 wechselte er an die University of California, Davis. Dort lehrte er fünfundzwanzig Jahre lang an der D-Q University. Im Laufe seines Lebens belegte er zudem Lehrstühle an verschiedenen Universitäten in Kalifornien und Europa (u.a. Warwick, Oxford und Essex in Großbritannien und der Erasmus-Universität Rotterdam in den Niederlanden).

In den frühen 1960er Jahren wurde Forbes außerdem als Organisator in der Bewegung der amerikanischen Ureinwohner aktiv, die das Recht auf Souveränität einforderte und sich gegen die Assimilation an die Mehrheitskultur wehrte. In jener Zeit wurden die amerikanischen Ureinwohner an der Westküste zunehmend politisch aktiv und erlangten durch Demonstrationen wie die Besetzung von Alcatraz Island nationale Aufmerksamkeit. Verschiedene Stämme reichten juristische Klagen gegen die Bundesregierung oder die Bundesstaaten wegen illegalen Landraubs ein. Die Bewegung setzte sich für die Durchsetzung der Bürgerrechte sowie eine bessere Bildung für Indianer ein und forderte außerdem die Einrichtung von Lehrstühlen für indianische Studien an den großen Universitäten.

Folgerichtig wurde Forbes 1971 einer der Mitbegründer der D-Q University (benannt nach dem irokesischen Deganawidah und dem aztekischen Quetzalcoatl) in Davis, Kalifornien, die amerikanischen Ureinwohnern einen zweijährigen Studiengang anbot, der akademisches Wissen mit Methoden vermittelte, die in den indigenen Traditionen, Religionen und Werten verwurzelt sind. Später baute er dieses Fach zu einem eigenen Fachbereich aus und fungierte als dessen Vorsitzender. Die D-Q University beendete ihr Kursprogramm 2005, aber inzwischen gibt es über 30 indigene Colleges in Nordamerika.

Das vorliegende Buch erschien erstmals 1979 unter dem Titel *A World Ruled by Cannibals*. Es wurde 1992 und 2008 von Forbes aktualisiert und erweitert. Weitere Bücher erschienen, in denen er sich ebenfalls für die Rechte ethnischer Minderheiten einsetzt.

1975 kooperierte Forbes mit Robert Redford für dessen Dokumentarfilm »Broken Treaty at Battle Mountain«, in dem es um den Kampf der Western-Shoshone für die Rückgewinnung ihrer Landrechte in Nevada geht. Für den Dokumentarfilm »A Free People, Free To Choose« entstand in den frühen 1990er Jahren ein ausführliches Interview mit Jack D. Forbes. Der Film wurde jedoch nur zum Teil ausgestrahlt, da er gerichtlich verboten wurde (er befasst sich u.a. mit der Geschichte der D-Q University und »Aktivitäten« der US-Regierung zur Verhinderung von deren Gründung).

Jack Douglas Forbes starb am 23. Februar 2011, er hinterließ seine zweite Frau Carolyn, Kinder und einen Enkelsohn.

Stichwortregister

Völker und Länder

Allgemein

Worte, die unsere Herzen suchen

Die hier neu herausgebrachten Gedanken und Gedichte dieses Angehörigen der Ureinwohner am Pit River im Norden des heutigen Kaliforniens haben weder von ihrer Aktualität noch von ihrer Kraft und Tiefe etwas eingebüßt. Es sind Worte, die unsere Herzen suchen – damit wir uns erinnern…

Darryl Wilson
Wellen auf dem Meer der Zeit
Gedanken eines Achomawi
Klappenbroschur, 144 Seiten, viele Schwarz-Weiß-Fotos
ISBN 978-3-89060-843-3

Hier kann man sich zum **Neue Erde-Newsletter** anmelden:
newsletter.neueerde.de/anmeldung

NEUE ERDE im Buchhandel

Neue Erde ist ein kleiner unabhängiger Verlag, und der unabhängige Buchhandel ist unser natürlicher Partner. Wir unterstützen die Initiative »buy local«.

Sollte es Lieferschwierigkeiten bei den Büchern von NEUE ERDE geben, lassen Sie immer im VLB (Verzeichnis lieferbarer Bücher) nachsehen, im Internet unter **www.buchhandel.de**

Alle lieferbaren Titel des Verlags sind für den Buchhandel verfügbar.

Sie finden unsere Bücher auch auf unserer Homepage **www.neue-erde.de.**
Kontakt:

NEUE ERDE GmbH
Cecilienstr. 29 · 66111 Saarbrücken
info@neue-erde.de

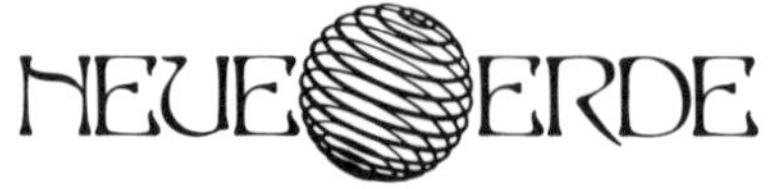